Ullstein

ÜBER DAS BUCH:

Schon als junges Mädchen begann Romy Schneider ihr Leben selbst zu beschreiben, und sie setzte dies in den unterschiedlichsten Formen bis kurz vor ihrem Tod im Mai 1982 fort. Aus autobiographischen Texten – Tagebuchaufzeichnungen, Mitteilungen an Mutter und Bruder, Reiseeindrücken, Beschreibungen der Filmarbeit – ersteht in diesem Buch das Leben eines Idols unserer Zeit, ein erschütterndes persönliches Dokument. Seit ihrem ersten Film *Wenn der weiße Flieder wieder blüht* wirkte Romy Schneider in 58 Filmen mit; über die Stationen Wien, Berlin, Paris und Hollywood wurde sie in Frankreich zum großen Star. Doch nicht nur die Verkörperung der glanzvollen Rollen war es, die Herz und Verstand der Zuschauer gefangennahm, es war ebenso die schicksalhafte Verflechtung des Schauspielerberufes mit dem privaten Leben, das sie immer wieder in den Mittelpunkt des Interesses, aber auch sensationslüsterner Neugier rückte. In diesem Buch erzählt Romy Schneider ihr Leben mit großer Offenheit, kritisch und engagiert, bekennt sich zu ihren Träumen und Sehnsüchten, aber auch zu ihren Enttäuschungen und Niederlagen.

DIE HERAUSGEBERIN:

Renate Seydel, geboren 1935 in Schenkendorf, Niederlausitz. 1953 bis 1957 Studium der Germanistik an der Humboldt-Universität in Berlin, seit 1959 Lektorin im Henschelverlag Kunst und Gesellschaft. Neben journalistischen Arbeiten Autorin und Herausgeberin mehrerer Bände *Schauspielerporträts der DDR*. Herausgeberin zahlreicher Schauspieler-Anthologien. Renate Seydel lebt in Berlin-Pankow.

Ich, Romy

Tagebuch eines Lebens

Herausgegeben von Renate Seydel

Mit 87 Fotos und
3 Textillustrationen

Ullstein

Ullstein Buchverlage GmbH,
Berlin
Taschenbuchnummer: 35655

Neuausgabe von UB 22420
März 1997

Umschlagentwurf:
Theodor Bayer-Eynck
Unter Verwendung eines Fotos von
Transglobe/Michael Holtz

Alle Rechte vorbehalten
Taschenbuchausgabe mit Genehmigung des
Albert Langen – Georg Müller Verlags
© 1988 by Langen Müller in der
F. A. Herbig Verlagsbuchhandlung GmbH, München
Printed in Germany 1997
Druck und Verarbeitung:
Ebner Ulm
ISBN 3 548 35655 9

Die Deutsche Bibliothek – CIP-Einheitsaufnahme

Schneider, Romy:
Ich, Romy : Tagebuch eines Lebens / [Romy Schneider].
Hrsg. von Renate Seydel. – Neuausg. von UB 22420. –
Berlin : Ullstein, 1997
(Ullstein-Buch ; Nr. 35655)
ISBN 3-548-35655-9
NE: Seydel, Renate [Hrsg.]; HST; GT

Inhalt

Vorwort
9

1938–1950

Magda Schneider: Meine Tochter Romy
11

1949–1953

*Mein Tagebuch: Internat Goldenstein
bei Salzburg*
33

1953–1955

Mein Tagebuch: Ich filme!

Wenn der weiße Flieder wieder blüht – Feuerwerk – Mädchenjahre einer
Königin – Die Deutschmeister – Der letzte Mann – Sissi
49

1956–1958

Ich bin doch gar nicht so naiv

Sissi, die junge Kaiserin – Kitty und die große Welt – Robinson soll nicht
sterben – Monpti – Scampolo – Schicksalsjahre einer Kaiserin – Mädchen in
Uniform
119

11. Februar – 5. März 1957

Es waren zu viele Eindrücke

Reise nach Indien und Ceylon

143

---

13. Januar – 5. Februar 1958

Mein amerikanisches Tagebuch

Reise nach New York und Hollywood

149

1958–1965

Nach all diesen Lügen

Christine – Die Halbzarte – Ein Engel auf Erden – Die schöne Lügnerin –
Katja – Die Sendung der Lysistrata – Schade, daß sie eine Dirne ist –
Boccaccio '70 – Der Kampf auf der Insel – Die Möwe – Der Prozeß – Die
Sieger – Der Kardinal – Leih mir deinen Mann – Was gibt's Neues, Pussy? –
Die Hölle – Halb elf in einer Sommernacht

173

1965–1967

Mein bürgerlicher Traum

Schornstein Nr. 4 – Spion zwischen zwei Fronten

229

Wolf Albach Retty, 18. 5. 1906 – 21. 2. 1967

Mein Vater

243

1968–1969

Es hat alles wieder sehr gut angefangen

Otley – Der Swimmingpool – Inzest – Die Dinge des Lebens

249

1970–1974

Filmen – das ist für mich das wahre Leben

Die Geliebte des anderen – Bloomfield – La Califfa – Das Mädchen und der Kommissar – Die Ermordung Trotzkis – Ludwig II. – Cesar und Rosalie – Le Train - Nur ein Hauch von Glück – Sommerliebelei – Das wilde Schaf – Trio Infernal – Nachtblende – Die Unschuldigen mit den schmutzigen Händen

265

1975–1980

Ich kann nichts im Leben – aber alles auf der Leinwand

Das alte Gewehr – Die Frau am Fenster – Mado – Gruppenbild mit Dame – Eine einfache Geschichte – Blutspur – Die Liebe einer Frau – Der gekaufte Tod – Die Bankiersfrau

293

1981

Im Moment bin ich zu kaputt

Das Verhör – Die zwei Gesichter einer Frau

317

1981–1982

Woher kommt die Kraft, die mir hilft weiterzuleben?

Die Spaziergängerin von Sans-Souci

327

Rollenverzeichnis für Film, Fernsehen und Theater

339

Interview

348

Die Herausgeberin dankt

Frau Magda Schneider für ihre freundliche Hilfe und die
Genehmigung zum Abdruck des Textes.

Weiterhin wurden Auszüge aus Artikeln und Interviews aus
folgenden Zeitungen und Zeitschriften mit freundlicher Genehmigung verwendet: Abendzeitung/München und Quick.
Außerdem wurden Aussagen von Romy Schneider aus den
Zeitschriften Stern und Paris Match in den Text aufgenommen.

Alle anderen authentischen Äußerungen und Selbstaussagen
von Romy Schneider aus den Jahren 1957–1982 sind hier
im Sinne einer zusammenhängenden Autobiographie verwendet.

Vorwort

Dieses Buch ist Autobiographie und Biographie zugleich. Es offenbart ein Künstlerleben, das sich in nahezu 60 Filmen äußerte, und es enthüllt den Menschen Romy Schneider: beginnend mit den Hoffnungen und Träumen der Mädchenjahre, den Höhenflügen der ersten Erfolge bis hin zur künstlerischen Reife in den späten großen Filmen und zur tiefen Tragik eines Lebens, das schließlich an dem Bemühen zerbrach, privates Glücksstreben und künstlerische Arbeit in eine harmonische Übereinstimmung bringen zu wollen.
Erstmals in dieser Art zusammengefaßt wurden eigene Texte Romy Schneiders. Sie haben ihren Anfang mit den Tagebuchaufzeichnungen der Dreizehnjährigen, setzen sich fort mit Äußerungen und Gedanken, die in den verschiedensten Formen die Öffentlichkeit erreichten – in Reiseberichten, Briefen und Erlebnisschilderungen. Diese Aufzeichnungen umspannen auch dokumentarisch jene Lebensjahre, in denen Romy Schneider lieber schwieg als sich äußerte und sich darauf beschränkte, in Mitteilungen. an Freunde oder in anderen authentischen Dokumenten ihre Gedanken und Ansichten darzulegen, oft spontan und dem Impuls des Augenblicks folgend. Eingeleitet werden diese Texte Romy Schneiders durch einen

frühen Bericht Magda Schneiders, der Mutter, in dem sie die Kindheit ihrer Tochter schildert.

Der Gliederung in die einzelnen Kapitel lag der Gedanke zugrunde, dem Leser in überschaubarer Weise die einzelnen Stationen dieses außergewöhnlichen Lebens nachvollziehbar zu machen. Vorangestellt sind jeweils Texte, welche die für das Verständnis der Zusammenhänge notwendigen Lebens- und Zeitdaten vermitteln, wobei vorhandene Lücken im Text sinnvoll durch Informationen zu schließen waren. Doch nicht der genaue Lebensabriß in allen Einzelheiten ist das Ziel dieses Buches, sondern der Entwurf des Bildes einer großen Künstlerin, die in ihren Schwächen und Stärken ganz ihrer Zeit angehörte.

Die beigegebenen Bilder, von denen eine nicht geringe Zahl erstmals in dieser Form veröffentlich wird, dokumentieren in subjektiver Auswahl den Lebensweg, aber auch den Weg dieser einmaligen Künstlerin, von der Luchino Visconti sagte, daß sie »eine der genialsten Schauspielerinnen Europas« und »einer der letzten echten Weltstars« sei.

Beigefügt den Texten sind Fotodokumente, die das Umfeld zeigen, in dem sich das Leben Romy Schneiders vollzog. Verzichtet wurde auf eine bildliche Dokumentation der Filme. Hier erfolgte eine Konzentration auf die Darstellung der Künstlerin Romy Schneider in ihrem Zusammenspiel mit den Partnern, mit denen sie weltberühmt wurde.

Das Buch erscheint aus Anlaß des 50. Geburtstages von Romy Schneider, der am 23. September dieses Jahres gewesen wäre. Es soll das Bild dieser wohl außergewöhnlichsten Künstlerin der Nachkriegszeit in unserer Erinnerung wachhalten.

Berlin, im Februar 1988   RENATE SEYDEL

1938–1950

Magda Schneider: Meine Tochter Romy

Rosemarie Albach wird am 23. September 1938 in Wien geboren. Da beide Eltern, Magda Schneider und Wolf Albach-Retty, die Filmarbeit ganz in Anspruch nimmt, verlebt Romy ihre Kindheit bei den Großeltern, der Großmutter Maria Schneider und dem Großvater Franz Xaver Schneider im Haus »Mariengrund« in Berchtesgaden-Schönau. Am 21. Juni 1941 wird ihr Bruder Wolfdieter geboren. Im September 1944 ist Romys Einschulung. Ein Jahr später lassen sich ihre Eltern scheiden. Am 1. Juli 1949 kommt Romy als Schülerin ins Internat Goldenstein. Magda Schneider heiratet im Dezember 1953 den Hotelier Hans-Herbert Blatzheim.

Ihre Mutter Magda Schneider erzählte 1957 über Romys Kindheit.

Zwischen Berchtesgaden und dem Königsee liegt der Ort Schönau, und diese Gegend ist im wahrsten Sinne des Wortes eine schöne Au. Der Grundstein zu dem Häuschen wurde im Jahr 1936 gelegt. Es erhielt den Namen »Mariengrund«, und 1937 konnten wir einziehen.

Die ersten ständigen Bewohner waren meine Eltern. Mein Vater, der ein Installationsgeschäft in Augsburg gehabt hatte und sich gut aufs Bauhandwerk verstand, überwachte den Bau des Hauses, denn ich war ja nach wie vor pausenlos im Film tätig und konnte mich darum nicht kümmern. Sicher ist es ihnen in der ersten Zeit nicht leichtgefallen, in diesem stillen Landhaus zu leben. Trotzdem blieben sie schließlich für immer da, und zwar einfach deshalb, weil sie mir helfen wollten. Welche Eltern stellen nicht oft ihre eigenen Wünsche zurück, um ihren Kindern zu helfen? Ich hätte damals zur Verwaltung fremde Menschen ins Haus nehmen müssen. Meine Eltern übernahmen diese Pflichten. Und sie übernahmen sie um so lieber, als sie ja bald nicht mehr allein waren. Am 23. September 1938 kam Romy zur Welt. Rosemarie Albach. Wie gut, daß es nun ein Mariengrund gab, daß dort meine Eltern lebten, um sich des kleinen Wesens liebevoll anzunehmen.

Romy ist in Wien auf die Welt gekommen. Vier Wochen nach ihrer Geburt brachte ich sie nach Mariengrund, und hier hat sie die frohen Jahre ihrer Kindheit verbracht.

Im ersten Jahr ihres Lebens stand Romy außerdem unter der Obhut eines Kinderfräuleins, Schwester Hedwig. Sie hat sich der Kleinen mit viel Aufopferung und Liebe gewidmet. Schwester Hedwig, die später nur noch Hedy genannt wurde und noch später einfach Deda – in kindlicher Nachbildung des Wortes Schwester –, hatte das Talent, wunderhübsche Briefe und Karten zu schreiben. Fast jeden Tag bekam ich von ihr Nachricht über das Gedeihen und die Fortschritte Rosemaries. Diese Briefe und Karten, die ich in einem Album aufgehoben habe, ersetzen geradezu ein Tagebuch. Sie zeigen so hübsch, wie sich ein kleines Menschenkind im ersten Jahr entwickelt, mit all den dramatischen Ereignissen vom tastenden Herumkrabbeln bis zum ersten Zahn.

»Nun kann das Mauserle wieder ganz etwas Neues«, schrieb Hedy im März 1939, »sie kniet im Betterl, stützt sich auf die Händchen und schaukelt hin und her, aber gleich so, daß das ganze Bettchen mitfährt, und dabei schreit sie vor Vergnügen, daß einem die Ohren weh tun. Beim Baden haben wir täglich eine Überschwemmung…«

31. März 1939: »Es ist einfach schrecklich mit dem kleinen Würstchen, es will bei Tag nicht mehr schlafen, zwanzigmal in der Stunde langt nicht, daß ich sie auf den Rücken lege und zudecke, immer wieder liegt sie auf dem Bauch und rutscht auf allen vieren herum…«

Romy war erst knapp sechs Monate alt, als ich folgende Nachricht von Schwester Hedwig bekam: »Sitzen und knien und auf dem Bauch liegen ist ihr jetzt schon zu langweilig – stehen will diese kleine Maus schon! Wenn ich sie niedersetzen will, stemmt sie die Füßchen an und wird zornig…«

12. April: »Nun habe ich sie am Wagen mit einem Gürtel angehängt, sie ist aber damit gar nicht einverstanden und

wütend, weil sie nicht hin und her kann, wie sie so gern möchte. Das verträgt sie einfach nicht...«

Ja, ich glaube, diese Eigenschaft hat sich Romy auch in ihrem späteren Leben bewahrt!

19. April: »Heute haben wir eine Gehschule bekommen, und die Freude darüber ist sehr groß. Unser kleines Persönchen ist wie eine Wilde auf die bunten Kugeln und die Glocke losgegangen, sie zieht daran und will alles in den Mund stecken...«

Einen Tag nach dieser Karte kam ein Telegramm: »Mutti, Papa, hört euch an – euer Kind hat den ersten Zahn!«

Nach dem ersten Zahn, links unten, hieß es gleich: »Nun ist aus unserem Engelein ein richtiges Bengelein geworden, jetzt wird sie manchmal richtig zornig, wenn nicht alles gleich nach ihrem Willen geht.«

Wenn ich mir gelegentlich Ruhe gönnen konnte und in Mariengrund war, widmete ich mich ganz Romy. Was ich dabei beobachten konnte, schrieb ich ebenfalls in das Album.

Dann schrieb wieder Schwester Hedwig, denn kaum begonnen, waren meine Ruhetage auch schon wieder zu Ende.

Am 4. Juli berichtete Deda das große Ereignis: »Jetzt kann das Mauserle laufen! Sie läuft und fällt und steht wieder auf und läuft wieder zwei bis drei Schrittchen, und plumps liegt sie wieder da. Wenn sie nicht so zappelig wäre, könnte sie schon ein ganz schönes Stückchen laufen, aber sie will laufen, springen und mit den Händchen herumfuchteln, alles zugleich, und das geht eben doch nicht.«

Gelegentlich war auch mein Mann allein in Schönau, und dann bekam ich in Berlin Nachrichten wie diese: »Pappi und Mausi verstehen sich sehr gut, doch mußten wir heute Muttis Strohhut opfern. Ich habe mich sehr bemüht, den Hut zu retten, aber es war mir nicht möglich. Das Engelein hatte soviel Freude daran, und Herr Albach konnte soviel darüber lachen, und da konnte ich wohl nichts machen.«

Ein paar Tage vor Romys erstem Geburtstag finde ich nur noch

eine kurze Eintragung in meinem Album, ein paar Worte, die
ich damals in hastiger Schrift schrieb: »Der Krieg ist ausgebrochen.«

Ja, nun war also Krieg. Glücklicherweise wurde Romys Kindheit nicht von diesem schrecklichen Geschehen überschattet.
Sie lebte ja nicht in einer der Städte, in der alle Erschütterun-
gen jener wechselvollen Zeit so deutlich zu spüren waren, und
auch später, als die Bomben fielen, erfuhr ihr Leben kaum
eine Veränderung. Romy wuchs auf wie ein Mädchen vom
Lande.

Das ist ein Grund dafür, weshalb sie auch nie eine Zeit der
Altklugheit oder Frühreife mitgemacht hat, wie das bei Groß-
stadtkindern so oft anzutreffen ist.

Romy war ein typisches Mädchen. Sie spielte am liebsten mit
ihren Puppen und interessierte sich für die Spiele und Spielsa-
chen der Jungen überhaupt nicht. Sie wollte auch immer am
liebsten unter Mädchen sein und mit Mädchen spielen, aber
sie war in Wirklichkeit meistens unter Jungen, weil aus der
Nachbarschaft immer mehr Buben als Mädchen zu uns kamen.
Sie hat dabei auch recht rauhe Sitten angenommen. Besonders als ihr Brüderchen angekommen war, mein Sohn Wolfi,
entwickelte sie sich förmlich zum Tyrannen.

Bis Wolfi endlich einmal loslegte. Sein Temperament braucht
nicht lange, bis es in Bewegung kommt. Aber wenn das einmal
der Fall ist, dampft er los wie eine Lokomotive. Ich war schon
immer neugierig, wie lange er Romys Schreckensherrschaft
noch über sich ergehen lassen würde.

Obwohl Wolfi seiner Schwester nur bis zum Nabel reichte,
hatte er es einmal satt. Er bekam einen roten Kopf, ganz
langsam, duckte sich, ging einen Schritt zurück, und dann
stürzte er mit starrem Blick wie ein Raubtier auf Romy los. Sie
bekam richtig Angst. »Der bringt mich um!« schrie sie.

Ich hielt meiner Tochter eine ordentliche Standpauke. »Kein
Wunder«, sagte ich zu ihr. »Du sekkierst ihn ja bis aufs Blut!«

Romy weinte, aber lange dauerte ihr Schmerz nicht an. Wolfi kam ganz schnell wieder unter ihre Fuchtel. Bis zu der Sache mit den Zehnpfennigstücken. Es handelte sich um eine schön gedrehte, verschlossene Rolle mit Münzen. Die Rolle wurde aufgemacht, und als das Geld herausfiel, kam das beiden Kindern wohl ganz märchenhaft vor. Beide stürzten darauf los. Wolfi streckte die Hand danach aus, aber Romy klopfte ihm auf die Finger. »Das gehört mir!« rief sie.

Wolfi sagte gar nichts. Er lief wieder rot an, wie damals, und dann entwickelte er eine Geschwindigkeit, wie ich sie bei meinem langsamen Teddybär nie zuvor beobachtet hatte. Er fuhr Romy mit beiden Händen in die Haare und zerrte daran. Romy schrie wie am Spieß.

Natürlich waren sie gleich darauf wieder ein Herz und eine Seele, wie das bei Kindern so ist. Nur einen Unterschied gab es: Wolfi hatte sich endgültig durchgesetzt und die Tyrannei abgeschüttelt. Von nun an brauchte er sich nichts mehr gefallen zu lassen. Romy respektierte ihn – und das ist ja auch das Gute, wenn ein Kind nicht allein aufwächst, daß jedes seine Grenzen kennenlernt.

Romy ist ganz ohne Schläge aufgewachsen, ebenso natürlich Wolfi. Ich bin der Ansicht, daß es so auch geht. Eltern, die immer gleich schlagen, zeigen doch nur, daß sie ihren Kindern lediglich an Körperkraft überlegen sind – sonst aber gar nicht. Trotzdem hat auch Romy einmal eine ordentliche Tracht bekommen, und zwar von meinem Vater.

Ich weiß nicht mehr, ob es die Religionsstunde war oder der Kommunionsunterricht. Romy hängte sich jedenfalls eines Tages ans Telefon, rief den Herrn Pfarrer an und sagte mit leidender Stimme, sie müßte zum Zahnarzt.

»Ist gut, mein Kind, geh nur zum Zahnarzt«, sagte der gütige Herr Pfarrer.

Ein wenig später rief er bei uns zu Hause an. Romy war schon über alle Berge, aber meine Mutter war am Apparat.

»Ach, Frau Schneider«, sagte der Herr Pfarrer, »die Rosemarie ist doch heute zum Zahnarzt, nicht wahr?«

Meine Mutter war immer ein ahnungsloser Engel. Sie hat nicht geschaltet. Sie konnte auch nicht lügen.

»Ach ja, richtig«, hätte ich wahrscheinlich gesagt, »das habe ich ja ganz vergessen, natürlich, sie mußte ja heute zum Zahnarzt ...« Meine Mutter aber sagte: »Was, zum Zahnarzt? Davon weiß ich ja gar nichts!«

Da war also alles aufgedeckt. Als Romy vergnügt nach Hause kam, spürte sie gleich die dumpfe Gewitteratmosphäre.

»Du hast den Herrn Pfarrer angelogen!« schimpfte meine Mutter. Mein Vater sagte gar nichts. Das Maß seines Grolls war voll. Er hat sie einfach verhauen. Lügen, nun – aber ausgerechnet den Pfarrer anlügen! –, das ging meinen frommen Eltern einfach zu weit, das war ihnen zuviel.

Es war das einzige Mal, daß Romy auf diese drastische Weise »erzogen« wurde. Es hat ihr gelangt. Sie hat nie wieder jemanden angelogen – zumindest keinen Pfarrer.

Vier Jahre lang besuchte Romy in Schönau die Volksschule. Nach dieser Zeit sollte sie in ein Internat kommen. Der Volksschullehrer meinte aber, das würde sie doch nicht schaffen, denn sie war nun einmal keine Musterschülerin.

Am schwersten hatte sie es in der Mathematik. Romy rechnete nicht nur schlecht, sondern auch ausgesprochen ungern. In allen Dingen, die mit Zahlen zu tun haben, ist sie keine Heldin. In der Schule schon zeigte sich jedenfalls, daß sie keinen Sinn für abstrakte Begriffe hat.

Ihre Lieblingsfächer in der Schule waren alle Gebiete, die musische Anklänge haben oder die Phantasie beflügeln können. Sie ging – trotz der Sache mit dem Pfarrer – gerne in den Religionsunterricht, sie hatte gerne Singen und interessierte sich für Heimatkunde und Geschichte. Natürlich zeigte sich ihr Talent am deutlichsten beim Zeichnen und Malen, und das wäre später ja beinahe ihr Beruf geworden.

In Geographie, ebenfalls eine ziemlich abstrakte Sache, wenn sie trocken mit Landkarten serviert wird, war Romy wieder schwächer. Ganz und gar nicht lagen ihr alle Hausfrauenfächer, zu denen die Mädchen in den damaligen Jahren wohl besonders angehalten wurden. Für Handarbeiten war sie viel zu unruhig. Soviel ich weiß, hat sie kein einziges von diesen Deckchen oder Strümpfen oder Stickereimotiven wirklich zu Ende geführt. Sie ging vor Zappeligkeit einfach in die Luft dabei. Allen düsteren Prophezeiungen des Herrn Lehrers zum Trotz hat Romy nachher im Internat das Gymnasium glänzend absolviert und alle Prüfungen bestanden.

Als die vier Jahre Volksschule um waren, war für Romy wohl auch die erste, ganz unbeschwerte Kinderzeit vorbei. Sie kam heraus aus dem Idyll von Mariengrund-Schönau in eine ganz andere Welt. Vorbei war die Zeit bei den Großeltern, dem kleinen Bruder und den Nachbarskindern. Das Internat war der erste Schritt zu einer gewissen Selbständigkeit, der erste Schritt in eine ganz andere Umgebung, zu fremden Menschen. Zuerst kam Romy in ein Internat in Gmunden am Traunsee. Es stellte sich aber rasch heraus, daß das sehr ungünstig gelegen war, wenn mich meine Arbeit einmal für einen Besuch losließ. Deshalb entschied ich mich für einen Wechsel.

Die meiste Zeit der insgesamt fünf Jahre, die Romy in einem Internat zubrachte, verlebte sie bei den Schwestern auf Schloß Goldenstein bei Salzburg. Das Mutterhaus des Ordens ist in England, und in der Leiterin der Schule, der Präfektin Theresa, bekam Romy eine großartige, verständnisvolle Erzieherin.

Das Internat Goldenstein ist nicht sehr groß. Die Zahl der Schülerinnen war jedenfalls so gehalten, daß sich die Lehrkräfte jeder einzelnen wirklich widmen konnten. Das war wirklich gut, denn mit Romy mußte man sich individuell beschäftigen. Es war ihre schwierigste Zeit.

Jedes Kind kommt einmal in ein Alter, in dem die Erziehung nicht leicht ist. Romy tanzte sehr gerne aus der Reihe, und es war die Kunst der Damen von Goldenstein, sie in die Reihe zu bekommen und sie dann auch in der Reihe zu halten, ohne dabei die Persönlichkeit in ihrer Entfaltung zu beeinträchtigen.

Für Romy waren diese Jahre eine ausgezeichnete Vorbereitung auf das Leben, wie sich nun bald zeigte. Sie wurde manchmal hart angefaßt, aber die Präfektin verstand es doch immer, auch notwendige Maßnahmen mit Güte zu treffen. Einige von Romys Eigenschaften, die sie heute bei der Arbeit auszeichnen, wurden in Goldenstein entwickelt.

»Ich weiß nicht mehr, was ich mit Ihrem Kind anfangen soll«, sagte mir die Präfektin des Internats Goldenstein. Es war das einzige Mal in den fünf Jahren, die Romy dort verbrachte, daß mich die Präfektin zu sich gebeten hatte, um ein ernstes Wort über meine Tochter mit mir zu reden. Wie wohl jedes Kind, hatte Romy damals eine Zeit, in der sie einfach »unausstehlich« war. Die Präfektin hatte eine ernste Miene aufgesetzt, berichtete mir von ihren Sorgen und fügte schließlich hinzu: »Wenn sie sich nicht bessert, muß ich sie hinauswerfen.«

Sie benützte den Ausdruck »hinauswerfen«, denn sie liebte es, alles sehr deutlich zu sagen.

Romy leistete sich eine Menge Streiche im Internat. Trotzdem wurde Romy nicht hinausgeworfen. Ob sie sich wirklich gebessert hat, weiß ich nicht. Wahrscheinlich ist das bei einem so jungen Menschen nicht eine Frage des guten Willens. Es ist einfach eine Zeit, die kommt – und die wieder vergeht.

Heute ist Romy ein ausgleichender, verträglicher Mensch, der jedem Streit und Zank aus dem Wege geht. Damals vertrug sie sich mit niemandem. Sie wußte nicht einmal, was sie mit sich selber anfangen sollte. Aus lauter Übermut oder vielmehr Unmut hat sie viele ihrer Streiche begangen. Der häufigste war, daß sie einfach geschwänzt hat. Mal war es das Kino, das sie lockte, dann war sie mit Freundinnen länger aus, als es die Ausgangszeit erlaubte, und dann gab es natürlich Rügen und Eintragungen ins Klassenbuch oder Nachsitzen.

Ich sagte schon, daß ich der Frau Präfektin Theresa ein großes Denkmal in meinem Herzen gesetzt habe. Sie hat es trotz aller Schwierigkeiten verstanden, Romy in Ordnung zu halten und ihr weiterzuhelfen, ohne sie zu verbittern. In dieser Zeit, in der mich meine Arbeit so sehr von meinen Kindern fernhielt, hat sie bei Romy wahre Mutterstelle vertreten.

Nur ein Beispiel möchte ich erwähnen, das zeigt, wie es die Frau Präfektin verstand, Strenge mit Güte zu vereinen.

Es war ausgemacht, daß mir Romy jede Woche einen Brief schreiben sollte. Doch manchmal wurden es vierzehn Tage oder drei Wochen, bevor sich mein Fräulein Tochter geneigt fühlte, etwas von sich hören zu lassen. »Wir hatten ja soviel zu tun«, war dann ihre geläufigste Ausrede.

Von mir kamen dann in solchen Fällen »Wetterbriefe« nach Goldenstein, in denen ich Romy Vorhaltungen machte. Der Erfolg war jedesmal, daß mir Romy einen zerknirschten Reuebrief schrieb. Die Post wurde regelmäßig von der Internatsleitung gelesen, wie das wahrscheinlich in allen Internaten der Fall ist.

Dann geschah es immer wieder, daß die Frau Präfektin den Briefen Romys ein paar Zeilen zufügte, wie etwa: »Liebe gnädige Frau, Sie dürfen ihr nicht böse sein – denken Sie immer daran, daß sie ja so ein gutes Herz hat!«

Das war zugleich das gute Herz der Präfektin Theresa. Sie hat Romy oft hart angepackt und zusammengeschimpft, aber immer auch den Menschen erkannt und gelten lassen.

Für Romy war diese Zeit im Internat sehr gut. Sie hat dort gelernt, sich in eine Gemeinschaft einzufügen, auch wenn es anfangs schwer war. Sie hat gelernt, egoistische Interessen einzuschränken und andere Menschen ebenso gelten zu lassen. Sie hat Disziplin und Pünktlichkeit gelernt.

Romy hat dort auch gelernt, einigermaßen Ordnung zu halten.

Das war immer ihre schwächste Seite. Besonders wenn es einmal schnell gehen sollte, flog alles im Zimmer und im ganzen Haus herum und blieb dann liegen wie nach einem Wirbelsturm. Heute bemüht sie sich wenigstens – mit mehr oder weniger Erfolg –, Ordnung zu halten. Manchmal erreicht sie das Ziel sogar wirklich, und dann ist alles ganz furchtbar ordentlich.

Während der Zeit im Internat entwickelte Romy auch ihre kunstgewerblichen Fertigkeiten. Sie hatte eine sehr verständnisvolle Zeichenlehrerin, die es ihr erlaubte, außer der Reihe Holzteller zu bemalen. Das Talent für diese hübsche Kunst hatte sich ganz zufällig gezeigt.

Romy kaufte nun bei einem Drechsler rohe Holzteller, bemalte und lackierte sie. Dabei war ihre Erfindungsgabe unerschöpflich. Sie entwarf immer neue Muster. Manche waren der oberbayerischen Volkskunst ähnlich, andere wieder erinnerten an orientalische Ornamente, einige waren kühne expressionistische Phantasieprodukte in leuchtenden Farben. Neben den Tellern bemalte Romy Kassetten, kleine Schälchen und Blumenvasen, und viele davon stehen heute noch in ihrem Zimmer in Mariengrund und im ganzen Haus. Man hätte sie ohne weiteres in jedem Kunstgewerbegeschäft verkaufen können.

Romy bemalte auch sich selber gerne, als sie noch ganz klein war. Meine Lippenstifte hat sie mir oft verschmiert. Manchmal sah sie wie ein Clown aus. Dann hat sich das wieder verloren; es war nur Spieltrieb und nicht etwa weibliche Eitelkeit gewesen.

Auf dem Land und im Internat, wo Romy aufwuchs, war sie allen großstädtischen Allüren fern. Sie kam nie auf die Idee, wie es in den Großstädten doch meistens der Fall ist, sich frühzeitig die Nägel zu lackieren oder sich im Schminken zu versuchen. Das hat sie erst kennengelernt, als sie mit der Filmarbeit begann.

Diese Abgeschiedenheit war auch der Grund, weshalb Romys Theaterblut bis zu ihrem fünfzehnten Lebensjahr für mich ganz unterdrückt blieb.

Das stillschweigende Übereinkommen, zu Hause nicht vom Beruf zu sprechen, bezog sie auch auf ihre eigenen Berufswünsche. Ich weiß heute, daß sie schon immer den Wunsch hatte, Schauspielerin zu werden. Damals aber hat sie nie davon gesprochen, und ich kam gar nicht auf die Idee, daß sie an so etwas denken könnte.

Ich ließ alles hinter mir, was Sorgen oder Beruf hieß. Das mußte eben Zeit haben, bis ich wieder von meinen Kindern fort war. Romy, die das damals wahrscheinlich schon verstehen oder erfühlen konnten, war immer rührend, um alle Belastungen von mir fernzuhalten. Alles blieb weg, was mich hätte ärgern oder mürrisch machen können. Und deswegen sprach sie auch nicht vom Film und vom Schauspielerberuf.

Vielleicht spürte sie auch, daß ich eine stille Abneigung dagegen hatte, daß meine Kinder den gleichen Beruf wie ihre Eltern ergreifen würden. Wenn ich heute auf meine damalige Einstellung zurückblicke, sehe ich, daß sie wohl nur eine Illusion war.

Wahrscheinlich geht es sehr vielen Eltern so, daß sie ihren Kindern einen anderen Beruf als ihren eigenen wünschen. Das liegt meiner Ansicht nach daran, daß diese Eltern die Schattenseiten ihres Berufes nur zu genau kennen und sie ihren Kindern ersparen wollen. Vielleicht erscheint ihnen ihr eigener Beruf zu unsicher, zu krisenanfällig, zu anstrengend, zu aufreibend, zu gefährlich. Sie vergessen dabei, daß natürlich jeder Beruf seine Schattenseiten hat. Zweifellos gibt es ruhigere und sicherere Berufe als den einer Filmschauspielerin. Aber es ist heute meine Überzeugung, daß es bei jedem Beruf einen Haken gibt.

So war meine Aversion gegen eine schauspielerische Zukunft Romys wohl ein Irrtum. Da sie schnell und glücklich revidiert worden ist, brauche ich mir keine allzu großen Vorwürfe darüber zu machen.

Immerhin war meine damalige Einstellung mit schuld daran, daß ich Romys schauspielerische Talente nicht beachtete. Wie alle Kinder, hat Romy sehr häufig in Schülervorstellungen Theater gespielt. Es gab da die üblichen Weihnachts- und Krippenspiele, und als Tochter eines bekannten Schauspieler-ehepaars war Romy immer ein bißchen der Star mit Christ-kind-Hauptrollen und ähnlichem. Im Internat gab es auch außerhalb der Weihnachtszeit Theateraufführungen. Einmal spielte sie den Mephisto im *Faust*. Dann wurden auch Stücke in englischer Sprache aufgeführt, bei denen Romy ebenfalls mitwirkte. Im Kirchenchor sang sie eine Solostimme.

Das alles erschien mir nicht weiter beachtlich, denn es gehörte ja zum normalen Schulbetrieb. Hinzu kam, daß ich nie eine dieser Aufführungen gesehen habe. Sie fanden immer statt, wenn ich in Berlin oder München oder Wien im Atelier zu tun hatte, und besonders zur Weihnachtszeit und in den Wochen zuvor waren wir immer am meisten beschäftigt.

Tatsächlich ist Romys Begabung für mich erst in Erscheinung getreten, als die Probeaufnahmen für ihren ersten Film gemacht wurden.

Dabei hätte ich mir denken können, daß in Romy dieses Talent stecken mußte und vielleicht sogar schon geweckt war. Wie ich heute weiß, war sich Romy doch immer stark bewußt, die Tochter des bekannten Filmschauspielers Wolf Albach-Retty und der bekannten Filmschauspielerin Magda Schneider zu sein. Das kann einem Kind gar nicht verborgen bleiben.

Ich weiß nicht, ob Romy im Kino gelegentlich einen Magda-Schneider-Film gesehen hat. Sie ist ja in der ländlichen Umgebung und im Internat wenig ins Kino gekommen. Vielleicht gerade deshalb haben sie die Filme, die sie sah, besonders beeindruckt. Außerdem standen die Namen ihrer Eltern alle Augenblicke in dieser oder jener Zeitung, in Zeitschriften und

Filmheften. Die Mitschülerinnen bestaunten sie wahrscheinlich auch immer ein wenig, als ob sie etwas Besonderes wäre.
Das alles kann nicht spurlos an einem jungen Mädchen vor-
übergehen.

Am wichtigsten erscheint mir jedoch die Tatsache, daß Romy
auch ein kräftiges schauspielerisches Erbteil mitbekommen
hat. Ich war selber in meiner Familie ein Außenseiter in
diesem Beruf, denn keiner meiner Vorfahren oder Verwand-
ten hat jemals etwas mit dem Theater zu tun gehabt. Bekanntlich aber vererben Außenseiter ihre Fähigkeiten besonders
stark. Das ist der mütterliche Einschlag.

Von der Seite ihres Vaters hat Romy das Blut einer langen
schauspielerischen Tradition geerbt. Mütterlicherseits waren
die Rettys durch Generationen hindurch eine Künstlerfamilie.
Schon Romys Ururgroßvater war Schauspieler in Österreich.
Dessen Sohn, also Romys Urgroßvater, war wiederum Schauspieler, und er heiratete auch eine Schauspielerin. Die Tochter dieses Paares, Romys Großmutter, ist die berühmte Rosa
Albach-Retty, die heute noch am Wiener Burgtheater wirkt.

Rosa Albach-Retty hat noch den Titel einer k. und k. Hofschau-
spielerin. Sie stand schon in der gloriosen Zeit des Wiener
Theaters auf der Bühne, sie wurde von Kaiser Franz Joseph in
Audienz empfangen und fuhr ihren eigenen Fiaker, wie es
damals bei den Hofschauspielern üblich war. Sie spielte mit
Kainz und Mitterwurzer und wie die Sterne des wirklich
großen Theaters alle hießen.

Zweifellos haben diese Vorfahren viel Sonne auf Romy geworfen. Heute erscheint es mir paradox, wenn ich mir vorstelle,
daß dieses Erbe nicht zum Durchbruch gekommen wäre. Nun
weiß ich aber auch, daß es keinen Zweck gehabt hätte, Romy
ernstlich in eine andere Berufsbahn lenken zu wollen. Das
Schauspielerblut regte sich in ihr und drängte sie in die
Richtung, zu der ihr der Zufall ihrer Entdeckung frühzeitig die
Tür öffnete.

Ihr jugendliches Alter hat sie in der Zeit vor der Entdeckung aber auch davor bewahrt, viele Stürme mitzuerleben, die in der Zeit des Krieges und in den Jahren danach alle Menschen ergriffen. Sie blieb davor verschont, die bitteren Ereignisse deutlich wahrzunehmen, die in meinem persönlichen Leben eine Rolle gespielt haben. Dies alles geschah, während Romy noch wohlbehütet in ihrem Internat lebte und sich noch keine ernsthaften Sorgen machte mußte.

Wenn ich heute daran zurückdenke – wir heirateten im Jahre 1937 –, finde ich eine ganze Menge Ähnlichkeiten zwischen Romy und ihrem Vater. Wolfgangs Mutter, die Burgtheaterschauspielerin Rosa Albach-Retty, war anfangs ganz dagegen, daß ihr Sohn ebenfalls den Schauspielerberuf ergreifen würde – wahrscheinlich aus denselben Gründen, derentwegen ich bei Romy dagegen war. Wenn Wolf bei den Ausfahrten mit dem ehrwürdigen Fiaker auf dem Kutschbock sitzen durfte und hinten im Wagen seine Mutter mit Bekannten saß, mit berühmten Schauspielerinnen und Schauspielern, dann hatte Wolf immer den Wunsch, auch Kutscher zu werden. Seine schauspielerischen Talente entdeckte er erst später.

Die Mathematik, Romys schwache Seite, machte ihm in der Schule ebenfalls viel zu schaffen. Wolf durfte die Wiener Akademie für Musik und darstellerische Künste besuchen.

Es dauerte nicht lange, bis der begabte Sohn seiner berühmten Mutter dort entdeckt wurde. Bei einer Aufführung der Komödie *Die berühmte Frau* von Alexandre Bisson fiel der Akademieschüler Wolf Albach-Retty als sehr junger Liebhaber so vorteilhaft auf, daß man ihn 1926 ans Burgtheater holte. Eine große Auszeichnung!

Wolf Albach-Retty stand in seinen Anfängen oft zusammen mit seiner Mutter auf der Bühne des Burgtheaters und spielte manchmal auch in den Stücken ihren Sohn. Fünf Jahre nach seinem Bühnenstart holte ihn die Ufa nach Berlin.

Es gibt ja Menschen, die mit Kindern nichts anzufangen wissen, und es fällt ihnen auch schwer, den rechten Kontakt zu ihren eigenen zu finden. In unserem Fall mag das an den langen Zeiten der Trennung gelegen haben. Wolf überwand diese psychologischen Schwierigkeiten durch seinen strahlenden Humor, sein typischstes Wesensmerkmal. Er war im Grunde ein Lausbub. Es machte ihm einen Heidenspaß, Romy heimlich schreckliche Kraftausdrücke beizubringen. »Aber das darfst du erst sagen, wenn ich nicht mehr da bin!« schärfte er ihr dann ein.

So kam es manchmal, daß ich meinen Ohren nicht traute, wenn Romy mit ihrem Kinderstimmchen bei irgendeiner Gelegenheit plötzlich mit einem Männerfluch herausrückte, daß sich die Balken bogen. Na, das war unverkennbar der »Pappi« – und ich hatte alle Mühe, es ihr wieder abzugewöhnen.

Natürlich fand Wolf auch bessere Methoden, sich seiner Tochter zu widmen. Er steckte sie in seinen Rucksack und fuhr mit ihr auf dem Fahrrad spazieren. Er gab sich jede erdenkliche Mühe. Aber kleine Kinder haben einen feinen Instinkt. Für Romy blieb »Pappi« immer ein fernes Wesen – er war ja meistens auch fern –, sie wurde nicht recht warm mit ihm, wie man so sagt, obwohl auch sie sich sichtlich viel Mühe gab, mit ihrem ganzen kindlichen Herzen ihren Vater zu lieben. Trotzdem war sie ein ausgesprochenes Mutterkind, was bekanntlich bei Töchtern verhältnismäßig selten vorkommt.

Ich wurde 1945 geschieden, bald nach der Ankunft unseres Söhnchens Wolfi. Die Kinder wurden mir zugesprochen. »Alle Männer sind schwach«, habe ich neulich in der Münchner Illustrieren gelesen. Wolf war es wirklich.

Ich habe gewartet, daß er zurückkommen würde. Und als ich sah, daß es keine Hoffnung mehr gab, hatte ich einmal schon den Revolver in der Hand. Der Gedanke an meine Kinder hielt mich zurück. Als die Zeit verging, tröstete mich dieser Gedanke auch. Er half mir darüber hinweg.

Besseres als eine Scheidung in aller Stille kann sich niemand wünschen, der nur das Bedürfnis hat, sich selbst wiederzufinden, sich einmal in eine Höhle zurückzuziehen, um Wunden heilen zu lassen. Mit dem Film war es bei Kriegsende zunächst ja auch vorbei. Die Ateliers waren zum großen Teil zerstört, die Filmschaffenden in alle Winde zerstreut.

Für Romy ging diese Zeit glücklicherweise schmerzlos vorüber. Ihr Pappi entschwand aus ihrem Leben, in dem er ohnehin nur Gastrollen gespielt hatte. Das ganze Hin und Her, das mit einer Scheidung verbunden ist, blieb fern von ihr. Als sie im Internat war, bekam sie von ihrem Vater einmal noch ein Kostüm für den Fasching geschickt; sie war ein entzückendes Teufelchen. Zu ihrem sechzehnten Geburtstag bekam sie von ihm ein Telegramm aus Zürich. Dann verlief auch das im Sande.

Für mich aber hatte sich das Leben gründlich verändert. Mein Beruf war zunächst tot. Es wurden keine Filme produziert. Doch die Sorge um das tägliche Leben lag nun allein auf meinen Schultern, vor allem die Sorge um meine beiden Kinder Romy und Wolfi. Ich habe erfahren, daß diese Verantwortung alle Kräfte im Menschen mobilisieren kann. Ich bin im Grunde genommen das, was man einen »Familienmenschen« nennt. Meine Familie geht mir über alles. Meine Kinder, die auf mich angewiesen waren, und meine Eltern, die in meinem Häuschen Mariengrund lebten, waren der einzig feste Grund, auf dem ich nun stand.

Das war auf längere Sicht einfach eine Existenzfrage. Oder wie war es mit dem Theater? Machte nicht da oder dort wieder eine Bühne auf? Vielleicht sollte man tingeln, auf Tournee gehen, eine Truppe zusammenstellen, Säle mieten.

Doch die Welt stand damals für alle Menschen immer noch auf einem schwankenden Boden. Mal klappte etwas – aber hundertmal klappte es eben nicht. Mal gab es ein Engagement, dann wieder keines. Überall wurden fieberhaft Pläne geschmiedet, die meisten platzten. Es gab kleinere Theatervorstellungen, Bunte Abende, und dann wieder nichts. Niemand ließ sich deswegen unterkriegen. Die Menschen gewöhnen sich an alles, auch an ungewisse Verhältnisse.

In jener Zeit, als die Währungsreform zum zweitenmal die Situation veränderte, trat ein Mann in mein Leben, der ganz anders war als die Menschen, mit denen ich zu tun hatte.

Plötzlich gab es so etwas wie einen Felsen in der Brandung. Ich ahnte damals noch nicht, daß ich meinem zweiten Mann begegnet war, dem Mann, der dann der Stiefvater und väterliche Freund meiner Kinder Romy und Wolfi werden sollte: Hans-Herbert Blatzheim.

Ebenso wie Wolf Albach-Retty ganz allmählich und unmerklich aus dem Leben meiner Kinder verschwand, ist mein zweiter Mann in diesem Leben aufgetaucht. In meinem Hause hat es immer viele Besucher gegeben. Kollegen, Freunde, Bekannte. Unter ihnen war eines Tages eben auch Hans-Herbert Blatzheim, ganz zwanglos und selbstverständlich. Sie gewöhnten sich an ihn, als von seiner künftigen Vaterrolle noch gar nicht die Rede war. Ich erinnere mich noch genau an den Tag, als Romy zum erstenmal ihrem künftigen »Daddy« begegnete. Sie kam damals gerade aus dem Internat zu Besuch nach Mariengrund.

»Da ist meine Tochter«, sagte ich. Sie stand in der Tür und sah genauso aus wie eben ein Kind aus einem Internat, in ihrem einfachen Kleid, mit viel zu langen Armen und Beinen, wie mir schien, und entsprechender Frisur. Aber Hemmungen hatte sie keine.

Es ist albern, wenn jemand glauben sollte, Romy werde bei jedem Schritt und Tritt »gelenkt«. Romy ist ein Mensch, der Zwang, Vorschriften und persönliche Einmischungen in seine Angelegenheiten leidenschaftlich haßt. Ich möchte sie einmal sehen, wenn ich den Versuch machen wollte, ihr Vorschriften zu machen oder sie an die Kette zu legen! Nein, das wäre ein Unding. Ebenso albern ist deshalb immer das Gerede darüber, daß Romy »behütet« wurde wie eine eiserne Jungfrau.

Nun, Romy glaubt weder an den Klapperstorch, noch ist sie der Meinung, daß das Leben aus eitel Sonnenschein und Happy-End besteht. Wie wohl alle Mädchen ihres Alters hat sie die Augen offen, steht mit beiden Beinen auf dem Boden der Wirklichkeit und macht sich über das Getriebe auf unserem Planeten keine allzu großen Illusionen. Wäre es anders, würde sie dem heutigen Leben gar nicht gewachsen sein. Diese Erkenntnis ist auch für meinen Mann und mich ein Grund, uns davor zu hüten, Romy unter eine Glashaube zu setzen.

Was mir zu tun bleibt, ist, wie ich schon sagte, meinen Rat und meine Erfahrungen zur Verfügung zu halten, wenn sie einmal gebraucht werden sollten.

Romy wird es irgendwann im Leben wohl nicht erspart bleiben, ihre eigenen Erfahrungen und Enttäuschungen zu sammeln. Natürlich gibt es auch Wunder, aber auf sie zu bauen, wäre vermessen. Ich kann nur versuchen, Romy zu warnen, wenn ich irgendwo einen Abgrund sehe, in den sie hineintappen könnte. Das ist sogar meine Pflicht. Ich kann mich bemühen, mit ihr zu sprechen, wenn ich vermuten muß, daß es am Ende eines Weges nur Tränen gibt. Aber ich werde ihr nicht alle Tränen ersparen können. Das Herz jeder Mutter erfüllt sich bei solchen Gedanken mit Wehmut. Der einzige Trost ist, daß der Mensch auch den Schmerz braucht, um voll heranzureifen.

Heute noch ist Romy von solchen Problemen nicht beschwert, und es muß der Zukunft überlassen bleiben, wie ihre Entwicklung weiter verläuft.

Eines ist sicher: solange ich da bin, werde ich immer auch für Romy dasein. In guten und erst recht in schlechten Tagen. Ich werde ihr meinen Rat geben, wenn sie ihn braucht, ich möchte sie trösten, wenn sie einmal Kummer hat, und ich will ihr helfen, wenn sie das Schicksal einmal in die Tinte setzen sollte. Aber ihren Weg muß und wird sie allein gehen.

Solange Kinder heranwachsen, sollen die Eltern ein fester Schutzwall sein, hinter den sie sich zurückziehen können, der sie vor den Stürmen draußen bewahrt. Doch mit jedem Lebensjahr werden aus Kindern immer selbständigere Menschen und schließlich Persönlichkeiten. Leider – aber auch verständlicherweise – können sich viele Eltern nicht damit abfinden, daß aus den kleinen, hilfebedürftigen Wesen eines Tages Erwachsene geworden sind, die das Nest verlassen und die Welt und das Leben auf eigene Faust erobern wollen.

Auch sie wird das Nest eines Tages verlassen, und ich werde mich bemühen, »vernünftig« zu sein, soweit das Herz einer Mutter dazu fähig ist.

So sehe ich mit einem Lächeln und mit einer Träne in die Zukunft.

1 Rosa Albach-Retty (1874–1980), die Großmutter Romy Schneiders

2/3 Die Eltern: Wolf Albach-Retty (1906–1967), der Vater, und Magda Schneider (geboren 1909), Romys Mutter

4 Rosemarie Albach wurde am 23. September 1938 in Wien geboren.

5 Magda Schneider mit Romy im Alter von drei Jahren in Berchtesgaden-Schönau

6/7 Romy mit sechs und acht Jahren

8 Im Haus »Mariengrund« verlebt Romy ihre Kindheit. Auch als sie mit zehn Jahren von 1949 bis 1953 ins Internat Goldenstein bei Salzburg kommt, ist sie in den Ferien gern in dem bayerischen Landhaus.

9 Romy und ihr Großvater Franz Xaver Schneider, der Vater Magda Schneiders

10/11 Romy im Internat Goldenstein. Links: Verkleidet als Cowboy, 1952

12 »Wenn der weiße Flieder wieder blüht«, 1953, der erste Film, mit Willy Fritsch und Magda Schneider. Die Dreharbeiten beginnen, als Romy vierzehn Jahre alt ist.

1949–1953

Mein Tagebuch: Internat Goldenstein bei Salzburg

Romy ist 10 Jahre alt, als sie in das von Augustiner-Nonnen geleitete Internat Goldenstein bei Salzburg kommt. Dort beginnt sie an ihrem 13. Geburtstag ein Tagebuch zu führen, das sie »Peggy« nennt und dem sie Gedanken, Gefühle und Wünsche anvertraut. Sie klebt Fotos der Eltern ein, von umschwärmten Schauspielern, berichtet über Unterricht und Erziehung, von ersten Theateraufführungen, von ihren Berufswünschen und dem Bedürfnis nach großen Gefühlserlebnissen – und bekennt vor allem ihre Sehnsucht nach der Theater- und Filmwelt. Am 12. Juli 1953 verläßt sie, mit der mittleren Reife als Abschluß, das Internat.
Schon am 1. August 1951 war ihre Großmutter Maria Schneider in Schönau gestorben.

Romy schreibt in ihrem Tagebuch, das sie nahezu täglich führt und auch später noch fortsetzt, ausführlich über die Jahre im Internat.

23. September 1951

Ich habe meine liebe Freundin Margit eingeladen. Ich war im Kino mit ihr und Tante Marianne. Eine herrliche Schokoladentorte haben wir auch verschmaust. Ja! Nach all diesen Vergnügungen ist halt auch mein 13. Geburtstag vergangen. Musik, Theater, Film, Reisen, Kunst. Ja! Das sind meine Elementseigenschaften. Diese fünf Worte machen mein Theaterblut kochend.

14. Oktober 1951

Gestern habe ich in der Studienzeit Tagebuch geschrieben, weil ich alle Aufgaben schon gemacht hatte. Da – o heiliger Schreck – da kam Frau Präfektin heim. UUUiii! Da erschallte schon ihre angsterfüllende Stimme: »Romy! Hast du nichts zu handarbeiten? . . . Fix an die Arbeit! Und das Tagebuch nehme ich dir so lange weg, bis du deine Handarbeit fertig hast!« Oh, du meine Güte, da warst du mir dann genommen!

Mein Schatz! Und jetzt hab' ich dich wieder. Wie bin ich doch so fröhlich und glückselig. Nie wieder sollst du mir genommen werden.

11. November 1951

Ach! Jetzt hätte ich gute Lust, heute nacht durchzubrennen, ha! Das wäre fein, so ein kleines, nettes »Jungmädchenabenteuer« zu machen, ich brächte es fertig, auch so, daß es niemand merkt!! Oh, dann würde ich nach Paris oder Mexiko fahren und in einem Theater als Cowboy auftreten!

14. November 1951

Zerplatzen! Könnte ich vor Wut und Zorn auf diese gemeine M. Augustina. Wenn ich einmal sage, daß ich die Aufgabe nicht kann, dann lacht sie mich immer aus und sagt: »Geh! Aber Romy!« Wenn sie wüßte, wie mich das ärgert, dann ...

17. November 1951

Heute hat M. Augustina Namenstag. Ich hatte auf die Tafel eine Gratulation geschrieben. Dann kam Frau Präfektin herein und sagte auf eine recht spöttische Weise: »Ja! Du meine Güte, diese Schnörkeln kann nur die Romy gemacht haben!« Pah! Das hat mich geärgert!

1. Dezember 1951

Omale, heute habe ich Deinen schönen warmen Rock an! So schön warm ist er. Strick mir noch einen! Ach, Gott. Du bist ja nimmer. Wie wird es nur zu Weihnachten heuer werden ... So gern möchte ich Dir noch ein nettes Weihnachtsgeschenk machen, und ich tu es auch. Ich bring Dir's halt zum Grab! Gelt!?!

3. Dezember 1951

Nun, heute will ich Dich, mein liebes Tagebuch, taufen! Ja! Einen Namen will ich Dir geben. Die Taufe kann ich zwar nicht mit Wasser vollziehen, denn da würdest Du Dich ja ein wenig verkühlen, das heißt, es würde Dir schaden. Also Du sollst heißen: Peggy.

5. Dezember 1951

...Es saß einmal ein Liebespaar auf einer kleinen Bank. Da sagte auf einmal sie: »Liebling, heut' lieb ich dich so!!!« (Vielleicht hat sie morgen aber schon 'ne Wut auf ihn! Denn Männer bleiben ja selten treu!)

10. Dezember 1951

Ja! Heute haben wir Exercitien! »Den ganzen Tag schweigen?« Das klingt etwas unangenehm! Aber ist halb so schlimm. Nachtrag (war krank: Grippe!)
Wir hatten 4 Vorträge. P. Rektor war sehr nett. Abends durften wir wieder reden! So vergingen auch meine 1. Exerzitien! Wann werden wohl die 2. sein? Hoffentlich nicht gleich wieder! Jetzt wäre 'ne kleine Pause ganz angenehm!

28. März 1952

Aaaach! Heute war ein Jammertag! Es war scheußlich!
1. Hatten wir eine Rechenschularbeit, mir ging's allerdings miserabel!
2. War die liebenswürdige, die ach, sooo liebenswürdige Frau Präfektin wieder mal saugemein! Doch mir ist ja schon alles wurscht. Ja! Ja! und nochmals ja! Mir ist alles wurscht!!! Man wird sowieso nur dauernd angeschrien und angefaucht, heiligmäßiger zu sein! Ach! Ich bin sooo wie ich eben bin!

1. Juni 1952

Ich bin wütend. Ich bin unglücklich. Ich glaube, ich könnte – ich weiß nicht was. Ich weiß nicht einmal, was für einen Tag wir heute haben, Mittwoch, natürlich. Sonst hätten wir nicht frei. Mittwoch, das ist der einzige Tag, an dem wir nachmittags tun und lassen können, was uns Spaß macht. Ich wünschte manchmal, ich wäre schon 'raus aus diesem Pensionat.
Der Tag fing schon so dumm an. Ich habe glatt verschlafen

37

und nicht einmal gehört, daß die Frau Präfektin geläutet hat. 6.30 Uhr, aufstehen! Da drehen sich ja selbst die Hühner noch einmal auf der Stange um. Hühner sind wirklich dumm. Ich möchte später einmal nicht wie sie in dem Ruf stehen, Frühaufsteher zu sein. Ich werde immer bis zehn Uhr schlafen und mir dann das Frühstück ans Bett bringen lassen. In der Gesangsstunde war ich auch unaufmerksam.

Die Sache war so: Gestern abend hatte ich noch in einem Karl-May-Buch gelesen, das eine Freundin von zu Hause mitgebracht hatte. (Ich glaube, es gehört ihrem Bruder. Wie käme sie sonst dazu?) Also, wie es gerade am spannendsten war, mußten wir natürlich ins Bett. Die Frau Präfektin kam ins Zimmer und machte das Licht aus. Da habe ich ein bißchen vor mich hingeschimpft, und da sagte das Mädchen, das seit 14 Tagen bei uns im Zimmer schläft: »Nimm es doch morgen früh in die Gesangsstunde und lies da weiter. Aber ich wette – du traust dich nicht.«

»Und ob ich mich traue!« habe ich gesagt.

Als ich im Bett lag, habe ich immerzu überlegt, wie ich das wohl am besten anstellen könnte. Kneifen wollte ich ja auch nicht. Nach einer Weile kam mir eine Idee. So würde ich's machen! Am nächsten Tag gingen wir dann pünktlich wie immer zum Unterricht in die Klasse. Das Mädchen, mit dem ich gewettet hatte, daß ich das Karl-May-Buch weiterlesen würde, blieb dicht neben mir und frotzelte. Ich war wütend. Ich hatte das Buch nämlich wirklich mitgenommen. Die anderen merkten es nur nicht. Ich hatte es in schwarzes Umschlagpapier eingeschlagen und es sah aus wie das Gesangbuch. Nun wollte ich aber auch, daß mein Mut anerkannt wird, und zeigte immer auf mein Buch und lachte.

Wie es das Unglück wollte: Gleich nachher rief mich die Frau Präfektin und wollte mein Gesangbuch sehen. Ich hätte in den Erdboden versinken können. Zur Reue war es zu spät.

Sie nahm mein Buch, schaute hinein und las laut: »... und mit ebensolchem Unrecht nennst du dich Hadschi Ali. Wer das sagt, daß er ein Hadschi sei, der muß doch Mekka zur Pilgerfahrt besucht haben ...«

Ein paar Mädchen kicherten.

Die Frau Präfektin wurde blaß. »Was ist das für ein Buch?« fragte sie und sah streng aus.

»Das ist Karl May«, erklärte ich ihr. »41. Band. ›Die Sklavenkarawane‹«

Die Frau Präfektin nahm mir das Buch weg und sagte gar nichts mehr.

5. Juni 1952

Bei der Vormittagsjause um halb zehn habe ich mein Glas Milch, das wir immer zum Butterbrot bekommen, aufs Kleid gekleckert, weil ich rumhampelte. Ich mußte mich umziehen. Jetzt will ich nachher gleich mit heißem Wasser rangehen, damit ich es morgen wieder anziehen kann.

Eigentlich wäre ich gern heute nachmittag nach Salzburg ins Kino gefahren. Margit und Monika wären gern mitgekommen. Wir machen nämlich immer alles zusammen. Wir sind ein richtiges Kleeblatt. Beinahe unzertrennlich. Im »Mirabell«-Kino gibt es einen schicken Film. Aber ich traue mich natürlich nicht zu fragen. Nach dem, was ich mir wieder mit der Milch geleistet habe.

6. Juni 1952

Heute bin ich aus Salzburg zurückgekommen. Ich war endlich mal wieder im Kino.

Mindestens zweimal im Monat fahre ich nämlich samstags zu Tante Marianne und Onkel Eugen nach Salzburg. Das ist mit dem Autobus eine halbe Stunde zu fahren. Die beiden sind schrecklich nett zu mir, und Tante Marianne ersetzt Mammilein so ein bißchen. Onkel Eugen hat eine Tankstelle in der Schallmooser Hauptstraße. Wenn ich nicht zu ihnen kommen kann, schicken sie mir auch öfter Packerl, was ich sehr nett von ihnen finde.

Mammi würde ja sicher auch öfter was schicken, wenn nicht die Grenze dazwischen wäre. Was nach Österreich eingeführt wird, muß ja alles verzollt werden. Eine blöde Erfindung mit dieser Grenze. Draußen sprechen die Leute deutsch und hier auch. Aber das muß wohl so sein. Das ist Politik, und davon verstehe ich nichts. Im Geschichtsunterricht war ich noch nie sehr gut.

Als ich jetzt da war, durfte ich mir was wünschen. Da habe ich natürlich gesagt, daß ich mit ihnen ins Kino wollte. Es gab »Das doppelte Lottchen«. Die beiden Zwillinge haben mir großartig gefallen. Isa und Jutta Günther heißen sie.

Für den Film war ein passendes Zwillingspaar gesucht worden. Es hatten sich sehr viele gemeldet. Und da kam man schließlich auf die Schwestern Günther. Schade, daß ich kein Zwilling bin! Sonst hätte ich mich auch beworben ...

10. Juni 1952

Wenn es nach mir ginge, würde ich sofort Schauspielerin werden. So wie Mammi. Aber mit ihr habe ich noch nie darüber gesprochen. Darüber spricht man bei uns zu Hause gar nicht.

Mammi wollte ganz privat sein in Berchtesgaden und von Filmen nichts hören und sehen.

Das hat mich schon öfter in Gewissensnöte gebracht. Als ich ins Internat kam, wurde ich gleich bestürmt. »Was, du bist Romy Albach? Und deine Mutter ist Magda Schneider und dein Vater Wolf Albach-Retty?« – »Erzähl doch mal, wie ist es denn so beim Film?« – »Wie machen die denn das?« – »Warst du schon einmal in einem Atelier?«

Was sollte ich nun darauf sagen? Ich war nämlich noch nie in einem Atelier. Mammi hat mich nie mitgenommen. Die einzigen Filmstars, die ich kannte, waren Richard Häußler und

Gustl Gstettenbauer. Die hatten Mammi mal zum Kaffee besucht. Da konnte ich sie sehen. Aber auch nur von weitem.

Nun ging es ja wirklich schlecht, daß ich als Tochter eines Filmstars auch nicht die geringste Auskunft geben konnte. Ich hatte irgendwann einmal etwas von Großaufnahme, von Kameramann und Kulissen aufgeschnappt. Das brachte ich nun alles durcheinander an. Die anderen staunten und freuten sich.

Sicherlich hätte ich überhaupt nichts erzählen können, wenn mich Mammi nicht einmal nach Salzburg zur Station des Senders Rot-Weiß-Rot mitgenommen hätte.

Die Frau Präfektin hatte mir eine Sondergenehmigung gegeben. Das war ganz zu Anfang im Internat.

Da habe ich mich nun richtig umgesehen. Es war schrecklich aufregend. Viel anders kann es schließlich in einem Filmatelier auch nicht zugehen als da.

Aber ein richtiges Filmatelier würde ich doch gern einmal sehen.

Aber wann?

15. Juni 1952

So, jetzt habe ich doch wieder so lange nichts geschrieben. Die Tage waren irrsinnig aufregend. Aber daran bin ich ja selbst schuld.

Ich sitze jetzt mit Moni und Margit im Gartenhäuschen. Hier kommt die Frau Präfektin nur selten hin. Da kann man in Ruhe machen, was man will. Moni und Margit schreiben auch Tagebuch.

Oben in der Ecke hängt eine große Figur. Es ist der heilige Josef. Er guckt immer direkt her zu mir. Hoffentlich übersieht er, daß wir Tagebuch schreiben. Das wird nämlich von der Frau Präfektin nicht so gern gesehen. Aber das Gartenhäuschen ist richtig praktisch dafür eingerichtet. Mit einer Bank und einem Tisch. Ideal geradezu.

Wegen des Karl-May-Buches hat es einen großen Krach gegeben. Ich sollte vom Internat runter. Die Frau Präfektin hat mich
noch einmal ins Gebet genommen. Ich brächte ihr alle anderen Kinder durcheinander, hat sie gesagt. Dabei wollte ich das
doch gar nicht. Nun habe ich versprochen, daß ich mich
bessere.

17. Juni 1952

Gestern hat es meinetwegen doch schon wieder Aufregung
gegeben. Aber ich konnte diesmal wirklich nichts dafür!
Um acht Uhr war wie immer das Licht ausgemacht worden. Ich
war sofort eingeschlafen.
Nun muß ich vorausschicken, daß ich eine dumme Ange-
wohnheit habe. Ich spreche immer im Traum. Mammi sagt,
das hätte ich vom Pappi geerbt. Er sprach auch immer.
Einmal ist er mitten in der Nacht aufgestanden und hin und
her durchs Zimmer gelaufen. Mammi schreckte hoch, sprang
aus dem Bett und packte ihn am Krawatterl, weil sie dachte, er
sei ein Einbrecher. Da wachte Pappi erst richtig auf und
erzählte, daß er sich eingebildet hätte, er sei auf der Jagd und
vor ihm hätt' so ein richtiger Zwölfender gestanden. Und den
wollte er schießen, mitten in der Nacht im Schlafzimmer!
So etwas Ähnliches muß es wohl bei mir auch gewesen sein.
Plötzlich brüllten und lachten alle und das Licht geht an. Und
die dicke langweilige Waserl, die seit ein paar Tagen im Bett
neben mir schlief, schrie wie am Spieß. Ich war im Schlaf
aufgestanden und hatte ihr mein Lavoir voll mit eiskaltem
Wasser übers Bett gekippt.
Alle dachten natürlich, das sei Absicht gewesen. Die Frau
Präfektin war auch gleich da. Sie schlief in der Klausur und
hatte natürlich sofort den Krach gehört. Schon wieder hatte
ich einen Tadel weg.

10. Juli 1952

Unser Internat hat sieben Stockwerke und ist sehr hoch und schmal. Ich glaube, es ist ein altes Schloß. Wer früher drin gewohnt hat, weiß ich allerdings nicht. Wir haben sechs Schlafsäle. Man kann es sich nicht aussuchen, mit wem man zusammen im Zimmer liegen will. Das wechselt oft.

10. September 1952

Die großen Ferien sind vorbei.
Heute habe ich im Dorf ein tolles Erlebnis gehabt.
Es war auf der Straße nach Salzburg.
Ein Wagen hielt. So ein Traumwagen mit weißem Steuer, und ein Mann saß da drin!!
Mir blieb richtig das Herz stehen, als er bei mir hielt. Da fragte er mich, wo denn hier das Internat Goldenstein sei. Er wollte seine Tochter zur Aufnahme anmelden.
Ich sagte, da könne er mich gleich mitnehmen, ich müsse da auch gerade zufällig hin.
Ich stieg ein, und wir fuhren gemeinsam zum Internat.
Wenn man schon mal einen schicken Mann trifft, ist er natürlich gleich verheiratet und hat eine schulpflichtige Tochter!

20. September 1952

Wir haben eine schicke Klassenlehrerin. Monika, Margit und ich mögen sie am liebsten von allen. Sie hat wundervolle Hände. Im Zeichnen haben wir uns neulich Madonnen von Riemenschneider angeschaut. Genau solche Hände wie die hat Frau Augustina auch. Ich habe sie wahnsinnig gern.
Sie macht auch mal einen Quatsch mit.
Zeichnen tue ich leidenschaftlich gern. Wenn ich nicht Schauspielerin werden kann, dann werde ich Zeichnerin.
Frau Augustina läßt mich jetzt als einzige in der Klasse Teller bemalen. Ich habe da einen Tischler in Salzburg. Er

wohnt in der Nähe vom Dom. Als ich das letztemal in Salzburg war, habe ich mir von ihm Holzteller machen lassen. Die bemale ich jetzt. Ich will Mammi einen zu Weihnachten schenken. Ich finde es herrlich, daß wir hier basteln können.

Handarbeit dagegen finde ich gräßlich. So gut wie Herta werde ich das nie können. Herta sitzt in der Klasse neben mir und ist die Beste. Das hat viele Vorteile, obwohl ich nicht so sein möchte wie sie. Aber man kann herrlich von ihr abschreiben.

In der letzten Woche mußten wir eine Klassenarbeit im Rechnen schreiben. Rechnen ist mir verhaßt. Zu allem Unglück mußte ich mich in die Extrabank hinters Klavier setzen, weit weg von Herta. Aber das Wunder geschah: Ich hab's geschafft. Es war alles richtig, und ich bekam einen Einser. Den ersten selbstverdienten Einser im Rechnen. Manchmal geschehen doch noch Wunder!

1. Oktober 1952

Es ist ein Segen, daß das Internat ein Radio gekauft hat. Ich könnte stundenlang davor sitzen und an den Knöpfen drehen. Ein zauberhaftes Gefühl, so andere Menschen sprechen zu hören, die ganz weit weg wohnen und die man gar nicht versteht. Ich habe riesige Sehnsucht danach, wenigstens ein kleines Stück von der Welt kennenzulernen.

Hier ist es auch schön.

In der Sommerfrische würde ich es mir ganz nett vorstellen. Aber so den ganzen Tag lang im Internat sein müssen, das ist nichts für mich!

19. Oktober 1952

Wenn man im Klassenzimmer sitzt und aus dem Fenster guckt, sieht man Elsbethen. So heißt das Dorf direkt am Internat. Da ist die Kirche, und ringsum hocken die kleinen Häuser wie Küken bei ihrer Glucke. Man sieht auf die Hauptstraße. Sie führt nach Salzburg, und wenn man immer weiter fährt, dann kommt man nach Wien.

Wien! Das muß eine herrliche Stadt sein. Ich kenne sie gar nicht, obwohl ich dort geboren bin. Komisch, ich bin also eine richtige Weanerin! Ich war nur in den ersten vier Wochen dort. Seitdem lebte ich in Berchtesgaden. Da haben wir ein hübsches Haus. Ich war immer schrecklich gern da.

Wolfi hat es gut. Der ist immer noch zu Haus. Ich habe richtige Sehnsucht, mal wieder hinzukommen. So schön wie früher wird es allerdings nie mehr werden. Seit Oma tot ist, fehlt doch etwas im Haus. Sie hat immer so nett für mich gesorgt, wenn Mammi unterwegs war zum Filmen.

Ich möchte 'raus hier. Ich möchte auch etwas von der Welt sehen, und wenn es nur ein ganz kleines Stückchen ist!

10. November 1952

Gott sei Dank, jetzt ist ja bald wieder Weihnachten. Dann kann ich nach Berchtesgaden. Da fällt mir ein: Ich muß ja unbedingt noch den Teller fertig malen, den ich Mammi mitnehmen will. Vor Weihnachten geht es immer sehr turbulent zu bei uns im Internat. Wir spielen Theater und haben Proben. Übrigens: Es schneit schon!!! So, Schluß für heute!

11. November 1952

Heute möchte ich von der ganzen Welt nichts mehr hören und sehen. Heute morgen am Frühstückstisch fing das Gehänsel schon an. Ich hab' mir nämlich in Salzburg, als ich bei Tante Marianne war am Samstag, meine langen Haare abschneiden lassen. Jetzt trage ich eine Mecki-Frisur. So ganz kurz und kraus – wie ein Igel. Moni und Margit finden das schick. Ich auch. Aber die anderen! Die haben gelacht oder waren empört. »Du siehst aus wie ein Filmstar!« haben sie geschrien. Nun ist das ja eigentlich ganz schmeichelhaft, denn Filmschauspielerinnen sind ja schließlich sehr nett. Aber *wie* sie es gesagt haben. Das hat mich geärgert. Na, ich werde es den dummen Puten schon zeigen! Wartet mal ab!

13. November 1952

Theaterspielen macht riesigen Spaß. Wir haben ein kleines englisches Stück einstudiert. Ich durfte die Hauptrolle spielen. Dann war ich auch schon mal Mephisto im *Faust*.
Augustina macht immer den Regisseur: Wir proben Samstag nachmittags. Dann kann ich allerdings auch nie nach Salzburg. Aber Theaterspielen ist sogar noch schöner als ein Besuch bei Tante Marianne.
Schade, daß Mammi nie Zeit hat, um zur Premiere herzukommen und mich zu sehen! Die Eltern von den anderen sind immer da. Nun muß ich ihr alles im Brief schreiben, wo ich doch so schreibfaul bin!
Wenn ich mir mehr Mühe geben würde, wäre das Tagebuch auch schon viel voller. Monika ist mit ihrem schon viel weiter. Ich mache oft so große Pausen. Aber ich will mich bessern. – – –

14. November 1952

Im Singen bin ich jetzt die Beste. Ich darf im Kirchenchor die Solostimme singen.

15. November 1952

Die dicke Helga fällt mir auf die Nerven. Sie ist dauernd brav. Sie hat immer einen Zettel und einen Bleistift auf dem Nachttisch liegen und muß alle aufschreiben, die abends noch Krach machen. Und sie tut's auch! – Marlene werde ich nie verstehen. Mit der habe ich dauernd Knies. Die ist mir zu doof.

17. November 1952

Monika und Margit und ich haben sich heute wieder mal in die Kegelbahn verkrochen. Gekegelt wird hier schon lange nicht

mehr. Wer sollte wohl? Da stehen jetzt die ganzen Turngeräte.
Im Sommer turnen wir draußen. Im Winter hier. Wir haben
montags und freitags Turnen. Turnen ist mein Lieblingsfach.
Eine richtige Turnhalle fehlt hier. Der Speisesaal ist manchmal
Ersatz. Aber was für einer. Dort müssen wir immer lange
Turnhosen tragen. Ich hasse lange Turnhosen. Frau Präfektin
macht mir dauernd Krach, weil ich einfach meine kurzen
drunter ziehe, die langen drüber, und wenn niemand hin-
sieht, ziehe ich die laufend aus. Ich hopse doch nicht rum wie
ein Storch im Salat!?! Frau Augustina ist da vernünftig. Die
erlaubt mir kurze.

1. März 1953

Jetzt ist Weihnachten schon lange vorbei. Als ich nach Berchtesgaden fuhr, mußte ich den Teller, den ich für Mammi
bemalt hatte, verzollen! Toll, was? Die dachten tatsächlich, er
sei gekauft. Ich werde Kunstgewerblerin, wenn das mit der
Schauspielerei nicht klappt!

12. Juli 1953

O weh! 12. Juli 1953. Ein Datum, das ich mir merken muß.
Heute komme ich aus der Schule 'raus. Mit dem, wie sie hier
sagen, »kleinen Abitur«. Jetzt habe ich seit Weihnachten nichts
mehr eingeschrieben. Aber nun, nachdem die blöde Schule
vorbei ist, habe ich ja mehr Zeit. Dann hole ich alles nach. Wir
hatten einen herrlichen Faschingsball und eine tolle Abschiedsfeier. Darüber schreibe ich dann zu Hause.
Mein Zeugnis ist gut!
Jetzt warte ich auf Herrn Liegl. Der soll mich mit dem Auto
abholen und nach Berchtesgaden bringen. Die meisten Mädchen sind schon mit ihren Eltern weggefahren.
Ich glaube, jetzt kommt Herr Liegl. Ich gehe mal raus und
gucke. In Berchtesgaden schreibe ich dann weiter. Ich freu'
mich schrecklich!

„Süsserle!" (Papa)

→ Das ist er auch, mein Papa!

Fesch! Gell!?!

Wa ja! Und wenn ich nicht mei abe, dann hast eben nur eine Vaeige, wie ich mal aussah! Natürlich nur das Gesicht!

Ach wenn ich nur schon bald 19 Jahre alt wäre!

Geschwind! Geschwind! Geschwind!

muß es gehen

legen, er wird seine Arme um mich schlingen, er wird mich hie + da in's Wängerin küssen und seine liebkosenden Hände werden mich streicheln er wird sich an mich schmiegen und küssen ohne End.

Drei Seiten aus Romys Tagebuch

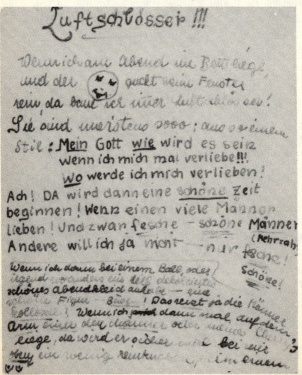

Luftschlösser!!!

Wenn ich am Abend im Bett liege, und der 😊 guckt mein Fenster rein, da baue ich lauter Luftschlösser! Sie sind meistens 1000: aus so einem Stil: Mein Gott wie wird es sein wenn ich mich mal verliebe!!! Wo werde ich mich verlieben!

Ach! DA wird dann eine schöne Zeit beginnen! Wenn einen viele Männer lieben! Und zwar feste - schöne Männer Andere will ich ja nicht — nur feste! (Mehrzahl) schöne!

Wenn ich dann bei einem Ball... irgend... ein tief dekolletiertes schönes Abendkleid anhabe — eine schöne Figur... Das reist ja die Männer... Wenn ich dann mal auf dem Arm eines...

1953–1955

Mein Tagebuch: Ich filme!

Wenn der weiße Flieder wieder blüht – Feuerwerk – Mädchenjahre
einer Königin – Die Deutschmeister – Der letzte Mann – Sissi

*Am 15. Juli 1953, drei Tage nach dem Schulabschluß in
Goldenstein, fährt Romy auf Veranlassung Magda Schneiders
nach München ins Filmstudio, wo der Film* Wenn der weiße
Flieder wieder blüht *gedreht werden soll. Es werden mit Romy
Probeaufnahmen gemacht, die so gut ausfallen, daß sie die
Rolle der Tochter Magda Schneiders im Film erhält. Romy
steigt mit vierzehn Jahren erfolgreich in das Filmgeschäft ein,
weitere Filme folgen sofort: 1954* Feuerwerk *mit Lilli Palmer,*
Mädchenjahre einer Königin *und* Die Deutschmeister, *in
denen sie wieder mit ihrer Mutter vor der Kamera steht, und*
Der letzte Mann *mit Hans Albers. Romy ist entschlossen, Schauspielerin zu werden. Regisseur Ernst Marischka verfilmt mit ihr
in der Hauptrolle 1955 die romantische Geschichte der Elisabeth von Bayern, genannt Sissi, der späteren Kaiserin von
Österreich. Mit Karlheinz Böhm in der Rolle des Kaisers wird
der Film* Sissi *ein großer Kassenerfolg.*

*Romy setzt ihr Tagebuch, das sie im Internat begonnen hat,
fort. Sie berichtet über die Dreharbeiten dieser Filme, die*

Drehorte, die Hotels, Freunde und Unbilden im Atelier, über ihre Filmpartner und die Beziehungen zu ihnen, die Kollegialität, die Strapazen, aber auch darüber, was die Filmarbeit für sie bedeutet, was sie lernt, wie sie in den Rollen aufgeht.

15. Juli 1953

Ich muß gestehen: ich fühle mich. Ich sitze im Speisewagen und fahre nach München. Ich habe das Hellblaue von Mammi angezogen und den blauen Mantel und die Handschuhe und ihre hochhackigen Schuhe. Sie passen glücklicherweise. Links in der Ecke sitzt ein junger Mann, der aussieht wie Pappi früher. Schwarze Augen, schwarze Haare. Er hält mich mindestens für siebzehn. Sonst würde er nicht so gucken. Hinsehen darf ich nicht, sonst werde ich rot. Gut, daß ich schreibe. Das macht überhaupt einen guten Eindruck! Was der Ober wohl von mir denkt? Wenn der wüßte, daß ich nur fünf Mark in der Tasche habe und die hier verjuxe. Hoffentlich ist Mammi am Bahnhof. Sonst bin ich aufgeschmissen.

Richtig. Ich habe ja noch gar nicht berichtet, wie ich eigentlich dazu komme, so plötzlich nach München zu fahren. Also: Wir saßen gestern abend zu Hause in Berchtesgaden im Jagdzimmer und spielten Karten. Plötzlich klingelt das Telefon. Wolfi ging 'rüber zum Schreibtisch und meldete sich. Mammi war dran. Wolfi legte den Hörer hin und machte es spannend. Er setzte sich erst gemütlich hin und sagte dann: »Los, Romy, geh' du ran.«

Ich ging hinüber zum Apparat, und dann ging alles sehr schnell. »Pack deine Koffer und mach dich hübsch. Nimm den Frühzug nach München.«

Ich wußte gar nicht, wie mir geschah.

Jetzt sitze ich im Zug und wundere mich immer noch, daß ich ihn überhaupt geschafft habe.

Der Ober mustert mich dauernd. Natürlich – zahlen. Wir sind ja gleich in München.

16. Juli 1953

Wenn ich so hoch springen könnte, ich würde jetzt glatt an die Decke hopsen vor Freude! Ich filme, ich filme – wenn alles klappt, heißt es.

Das war ein Tag!

Ich sitze in unserem Zimmer, ach, was heißt »Zimmer« – Apartment nennt man das, habe ich gelesen – im »Bayerischen Hof« in München. Es ist wundervoll eingerichtet. Neben der Tür sind Knöpfe. Wenn ich darauf drücke, kommt sofort ein Zimmermädchen oder ein Kellner oder was ich will.

Ich trau' mich nur nicht. Vor allen Dingen wüßte ich gar nicht, was ich bestellen sollte. Einen Zitronensaft vielleicht? Ich werde Mammi morgen sagen, daß sie mal nach einem Kellner klingelt, damit ich sehe, wie das funktioniert.

So, jetzt erst mal der Reihe nach. Der Zug rollte also im Münchner Hauptbahnhof ein. Der junge Mann, der aussah wie Pappi, stand ganz unabsichtlich neben mir an der Tür. Als der Zug hielt, sprang er raus und half mir beim Aussteigen. Mir war das ziemlich peinlich. Aber süß von ihm fand ich es doch.

Wie ich noch überlege, was ich sagen soll oder wie ich mich am besten bedanke, kommt Mammi schon auf mich zu. Ich lasse den Koffer fallen und stürze mich in ihre Arme. Wie ich mich wieder umdrehe, ist der junge Mann verschwunden: Ob er Angst vor Mammi hatte?

Der müßte mich jetzt hier sehen!

Draußen steigen wir in ein Taxi. Ich fahre für mein Leben gern Taxi. Am liebsten in ganz alten. Dann überlege ich immer, wer wohl vor mir im Laufe der Jahre da drin gefahren ist. Vielleicht Max Schmeling? Oder Hans Albers? Als er noch mit Marlene Dietrich zusammen filmte?

Mammi musterte mich von oben bis unten. »Gut schaust du aus!« lächelte sie.

»Bitte, Mammi«, sagte ich, »spann' mich nicht auf die Folter. Wieso darf ich so ohne besonderen Anlaß mitten in der Woche nach München kommen? Hast du in der Lotterie gewonnen? Oder was?«

Ich muß wohl sehr ungeduldig gewesen sein. Mammi hatte anscheinend das Gefühl, mich erst einmal beruhigen zu müssen, ehe sie mir erzählen konnte, was passiert war.

Ich war gespannt. Wie ein Flitzbogen. Ach, das ist gar kein Ausdruck! Wie – wie ein, wie eine Hochspannungsleitung. »Vorsicht Lebensgefahr!« So ungefähr. Daß etwas Besonderes in der Luft lag, das sah ich Mammi schon an.

Dann erzählte sie mir, was sie gestern erlebt hatte. Von mir aus hätte diese Fahrt durch die Münchner Innenstadt nie aufhören sollen, so aufregend war alles.

Mammi hatte in München im Büro von einem gewissen Herrn Ulrich gesessen, um das Drehbuch für einen neuen Film in Empfang zu nehmen. Ihr Vertrag war perfekt. Sie hatte den Nachtzug nach Köln nehmen wollen, denn sie hatte noch Zeit für einen kurzen Besuch bei Daddy, weil die Dreharbeiten erst in ein paar Wochen in Berlin beginnen sollten.

Herr Ulrich von irgendeiner Filmproduktion war auch gerade da. »Hör mal, Magda«, sagte er zu Mammi. »Hast du nicht eine Tochter oder ist das ein Sohn?«

»Du wirst lachen«, sagte Mammi, »ich hab' beides: eine Tochter und einen Sohn.«

»Eine Tochter? Kann die nicht auch im Film mal deine Tochter spielen? Du, das wär' 'ne Wolke.«

So ungefähr sagte dieser Herr Ulrich zu Mammi. Sie sagte nicht nein (die Liebste!). Sie sagte aber auch nicht ja. Sie sagte erst mal gar nichts. Dann bestellte sie ihr Zimmer im Bayerischen Hof wieder, das sie schon aufgegeben hatte (weil sie doch nach Köln wollte), nahm das Drehbuch unter den Arm, fuhr ins Hotel und begann zu lesen.

Ihre Rolle und die – Kinder, ich kann es noch gar nicht glauben – und die Rolle, die ich vielleicht spielen darf!!!

Dann rief sie erst mal Daddy an, um ihn um Rat zu fragen. Der meinte aber, da könne er nicht helfen, das müsse Mammi selbst entscheiden. Daraufhin bestellte sich Mammi erst einmal ein paar Cognacs. Und dann rief sie mich an in Berchtesgaden. Und erzählte nicht einmal, worum es ging! Um eine Filmrolle!!

Inzwischen waren wir im Hotel angekommen. Ich mußte mich schnell noch ein bisserl frisch machen. Dann fuhren wir gleich wieder los. Ich sollte mich erst einmal vorstellen. Ich weiß jetzt schon nicht mehr genau, wie es weiterging.

Wir sausten in ein Krankenhaus. Es roch scheußlich nach Kranksein. Irgendwie so abgestanden in den Gängen. So wie eben in jedem Krankenhaus.

Ein Portier. Lange Gänge. Alles so weiß. So sauber. So kalt. Plötzlich standen wir in einem Zimmer. Das Zimmer war voller Männer. Ich kannte natürlich keinen davon. Ich hatte nie geglaubt, daß in einem einzigen Zimmer überhaupt so viele Männer Platz hatten. Oder Frauen. Ist ja auch gleich, wer nun.

Ich war entsetzlich aufgeregt. Ich traute mich gar nicht hinter Mammis Rücken hervor.

Im Bett lag ein Mann, von dem bloß das Gesicht zu sehen war und ein riesiges bandagiertes Bein, das in einer großen Schlupfe hing.

Kaum war ich drin im Zimmer, da schrie er schon. »Mensch, det isse ja!« Und meinte offensichtlich mich.

Er schüttelte mir die Hand. Die anderen Männer auch. Ich machte meine Knickse. Und da stand ich nun.

Der Mann im Bett starrte mich immer so an. Ich wußte überhaupt nicht, wo ich hinsehen sollte.

Mammi machte nun den Männern begreiflich, daß ich ihre Tochter sei. Das wußten die überhaupt nicht. Die hatten gedacht, ich sei irgendein kleines Mädchen, das Mammi für den Film empfehlen wollte und das ihr zufällig ähnlich sah.

Also kurz und gut: sie sagten, ich solle doch zu Probeaufnahmen nach Berlin kommen.

Probeaufnahmen! Ist das zu fassen? Ich, Romy Albach, zu Probeaufnahmen nach Berlin? Na, ich wußte überhaupt nicht mehr, was ich sagen sollte!

»Also«, brummte der Herr mit dem Bein in der Schlupfe, »in Berlin sehen wir uns wieder.«

Ich nickte noch, dann waren wir draußen.

Nach Berlin, nach Berlin!

Jetzt liege ich im Hotel im Bett. Einschlafen kann ich bestimmt nicht. Probeaufnahmen! Mir schwirrt der Kopf. Ich bin ganz kribbelig. Ich hab' mir von Mammi inzwischen die Namen der Männer aufschreiben lassen, die ich im Krankenhaus kennengelernt habe. Die lerne ich jetzt auswendig, damit ich womöglich in Berlin nicht einen falsch anspreche.

Da ist Fritz Rotter. Der hat eine Novelle geschrieben, nach der das Drehbuch zu dem Film entstanden ist, in dem ich vielleicht spielen darf.

Wenn der weiße Flieder wieder blüht soll er übrigens heißen. Ach, hoffentlich klappt es. Dann war da Kurt Ulrich. Er ist Produzent und gibt das Geld. So ein Film ist, glaube ich, irrsinnig teuer.

Und der im Bett, das war Hans Deppe, der Regisseur. Ich glaube, der ist schrecklich nett. Gut, daß er nur berlinert und nicht bayrisch spricht, sonst könnte ich ihn wahrscheinlich überhaupt nicht verstehen.

Morgen fahre ich jetzt mit Mammi nach Köln. Und von da aus wollen wir nach Berlin fliegen. Fliegen!!! Ich bin noch nie geflogen.

Hoffentlich falle ich bei den Probeaufnahmen nicht durch. Das wäre entsetzlich. Das wäre – das wäre gar nicht auszudenken! Mammi ist prima, daß sie das für mich gemacht hat!

Jetzt schlafe ich aber. Ich bin nun doch schon todmüde. Wenn ich doch erst in Berlin wäre.

18. August 1953

Seit ein paar Tagen bin ich in Köln. Wir sind mit dem Schlafwagen hergefahren. Ich muß sagen, ich fahre gern Schlafwagen. Es ist ein herrliches Gefühl, so in den Schlaf gewiegt zu werden. So ungefähr muß einem zumute sein, wenn man als Baby geschaukelt wird, damit man ruhig bleibt. Voraussetzung ist natürlich, daß man nicht gerade über einer Achse liegt. Das ist unangenehm, hat Mammi gesagt.

Ich muß sagen, ich finde das alles sehr aufregend.

Überhaupt, es hat sich vieles verändert. Das Gefühl, nicht mehr zur Schule zu müssen, ist so seltsam, daß ich mich manchmal ins Ohrläppchen kneife, um zu sehen, ob ich nicht träume. So schön es auch ist, es fehlt mir doch etwas. Wie gern würde ich mich jetzt mit Moni oder Margit aussprechen. In Köln kenne ich niemand.

Köln ist noch sehr zerstört. Bei uns in Goldenstein oder auch in Berchtesgaden hat man so gar nicht gemerkt, daß wir gerade einen Krieg hinter uns haben. Hier wird man richtig traurig. Gestern habe ich mir die Fassade des Kölner Doms angeschaut. Er liegt direkt neben dem Bahnhof. Und alle Häuser, die in seiner Nähe stehen – selbst die größten –, sehen klein und unscheinbar aus neben ihm. Daß man vor so vielen hundert Jahren überhaupt schon ein solches Kunstwerk bauen konnte, finde ich phantastisch. Heute ist man dazu viel zu nüchtern und praktisch. So ohne Romantik. So ohne Idee.

Ich kann mich gar nicht konzentrieren. Jetzt habe ich schon wieder fast eine Stunde gesessen und geträumt. Wenn ich doch nur diese Probeaufnahmen schon hinter mir hätte! Den Text kann ich schon längst auswendig. Ich kann auch nachfühlen, wie dem Mädchen zumute gewesen sein muß, das ich zu spielen habe.

Das Mädchen hört nämlich von ihrer Mutter, daß ihr Vater ein ganz berühmter Schlagersänger sei, von dem sie bisher nur immer ganz von weitem geschwärmt hat. Ich kann mir gut vorstellen, wie ich in einem solchen Fall reagieren würde. Ich kann das bestimmt spielen.

27. August 1953

Ich habe mir gerade noch einmal die Seiten durchgelesen, die ich noch im Internat und dann in München geschrieben habe. Wenn man hinterher liest, was man so geschrieben hat, kommt einem ja manches recht albern vor. Es ist zum Lachen: in dem Moment, in dem man etwas schreibt, ist man immer davon überzeugt, daß es gar nichts Wichtigeres gäbe.

Beim Lesen habe ich festgestellt, daß ich noch verschiedenes aus dem Internat nachtragen wollte. Das muß ich ja nun noch tun. Aber wie weit, wie fremd das plötzlich schon alles ist.

Da war die Faschingsfeier. Wir waren alle schon Wochen vorher schrecklich aufgeregt. Die Frau Präfektin (»V-Fektin« haben wir immer einfach gesagt) hatte eine Tanzlehrerin kommen lassen. Bei einem richtigen Fasching mußte man ja auch tanzen. Manche stellten sich ja sehr blöd an. Aber ich hatte nicht das Gefühl, daß es mir sehr schwerfiel. Wir wurden in zwei Gruppen eingeteilt. Die einen tanzten wie Mädchen und die anderen wie Buben, weil es immer ein Paar sein muß. Ich war natürlich ein Bub. Dann lernten wir Rumba und Samba und alle die Tänze, die man heute können muß. Der Ball wurde dann wirklich sehr nett. Aber es war doch wieder wie so oft: die Vorfreude war das Schönste von allem gewesen.

30. August 1953

Übermorgen fliegen wir nach Berlin!

1. September 1953

Mammi findet es zwar sehr albern von mir. Aber ich muß doch schnell ein paar Zeilen schreiben. Hoffentlich werden sie nicht gar zu krakelig, damit ich es hinterher auch noch lesen kann.

Wir sitzen im Flugzeug! Angst habe ich eigentlich keine. Ich sitze auf dem Fensterplatz, vorn rechts, direkt neben den Propellern. Da kann ich am Flügel vorbei 'runtergucken. Viel zu sehen ist allerdings nicht. Nur als wir starteten und so langsam hochgingen und sich das Flugzeug in die Kurve legte, da konnte man sehen, wie winzig klein doch eigentlich die Welt ist.

Wir haben zwei hübsche Stewardessen. Das wäre auch ein Beruf für mich.

Wenn man abfliegt, dann muß man sich anschnallen, als hätten sie Angst, daß man sonst aus dem Flugzeug fällt. Oder warum sonst? Jetzt muß ich aufhören. Es gibt was zu essen. Das finde ich ja schick, daß man in einem Flugzeug auch essen kann. Mammi sagt, das sei immer so. Ich werde später immerzu fliegen!

2. September 1953

Ich hab's hinter mir! Mir ist ganz elend im Magen. Ich habe so einen Druck dort, genauso wie gestern beim Fliegen in den Ohren, als wir landeten. Ich weiß nämlich noch nicht, wie die Probeaufnahmen nun ausgefallen sind.

Also das war so: Wir fuhren nach Tempelhof. Da sind ganz in der Nähe des Flugplatzes, auf dem wir gestern ankamen, die alten Ufa-Ateliers.

Damals, als ich den Mädchen etwas von Filmateliers erzählte, hatte ich sie mir ja wirklich ganz anders vorgestellt.

Da ist vorn ein großes Tor und da sitzt ein Pförtner. Auf dem ganzen Filmgelände sind richtige Straßen und große Häuser, die aussehen wie riesige Turnhallen. Dann steht da dran Halle 1 oder Halle 5.

In einem dieser Häuser sind die Garderoben. Garderoben sind sehr wichtig beim Film. Dort zieht man sich um, da wird man geschminkt und da wartet man, bis man dran kommt. Sehr hübsch sind die Garderoben nicht und auch sehr klein.

Mammi und ich bekamen auch eine Garderobe. Dann wird draußen der Name des Schauspielers an die Tür 'rangeschrieben, zum Beispiel: Magda Schneider. Das war bei uns jetzt nicht so, weil ja nur Probeaufnahmen gedreht wurden und noch kein richtiger Film. Herr Deppe, der Regisseur, war auch wieder da. Er sah jetzt ganz anders aus als neulich in München im Bett. Aber er war schrecklich nett.

Wir mußten in die Halle 1. Mir war entsetzlich zumute. Ich sagte mir immer: »Ruhig, ruhig, Romy! Du mußt ganz ruhig sein, sonst verpatzt du alles.«

Aber ich war einfach nicht ruhig. Ich glaubte, ich schwitzte schrecklich, aber das war nur Einbildung. Ich war doch zum ersten Mal in meinem Leben geschminkt! Und ich hatte mich nicht mal selbst zu schminken brauchen – ich war geschminkt worden! Mir war so, als hätte man mein Gesicht in Zellophanpapier eingepackt. Dabei haben sie nur ein bißchen geschminkt und gar nicht so viel.

In Halle 1, so hörte ich, war gerade Stan Kenton gewesen. Und dort sollte ich nun filmen! Herr Deppe setzte sich in seinen Stuhl. (Jeder Regisseur, hat mir Mammi gesagt, hat einen eigenen Stuhl, auf dem hinten sein Name steht – anscheinend damit jeder weiß, daß er es ist.)

Von innen sah die Halle noch größer aus als von außen. Beinahe wie eine große Scheune, bloß ohne Stroh. Da standen lauter Kulissen 'rum, ein halbes Wohnzimmer aus Pappe. Oder ein Stückchen von einer Küche. Dann waren da große

Stahlgerüste, auf denen Arbeiter herumturnten. Und Scheinwerfer, viele Scheinwerfer. Wenn man in diesem Durcheinander von Strippen und Drähten und Gleisen läuft, muß man
dauernd Angst haben, daß man sich nicht verheddert.
Ach ja, über die Gleise habe ich mich sehr gewundert. Darauf
fährt die Kamera, auf einem Wagen montiert, entweder vor
oder zurück, wie es gerade für den Film nötig ist. Dieses Ding,
auf das die Kamera dann montiert ist, nennt man komischer-
weise »Schlitten«.

2. September 1953, abends
Inzwischen haben wir genachtmahlt. Jetzt will ich noch
schnell weiterschreiben.
Mammi blinkert mir aber beruhigend zu. Das sollte wohl
heißen: du schaffst es schon. Na, ich konnte überhaupt nicht
mehr denken. Am meisten irritierten mich die vielen Menschen, die im Atelier um uns herumstanden. Es waren mindestens dreißig Leute. Ich dachte immer, wann gehen denn die
nun raus? Aber die gehen gar nicht raus. Die bleiben dabei.
Die gehören dazu, genau wie die Kamera. Ich hatte immer
gedacht, daß man beim Filmen ganz allein ist oder jedenfalls
nur mit den Leuten, die gerade mitspielen.
Dann ging alles sehr schnell. Herr Deppe sagte immer: »Nicht
in die Kamera schauen!« Ich mußte durch eine Tür reingehen,
meinen Mantel aufhängen. Und da saß Mammi am Tisch. Und
dann sprachen wir beide so, wie ich es gelernt hatte. Plötzlich,
auf einmal, war's aus.
»Fein, Romychen, fein haste det jemacht«, sagte Herr Deppe.
Meine Gedanken schlugen richtige Purzelbäume, so durcheinander war ich.
Dann kam Herr Wesel, das ist der Standfotograf. Ein kleiner,
quicklebendiger Mann, der, wie man mir erzählte, irgendwo
in der Nähe vom Kurfürstendamm sein Atelier hat und bei
allen Filmen Fotos von den Schauspielern macht.

Die Fotos gehen dann durch die Presseabteilungen an die Zeitungen. Und dann kommt es noch darauf an, daß die Zeitungen sie auch bringen. Ich bin sehr gespannt, ob eine Zeitung auch von mir ein Foto bringt!?

3. September 1953

Heute haben wir noch einen Bummel durch Berlin gemacht. Nachher fliegen wir wieder zurück nach Köln. Wir wohnen im Hotel am Steinplatz. Der Besitzer ist mit Winnie Markus verheiratet.

Wir waren auf dem Messegelände und sind auch auf den Funkturm gefahren. Dann haben wir uns das Brandenburger Tor angeschaut. Dort stehen Volkspolizisten. Das ist die Polizei von der Ostzone. Sie kontrollieren jeden, der über die Grenze in den sowjetischen Sektor geht. Wir haben es nicht versucht. Aber wir konnten in den Ostsektor hinüberschauen. Die Straße, die wir sehen konnten, heißt »Unter den Linden«. Ich kannte den Namen schon, weil er in einem Schlager von Paul Lincke vorkommt. Mammi erzählte mir, daß es früher einmal die Prachtstraße Berlins gewesen sei. Aber davon war nicht viel zu sehen.

4. September 1953

Heute ist Freitag. Wir haben schick Kaffee getrunken. Ich hatte keine Lust, mit spazierenzugehen.

Wenn ich doch bloß schon wüßte, ob sie mich nun nehmen für den Film oder nicht. Ich hatte mir eigentlich vorgestellt, daß alles einfacher gehen würde. Es ist eine nervenaufreibende Geschichte, Filmschauspielerin zu werden.

Vielleicht sollte ich doch lieber auf eine Kunstgewerbeschule gehen und dort Teller bemalen und das machen, von dem ich schon vorher weiß, daß es mir Spaß macht und vor allen Dingen, daß es einfach ist. Filmen ist nicht einfach!

Diese blöde Ungewißheit!! Wenn ich mir das vor einem

halben Jahr hätte träumen lassen! Ach was, ein halbes Jahr, noch vor zwei Monaten hätte ich es unglaublich gefunden!

Vor zwei Monaten etwa war unsere Abschiedsfeier. Ich hatte doch versprochen, die noch im Tagebuch nachzutragen. Das werde ich jetzt tun. Ablenkung ist das beste. Sonst werde ich noch ganz narrisch.

Es war eine wundervolle Abschiedsfeier. Sogar der Erzbischof war extra gekommen. Alle Klosterfrauen hatten sich im Speisesaal versammelt. Erst kamen wir, jede mit einer großen Kerze in der Hand, rein und auch alle anderen Kinder, die noch nicht entlassen wurden. Wir hatten unsere Tracht an – Matrosenkleider.

Die Frau Präfektin hielt eine Rede, und anschließend wurde eine Messe gehalten. Von vielen waren schon die Eltern gekommen. Wir heulten alle schrecklich. Ich heulte am meisten. Es war doch eigentlich alles sehr schön gewesen in den vielen Jahren.

Aber so was merkt man ja immer erst dann, wenn es endgültig vorbei ist.

4. September 1953, abends

Ich habe mir noch einmal meine Chancen ausgerechnet. Herr Deppe war zwar sehr nett, aber nehmen tut er mich ganz bestimmt nicht. Ich habe in Berlin neulich ein paar der Mädchen kennengelernt, die sich auch für die Rolle beworben haben genau wie ich. Dagegen kann ich ja nie an.

Na, mir ist es jetzt auch wurscht!

6. September 1953

Es hat geklappt! Es hat geklappt!!! Am 8. September fahren Mammi und ich nach Wiesbaden. Es geht los. Ich filme! Toll, einfach toll!!!

10. September 1953

Zum Tagebuchschreiben bin ich hier in Wiesbaden überhaupt nicht mehr gekommen. Das kostet viel zu viel Zeit.

Wenn ich abends ins Bett gehe, bin ich entweder entsetzlich müde oder ich muß noch meine Einstellung für den nächsten Tag lernen. Die Fachausdrücke, die man so lernt, sind manchmal seltsam. Z. B.: »Einstellung«. Das klingt, als müsse man eine Einstellung zu irgendeiner Sache haben. Dabei ist damit der Teil einer Szene gemeint. Die Kamera wird auf irgendein Bild des Films »eingestellt«. Jeder Film setzt sich aus Hunderten solcher »Einstellungen« zusammen. Zwischen der einen und der nächsten hat man immer etwas Zeit.

Die Kulissen müssen nämlich umgebaut werden. Jede Szene wird erst »ausgeleuchtet«, das heißt, die Scheinwerfer werden so aufgebaut, daß Licht und Schatten richtig zueinander stehen. Willy Fritsch ist übrigens bezaubernd zu mir!

11. September 1953

Heute habe ich einen ganz schönen Schock bekommen. Mammi hat mir berichtet, daß sie mit Herrn Ulrich ein Sonderabkommen getroffen hatte, von dem sie mir aber nichts erzählte, um mich nicht zu beunruhigen. Sie hatte Angst, daß ich es mit dem Film noch nicht schaffen würde. Ein bißchen mehr Vertrauen zu mir hätte sie ja wirklich haben können.

Mammi hatte mit Herrn Ulrich ausgemacht, daß sie mich noch aus dem Film nehmen könnte, nachdem bereits eine Woche gedreht worden war!! Wenn Mammi die Proben nicht gefallen hätten, wäre ich also einfach wieder nach Berchtesgaden zurückgeschickt worden – und aus wär's gewesen mit dem Filmen!!

Nun war gleich zu Beginn der Dreharbeiten die schwerste Szene zwischen Willy Fritsch und mir dran. (Am Mittwoch, dem 9. September – das Datum ist wichtig!)

Willy Fritsch spielt einen berühmten Schlagersänger, Bill

Parry. Ich bin Parrys Tochter. Er weiß nur nichts von mir. Ich weiß aber, daß er mein Vater ist. Die Szene, in der Mammi mir das verrät, hatte ich ja bei den Probeaufnahmen in Berlin schon spielen müssen.

Ich gehe also mit Nina – sie ist im Film meine Freundin, ihre Mutter ist die Berliner Schauspielerin Alexa von Porembsky – zum Hotel, in dem Bill Parry wohnt. Wir wollen ein Autogramm von ihm haben. Lächelnd, eine Zigarette in der Hand, steht er vor uns und ahnt noch immer nicht, wer ich bin. Dann platze ich mit meiner Neuigkeit heraus – und er ist sprachlos. Wir haben die Szene erst mit Willy Fritsch durchgesprochen. Und dann klappte auch wirklich alles herrlich. Ich sollte weinen. Und weinte tatsächlich!

Mammi war gar nicht dabei. Sie kam ganz aufgeregt ins Atelier. Da sagte der Pförtner: »Klar, alles schon im Kasten!«

Ich war schon fertig mit der ersten Szene. Alle waren sehr zufrieden mit mir. Nur Mammi noch nicht.

Willy Fritsch sagte sogar am ersten Tag: »Es ist erstaunlich, wie sie ihre Rolle nicht nur spielt, sondern auch innerlich verarbeitet, tatsächlich eine verblüffende Begabung!«

Und damit meinte er mich! Das ist ein ganz tolles Kompliment, glaube ich. Ein Bühnenarbeiter hat es mir verraten. Ich bin ganz rot geworden und weggegangen.

Willy Fritsch ist wirklich reizend! Ja, und Mammi hat immer noch Zweifel. Erst gestern hat sie ihr Einverständnis gegeben. Ich darf weiter filmen, sie hat es mir gerade gesagt. Das wäre ja sonst auch ein Reinfall gewesen, wo ich doch schon an Margit und Moni geschrieben hatte, wie herrlich es hier in Wiesbaden ist.

12. September 1953

Ich habe vorhin gehört, daß ich ein fotogenes Gesicht habe. Fotogen! Das klingt so: Mein Gesicht schaut nicht grad blöd aus, aber junge »Fotogänse« sehen nun mal nicht anders aus.

13 »Feuerwerk«, 1954

14 »Mädchenjahre einer Königin«, 1955, mit Adrian Hoven

Linke Seite
◁ 15 »Die Deutschmeister«, 1955

16 Oben links: »Der letzte Mann«, 1955, mit Hans Albers

17 Oben rechts: Romy umringt von Verehrern und Autogrammjägern, 1955, im Alter von sechzehn Jahren

18 »Sissi«, 1955 Dieser österreichische Film macht sie in der ganzen Welt bekannt.

19 »Sissi, die junge Kaiserin«, 1956, mit Karlheinz Böhm

In Wirklichkeit heißt das ganz etwas anderes. Das heißt, daß man gut auf Fotos ausschaut. Manche Mädchen sehen sehr gut aus, aber wenn man sie fotografiert, ist der ganze Schmelz weg. Bei mir ist das umgekehrt. Nein, umgekehrt auch nicht, denn – ohne Eigenlob, bestimmt! – richtig dumm sehe ich auch unfotografiert nicht aus. Nein, bestimmt nicht. Als Mädchen hat man dafür ein Gefühl.

Jetzt komme ich auf ein Titelblatt!! Ich kaufe mindestens zehn von der Illustrierten. Zum Aufheben!

19. September, abends, im Bett

Willy Fritsch stellte mich im Film auf der Bühne dem Publikum als seine Tochter vor. Ich hatte ein zauberhaftes weißes Tüllkleid an mit lauter bunten Tupfen. Er sah auch sehr schick aus: weißer Anzug, weiße Schuhe und dunkle gepunktete Krawatte. Alle Statisten, die das Publikum darstellten, klatschten. Hoffentlich klatschen auch alle, wenn der Film herauskommt. Ich würde in den Boden versinken, wenn mich die Leute fad fänden.

20. September 1953

Götz George spielt auch mit. Das ist der Sohn von Heinrich George. Heinrich George war sehr berühmt. Er ist nach dem Krieg eingesperrt worden und gestorben. Ich würde gern auch mal einen Film von ihm sehen, nachdem ich nun den Götz kenne.

Gestern habe ich gehört, daß die Premiere im »Universum« in Stuttgart sein soll. Das ist dort das größte Kino. Im größten Kino!

Wir dürfen auch alle hin, wenn es soweit ist. Aber erst muß der Film ganz fertig sein. Dann werden Kopien gemacht, hat mir unser Kameramann Schulz erzählt. Das dauert natürlich alles eine Weile. Immerzu muß man warten!

24. September 1953

Ich schwebe wie eine Wolke durch meine Garderobe. Wie ein Lämmerwölkchen, möchte ich sagen. Es gibt einen alten Schlager, dreißig Jahre soll er mindestens alt sein: »Der Duft, der eine schöne Frau begleitet...«

Ich wurde gestern halb so alt wie dieser Schlager: 15 Jahre. Und da habe ich nämlich eine Riesenflasche Parfüm geschenkt bekommen. Chanel Nr. 5, Paris. Paris ist mein Traum –.

Wir haben gestern alle zusammen toll gefeiert. Es war mein schönster Geburtstag. Vielleicht waren andere auch so schön, dann erinnere ich mich bloß nicht mehr so richtig daran, weil ich noch zu klein war.

Jetzt riecht das Tagebuch auch. Ich hab' diese Seite einparfümiert. Hm, wundervoll. Hoffentlich verfliegt der Duft nicht so schnell.

15. Oktober 1953

Ich bin entsetzlich schreibfaul! So nach dem Motto: Verschiebe nichts auf morgen, was du auch übermorgen kannst besorgen! Übermorgen schreibe ich bestimmt wieder!

9. November 1953

Jetzt ist es soweit. Die letzte Klappe ist gefallen, wie man im Filmjargon sagt. Klappe, das hat nichts mit einer »großen Klappe« zu tun, wie Herr Deppe als alter Berliner manchmal sagt, wenn jemand sehr großsprecherisch tut. Sondern: das sind zwei Holzstäbe, auf die mit Kreide die Nummer der jeweiligen Einstellung geschrieben wird. Diese Klappe wird vor jeder Szene mitgefilmt, damit nachher die Cutter beim Zusammenkleben des Films wissen, wo dieses Stückchen Film gerade hingehört.

Mein erster Film ist also fertig. Ob es der einzige bleiben wird? Von mir aus könnte es jetzt immer so weitergehen. Die Atmosphäre hier gefällt mir.

Jetzt zum Beispiel: Ich sitze in meiner Garderobe, und alles strömt diesen herrlichen Duft aus, den der Film verbreitet. Über der Couch, die hinter mir an der Wand steht, liegt das Abendkleid, das ich in einer der Hauptszenen mit Willy Fritsch tragen durfte. Es ist aus weißem Tüll – aber ich glaube, das habe ich schon einmal geschrieben.

Es ist wirklich so hübsch, daß man ruhig zweimal darüber berichten kann. Es ist extra für mich angefertigt worden. Mammi hat gesagt, daß ich es vielleicht behalten darf. Aber sicher ist das noch nicht.

Die Leute hier waren alle furchtbar nett zu mir. Ich wünschte wirklich, daß ich noch einmal mit ihnen zusammenarbeiten darf. Die Beleuchter, die Kameramänner, die Maskenbildner, die Garderobieren – fast alle sind schon jahrelang beim Bau. Sie wissen Bescheid, sie gehören hierher. Wenn man das doch auch erst einmal von mir sagen könnte.

10. November 1953

Morgen fahren wir nach Stuttgart. Ich war noch nie dort. Man sagt, daß das Publikum dort besonders nett sei, aber ich glaube, die Verleihchefs behaupten das von jeder Stadt, um den Schauspielern Mut für die Premiere zu machen. Das Abendkleid darf ich mitnehmen. Ich soll damit nach den Vorstellungen auf die Bühne. Wenn ich es doch nur schon hinter mir hätte.

Lampenfieber ist etwas Entsetzliches. Eine Geschichte macht mir aber fast noch mehr Sorgen. Bevor der Film anläuft, wird eine Pressekonferenz veranstaltet. Nun sind die Journalisten, die ich bisher kennengelernt habe, ja alle ganz nett gewesen. Aber was mich da erwartet?!

Na, ganz so schlimm kann es nicht werden, denn seltsamerweise wird die Pressekonferenz ja gegeben, bevor die Presse den Film gesehen hat. Und Grund zum Meckern hätten sie ja höchstens erst hinterher. Gut, daß Mammi dabei ist.

11. November 1953

Alles überstanden! Ich lebe noch und nicht mal schlecht. Wir haben im Reichsbahnhotel gewohnt. Das ist direkt im Stuttgarter Hauptbahnhof, schick eingerichtet. Es macht Spaß, in Hotels zu wohnen.

Die Pressekonferenz hatte ich mir ja eigentlich ganz anders vorgestellt.

Nina und Götz und ich wurden von einem Tisch zum anderen gereicht und mußten Fragen beantworten. Es waren meistens immer dieselben. Ich konnte mein Sprüchlein bald schon auswendig.

Aufgeregt war ich trotzdem.

Ich habe so viel Apfelsaft, Orangensaft, Kaffee und Sprudel durcheinandergetrunken, daß mir ganz elend war hinterher. Herr Torkler von den EM-Betrieben hat sich besonders nett um mich gekümmert. So kam ich mir nicht ganz so fremd und neu zwischen all den Journalisten vor.

Dann kam eine der aufregendsten Geschichten dieses ungewöhnlichen Tages: Autogrammstunde!

Ich hatte schon mal Autogramme geben müssen. Doch was sich hier tat, überstieg alle Erwartungen, selbst die kühnsten! Als hätte ich schon geahnt, was mir bevorstand, hatte ich zu Hause noch einmal probiert, wie mein Name wohl am besten aussieht. Romy Schneider, so mit einem Kringel oder einfach so: Romy Schneider. Bis jetzt mußte ich doch immer, wenn ich irgendeinen Brief unterschrieb und besonders bei allen offiziellen Sachen, mit Rosemarie Albach unterschreiben. Und jetzt plötzlich: Romy Schneider.

Es hatte sich gelohnt, daß ich zu Hause ein paar Stunden Schnellschreiben geübt hatte. Immer nur meinen Namen, daß Mammi mich ganz komisch anschaute, als sie plötzlich überraschend ins Zimmer kam und mich bei meiner stupiden Tätigkeit erwischte. Aber was tut man nicht alles, um berühmt zu werden!

Als der Ansturm der vielen Autogrammjäger vorbei war, war es allmählich Zeit, sich für den ersten Auftritt fertig zu machen. O ja, da habe ich ja das Wichtigste vergessen!

In der Schlußszene des Films muß mir Willy Fritsch als Bill Parry am Flugplatz eine richtige Kastanie in die Hand drücken. So als Abschiedsgeschenk, als Talisman.

Und genau so eine Kastanie, nur aus purem Gold, schenkte mir am Premierentag Herr Ulrich, der Produzent. Sie sollte auch ein Talisman sein. Deshalb habe ich sie auch in die Hand genommen, als ich auf die Bühne des Universums ging, um mich vorzustellen.

Es war ein tolles Gefühl. Das ganze Kino war voll bis auf den letzten Platz. Tausend Menschen oder zweitausend, ich weiß nicht wieviel. Ich guckte immer über alle hinweg und wollte mir einen Punkt suchen, den ich angucken konnte. Damit ich mich an irgend etwas festhalten konnte. Aber ich fand keinen. Da entdeckte ich in der ersten Reihe einen jungen Mann. Er lächelte mich so nett an, daß ich richtig Mut bekam.

Und dann sprach ich meinen Vers, den Mammi mir zurechtgelegt hatte. Und alles klatschte. Und alles jubelte. Immer wieder, wenn ich hinter die Bühne kam, drückte mir irgend jemand begeistert die Hand. 64 (!!) Vorhänge sollen es im ganzen gewesen sein.

Ich habe nicht mitgezählt. Ich bin immer nur wieder rausgegangen und habe meinen Knicks gemacht. Ich war ganz atemlos und so glücklich – so glücklich. Es hätte nicht viel gefehlt, und ich hätte geweint, so glücklich war ich.

Aber jetzt beginnt wieder der Ernst des Lebens. Vielleicht kriege ich doch wieder einen Film. Wo die Leute doch so geklatscht haben?

15. Februar 1954

Die Premierentournee war aufregend und anstrengend. Auch in München war riesiger Trubel. Zum Schluß flogen wir nach

Berlin. Dort war Massenstart. Der Film kam gleichzeitig in zig Kinos raus. Wir machten unsere Verbeugung im riesigen Mercedes-Palast: Paul Klinger, Willy Fritsch, Mammi und ich. Dann ging's zurück nach Köln.

20. Februar 1954

Heute war ich mit Mammi auf der Kunstgewerbeschule in Köln. Ich war beinahe entschlossen, mich doch noch anmelden zu lassen. Zeichnen, Malen und Tellerbepinseln hat mir im Internat immer am meisten Spaß gemacht. Aber die Atmosphäre dort gefiel mir gar nicht. Die Mädchen sind auch schon alle 17, 18 und 19 Jahre alt.

Wir haben uns gerade noch einmal darüber unterhalten. Mammi hat mir noch einmal zugeredet. Aber ich glaube, das ist der verkehrte Dampfer. Da möchte ich nicht einsteigen. Auf der anderen Seite ist es natürlich immer gut, wenn man später nicht nur auf den Film angewiesen ist. Ich habe neulich gelesen, daß früher nach alter Tradition im bulgarischen Königshaus zum Beispiel alle Prinzen ein Handwerk lernen mußten. Der eine wurde zum Beispiel Lokomotivführer, der andere Schlosser oder weiß ich, was. Das hat mir imponiert. Wenn der Thron mal wackelt, können sich die Könige immer noch ernähren, und nicht schlecht. Denn Handwerk, so sagt man doch, hat goldenen Boden.

Mit der Kunstgewerbeschule ist es nichts. Aber umsehen kann man sich doch mal.

Noch als wir an den Aufnahmen zum *Flieder* arbeiteten, bekam Mammi ein neues Angebot für mich. Sicher war das aber noch nicht. Deshalb habe ich auch bisher nichts davon geschrieben. Jetzt scheint es doch zu klappen. Ich soll bei der NDF eine Hauptrolle spielen. Sie wollen *Feuerwerk* verfilmen, und Lilli Palmer singt »Oh, mein Papa«. Ich habe die Platte auch zu Hause. Ich habe sie bloß schon ewig nicht mehr gespielt, weil man das Lied sowieso dauernd im Radio hört.

Ich soll ein junges Mädchen spielen, das von der Zirkusatmosphäre angesteckt ist, das sich einbildet, Artistin werden zu müssen und das dann hinterher doch zu dem Mann zurückfindet, der ihr schon vorher viel bedeutet hat – einem einfachen Gärtner. Claus Biederstaedt soll diesen Gärtner spielen. Ich kenne ihn zwar nicht. Aber alle, die ihn kennen, sagen, daß er sehr nett sei.

1. Mai 1954

Ferien in Berchtesgaden. Es ist wundervoll. Es ist fast wie früher. Ich mag die Berge. Ich mag diese grünen Wiesen, und ich könnte die Kühe umarmen, wenn sie mit ihren großen scheppernden Glocken auf den Almen herumlaufen.
Es ist eine Schande! Ich habe monatelang kein Tagebuch mehr geführt.
Ein Brief von der Frau Präfektin. Sie hat für 'ne Feier in der Schule Verse für achtzig Kinder gedichtet, die Liebe. Jetzt soll ich kommen und sie mit vortragen. Ich würde ja schrecklich gern. Schon, um zu zeigen, daß ich kein so hoffnungsloser Fall bin, wie die Frau Präfektin immer sagte. Und dann würde ich natürlich auch gern Margit und Monika wiedersehen. Wir schreiben uns zwar jede Woche, aber man wird sich ja doch fremd, und alles schreiben, was man gern sagen möchte, das kann man ja doch nicht. Ich finde es vor allen Dingen so langweilig, auf die Antwort zu warten. Es müßte beim Briefeschreiben auch so etwas geben wie das Fernsehen, damit man auch den anderen sieht oder sich wie beim Telefon einbilden kann, was er wohl gerade tut oder wie er aussieht. Wenn man ein Tagebuch schreibt, ist es etwas anderes. Man erinnert sich hinterher immer genau, wo man gerade war, als man diesen Satz schrieb oder irgendeine Idee hatte.
Eben habe ich noch einmal mit Mammi gesprochen. Aber sie sagt, ich solle vernünftig sein. Mir täte jetzt der Urlaub besser. Ins Internat könnte ich immer mal wieder fahren. Wann ich

aber mal wieder richtig ausspannen könnte, das wisse ich so wenig wie sie. Sie hat natürlich recht. Schade! Das wäre vielleicht ein Spaß gewesen in Goldenstein. Ich wäre richtig reingerauscht ins Internat und hätte da mal Wirbel gemacht, daß sie noch ein Jahr danach davon gesprochen hätten.

15. Mai 1954

Mein neuer Film wird in Geiselgasteig gedreht. Mammi spielt diesmal nicht mit. Ich fahre also allein nach München.

18. Mai 1954

Ich habe noch keine Zeile geschrieben, seit ich in München bin. Ein Film ähnelt ja im Grunde genommen immer dem anderen. Die Atmosphäre ist dieselbe. Ob das nun in Berlin ist oder in Wiesbaden oder in Geiselgasteig. Auch die Menschen ähneln sich. Sie haben andere Namen. Sie haben andere Gesichter. Aber alle haben sie das gleiche Ziel: Sie wollen einen guten Film machen, und jeder glaubt daran und jeder arbeitet dafür und setzt alles dafür ein, was er hat. Und wenn dann alles fertig ist, wenn man sich am Abend die Proben anschaut von den Szenen, die gerade gedreht wurden, dann ist man zufrieden oder unzufrieden mit sich. Und doch weiß erst jeder, wenn der Film fertig ist, was nun gut ist oder schlecht. Jeder Film ist eine einzige Überraschung.

20. Mai 1954

Mir ist so, als hätte ich einen Schwips. Ich weiß auch nicht, ob ich nun glücklich sein soll oder traurig. Ich weiß auch nicht, ob ich das alles schreiben soll. Aber ich muß einfach, damit es mir von der Seele wegkommt.

Eigentlich ist es ein häßlicher Beruf – Filmschauspielerin. Schauspielern! Man muß mit ganzem Herzen dabei sein. Und irgendwann einmal darf man es doch wieder nicht. Man sitzt oder man steht oder man schreit oder man weint. Man muß sich richtig gehenlassen, man muß mitleben, wenn man es gutmachen will, aber man soll trotzdem Abstand von den Dingen haben, einen klaren Kopf behalten.

Ich weiß, daß ich in dieser Schauspielerei aufgehen kann. Es ist wie ein Gift, das man schluckt und an das man sich gewöhnt und das man doch verwünscht.

Jetzt bin ich 15 Jahre alt, ich war bei Omi in Berchtesgaden, ich war in der Schule, ich war im Internat. Und jetzt bin ich plötzlich beim Film. Und zum erstenmal mußte ich etwas spielen, von dem ich eigentlich überhaupt keine Ahnung hatte bis jetzt.

Ich werde nie vergessen, daß ich früher immer, wenn ich im Kino saß und auf der Leinwand wurde eine Liebesszene gespielt, daß ich da immer die Augen zugemacht habe, weil es mir peinlich war. Dann habe ich schon mal hingeschaut – später, weil ich neugierig war. Aber irgendwie habe ich immer gedacht: das gehört doch gar nicht dahin. Das ist doch wirklich etwas, was zwei Menschen ganz allein angeht. Nur die beiden, die es betrifft – sonst niemand.

Und heute, heute mußte ich nun plötzlich selbst vor der Kamera so tun, als ob. Vielleicht, ich weiß nicht, wenn man so zehn Jahre beim Film ist oder noch länger, so wie Marlene Dietrich zum Beispiel und Stewart Granger. Und wenn Stewart Granger dann Marlene in die Arme nimmt und richtig küßt oder wenn sie auch nur so tun als ob, dann kann Marlene Dietrich vielleicht hinterher in ihre Garderobe gehen und sich abschminken und sich in den Wagen setzen, nach Hause fahren und eine Schweinshaxen essen und nicht mehr daran denken. Ich, ich kann das einfach nicht!!!

Heute morgen bin ich ahnungslos ins Atelier gegangen. Ich wußte gar nicht, was wir drehen wollten. Man weiß das ja oft nie genau vorher. Das hängt von so vielem ab. Wenn es Außenaufnahmen sind, vom Wetter. Wenn es im Atelier ist, eben davon, wie nun gerade die Räumlichkeiten am besten ausgenutzt werden können, wie der Bühnenbildner fertig geworden ist, und was sonst noch berücksichtigt werden muß. Ich bekomme also die Disposition für den Tag, und mir läuft es heiß und kalt über den Rücken: Die Liebesszene mit Claus Biederstaedt ist heute dran.

Ich bin ganz ehrlich: Richtig Angst hatte ich. Vielleicht würde ich mich blöd anstellen und die anderen würden lachen – das wäre mir auch nicht recht gewesen.

Also ich war nervös. Ich sitze in der Garderobe und Herr Stangl schminkt mich. Raimund Stangl, das ist der Maskenbildner des Films. Da kommt Claus lärmend in die Garderobe. »Na«, sagt er, »Romy, kannst du deine Szene?« Ich weiß gar nicht, was ich sagen soll. Claus läßt nicht locker. »Ich meine, hast du es auch richtig geübt?«

Ich fühlte richtig, wie ich unter der Schminke rot wurde. Aber lachen mußte ich auch. Claus war so nett, daß ich einfach gar keine Zeit hatte, das Ganze peinlich zu finden.

Wir also ins Atelier. Dazu muß ich vorausschicken: Claus spielt einen jungen Gärtner, der Robert heißt. Und ich bin Anna, die Tochter eines Herrn Oberholzer, der hochangesehener Besitzer einer Fabrik für »feinen Gartenschmuck« ist. Also mit anderen Worten, mein Papa stellt Gartenzwerge, Fliegenpilze und Gipsrehe her. Ich bin nun in Robert verliebt, und wir treffen uns heimlich in einem der Glashäuser der Gärtnerei, in dem neben uns nur noch Primeln und Nelken und was weiß ich sonst noch so versammelt sind.

Im Atelier ist auch ein schickes Glashaus aufgebaut. Wir setzen uns also rein auf eine Bank. Kurt Hoffmann, Regisseur von *Feuerwerk,* steht neben der Kamera. »Also Kinder erst mal eine Probe!«

Ich saß nun also neben Claus und spürte mein Herz bis in den Hals hinauf schlagen.

Herr Hoffmann ist unzufrieden. »Nun küßt euch doch mal! Los!« schrie er. »Los, küßt Euch! Erst mal 'ne richtige Probe!«

Und dann haben wir uns geküßt und geküßt und immer wieder geküßt. Und draußen schrien und lachten sie. »Küssen, küssen, küssen!« Und wir küßten uns immerzu. Ich habe gar nicht überlegt. Ich habe auch gar nicht nachgedacht.

Und plötzlich war es vorbei. Irgend jemand schrie: »Alles im Kasten. Es hat wundervoll geklappt.« Und alle lachten. Und ich bin ganz schnell in meine Garderobe und habe mich abgeschminkt.

Ich bin Claus wirklich so dankbar. Er ist ein feiner Kerl. Aber ich schreibe das für mich nur so. Ich habe ihn vorher auch schon schrecklich nett gefunden. –

9. Juni 1954

Wir waren im Gärtnerplatz-Theater. Es gab den *Abschiedswalzer* als Gastspiel. Wir – das heißt Mammi, Daddy und ich. Mammi und Daddy sind nämlich seit ein paar Tagen in München, um mich zu besuchen.

Wir kamen recht lustig und aufgeräumt aus dem Theater und fuhren gleich zum Hotel Vier Jahreszeiten, Daddy hatte dort eine Verabredung mit Herrn Walterspiel, der das bekannteste und vielleicht sogar beste Restaurant in München leitet.

Wir nahmen in der Halle Platz. Ich liebe Hotelhallen. Sie sind alt, oder sie sehen wenigstens alt aus. Die Gemälde an den Wänden, die schweren Portieren, die riesigen Brücken, auf denen man läuft wie auf Wolken – alles atmet diesen etwas herben, strengen Geruch der sogenannten »Großen Welt« aus. Das klingt blöd. Die große Welt kann natürlich nicht riechen. Sie könnte höchstens duften. Nach dem Parfüm schöner Frauen, nach schweren Zigarren von Millionären. Nach Luxusjachten, schweren Straßenkreuzern, nach einer Golfausrüstung – weiß ich, was.

Ernst Marischka und seine Frau Lilli waren auch bereits da. Marischka ist Regisseur, ein sehr bekannter sogar. Mammi kannte die beiden gut. Noch von früher.

Herzliche Begrüßung. Mammi zeigte mich auch herum, wie Mütter das tun, wenn sie sich zwar gleichgültig geben, aber selbst ein Blinder sofort merkt, wie stolz sie im Grunde ihres Herzens sind. Nun hat Mammi ja wirklich keinen Grund, finde ich, mich ins Schmollwinkelchen zu stellen, denn ein ausgesprochener Versager bin ich doch nicht. Bis jetzt wenigstens. Von der Schule wollen wir gar nicht reden!!

Herr Marischka hatte den *Flieder* schon gesehen. Er saß im Sessel und sagte gar nichts. –

Jetzt muß ich zum Mittagessen. Es gibt Ochsenfleisch mit Kren! Dafür sterbe ich!!

10. Juni 1954

Gestern ist nun doch nichts mehr aus dem Weiterschreiben geworden. Ich habe gerade ein Zitronenwasser getrunken. Zitronenwasser wirkt auf mich wie Alkohol. Ich werde kreuzfidel danach, richtig beschwipst und ausgelassen. Da geht das Schreiben bestimmt noch mal so schnell. (So ein Tagebuch ist, wenn man es einmal angefangen hat, wirklich beinahe eine Belastung.)

Marischka saß also da, stumm wie ein Fisch. Er guckte dauernd zu mir herüber. Ich guckte wieder. Warum auch nicht? Ich finde ihn nett.

Das schien auf Gegenseitigkeit zu beruhen.

Schließlich seufzte er auf. »Jetzt weiß ich auch, warum ich so unglücklich bin!« Den Satz werde ich mir merken. Ich glaube, es gibt keinen besseren Satz, um sofort das allgemeine Interesse auf sich zu lenken. Jeder interessiert sich dafür, ob und daß und wenn, warum ein anderer unglücklich ist.

Also, sprach Herr Marischka (der Zitronensaft!! Ich werde albern!!!). Und dann erklärte er auch, warum. Er war dabei, einen neuen Film vorzubereiten. *Mädchenjahre einer Köni-*

gin sollte er heißen. So etwas Ähnliches war schon mal verfilmt worden. Mit Jenny Jugo in der Titelrolle. Damals hatte Marischka auch das Drehbuch geschrieben, genau wie heute.

»Es ist ja alles schön und gut«, sagte er jetzt, »ich habe sogar schon jemand im Vertrag. Aber jetzt sehe ich die Romy dasitzen –.«

Bedeutungsvolles Schweigen.

Mir fuhr es richtig in die Glieder. – Die Romy dasitzen? Er dachte doch wohl nicht im Ernst. Oder doch? Schließlich heißt er Ernst, dachte ich.

Und dann verschwand er.

Mammi, Daddy und ich guckten uns bloß an. Na, das wäre was! Romy als Königin Victoria.

Der Film sollte nämlich die erste zufällige Begegnung zwischen der englischen Königin und irgendeinem Coburger Prinzen, Albert heißt er wohl, zum Mittelpunkt haben.

Nach einer halben Stunde kam Marischka wieder. Er freute sich wie ein Schneekönig. Herrn Tischendorf vom Herzog-Verleih hatte er gleich mitgebracht.

»Also, Kinder, der anderen habe ich abgesagt. Sie kriegt einen anderen Film: *Meine Schwester und ich*. Romy spielt die Königin!«

Ist das nix? Ich sage ja. Romylein macht sich. Wenn ich dran denke, wird mir ganz schwach.

Gegeben am 10.6.1954

Victoria

(Königin von England)

1. August 1954

Feuerwerk ist abgedreht. Ich hab' meinen Claus bekommen und Lilli Palmer hat ihren Karl Schönböck behalten. Genauso wie es im Drehbuch vorgesehen war.

Jetzt habe ich erst einmal wieder Urlaub. Nach so einer

langen Dreharbeit ist man immer ganz durchgedreht. Daher wohl auch der Name »Dreharbeiten« ...

Auf *Mädchenjahre* freue ich mich schon schrecklich: meine erste richtige Hauptrolle!

Die Victoria war ja eine tolle Frau. Ich habe mir jetzt mal angeschaut, was sie alles gemacht hat und wie sie regierte. Ein ganzes Zeitalter wurde nach ihr benannt: das victorianische Zeitalter. Das ist für die Engländer so etwas wie bei uns »die gute alte Zeit«.

Früher habe ich oft davon geträumt, wie es wohl sein würde, wenn ich als richtige Prinzessin zur Welt gekommen wäre. Und jetzt bin ich gleich Königin. Das muß ich gleich nach Goldenstein schreiben. Moni und Margit werden sich ja für mich freuen. Aber die anderen werden platzen vor Neid. Sollen sie, bitte, meinetwegen –.

1. September 1954

Herrgott, hab' ich schon wieder lange nichts ins Tagebuch geschrieben! Aber daran sind die Vorbereitungen für die *Mädchenjahre einer Königin* schuld. Sogar in Berchtesgaden mußte ich an meiner Rolle lernen. Jetzt aber sind wir in Wien. Wien! Es ist wie ein Traum. Meine Geburtsstadt. Mir ist richtig rührselig zumute. Wahrscheinlich ist es Einbildung, aber als wir reinkamen in die Stadt, kam ich mir schon gleich ganz heimisch vor. Die Leut' sprechen so nett, es ist alles so gemütlich. Wenn ich jetzt dichten könnte, würde ich glatt dichten. Aber auf Wien, habe ich gerade überlegt, gibt es gar nicht so viele Reime. Verzieh'n, die Sonne schien, – Spleen. Mehr fällt mir nicht ein. Deshalb enden sicher auch alle Wien-Lieder irgendwie auf Wein oder so, weil es damit einfacher geht.

Wir wohnen im »Ambassador«. Morgen zeigt mir Mammi die Stadt.

Bei mir dreht sich alles. Wie das Riesenrad im Prater. Wenn ich sagen sollte, was mir nun am besten gefallen hat – ich wüßte es nicht. Wien ist eine tolle Stadt. Trotz Amis und Russen. Hier geht das alles so unkompliziert. Ganz anders als in Berlin zum Beispiel. Ein Taxifahrer hat mir erzählt: »Ja, wissen S', wir nehmen d'Alliierten halt net ernst!« Die sind einfach Luft für die Wiener. Finde ich gut. Und die Russen und die Franzosen und die alle, die werden, wenn sie eine Weile da sind, dann richtig angesteckt von den Wienern. Sie werden auch ein bisserl schlampert, und sie trinken halt auch an Heurigen mit, und dann wird alles erst richtig gemütlich.

Jetzt weiß ich auch wieder, was mir am besten gefallen hat: Die Torten im Café Demel. Hmhm! Ich habe noch immer den Geschmack im Mund. Wenn ich bloß mehr essen könnte. Aber Mammi bremst immer und sagt: Halt, sonst wirst du zu dick. Denk' dran: Victoria war auch schlank wie eine Tanne. Da hat sie recht. Aber schließlich war sie auch kleiner als ich. Morgen gehe ich heimlich noch einmal ins Demel und futtere mich voll. Ich habe noch genug Taschengeld übrig.

Gut, daß mir's einfällt: Ich muß mit Mammi unbedingt bald über das Taschengeld verhandeln. Jetzt, wo ich selber Geld verdiene, muß es unbedingt erheblich hinaufgesetzt werden. Als Königin darf man nicht so kurz gehalten werden!!

3. September 1954

Nachher treffe ich Rudolf Vogel wieder. Mit dem habe ich schon in *Feuerwerk* zusammen gespielt. Allmählich fängt es an, Spaß zu machen. Da kennt man schon eine Menge. Karl Ludwig Diehl soll auch sehr nett sein. Herzklopfen habe ich ganz schön. Aber das ist gut so. Ich meine, solange man noch Angst vorm ersten Drehtag hat, ist man immer noch frisch und gibt sich ganz große Mühe.

Hilfe!! Ich habe ganz was Wichtiges vergessen: den ersten Filmball im Hotel Espanade. Immerzu wollte ich davon schreiben. Das war eine aufregende Geschichte in Berlin. Heute abend hole ich das nach!

Mein erster Filmball! Wenn man als Zaungast an den Ereignissen teilnimmt, so wie ich das noch vor wenigen Monaten tat, dann kommt einem natürlich alles aufregend und märchenhaft vor.

Ich erinnere mich noch ganz genau wie das war, wenn ich die Berichte über Filmbälle in den Zeitungen überflog oder in der Wochenschau die Stars bewunderte, die mit unnachahmlicher Grandezza irgendeine Treppe herunterschritten, geknipst und interviewt wurden, die lächelnd weiße Zähne und zauberhafte Garderoben zeigten – dann schlug mein Herz vor Begeisterung bis in den Hals, dann starrte ich neugierig und scheu und verzückt auf den Prunk und den Glanz, der sich da vor mir ausbreitete.

Nun bin ich plötzlich, beinahe über Nacht, selbst mitten drin in dieser Atmosphäre!

Und vieles glänzt, von der Nähe aus betrachtet, gar nicht mehr so hell, wie ich es mir in meinen Träumen vorgestellt hatte, und manches ist dafür noch schöner, als man es sich in seiner Phantasie ausmalen kann.

Die Riesenauffahrt der Wagen, die vielen Menschen, die einen Blick in diese Flimmerwelt werfen wollen, und ich, ich flimmere mit! An Mammis Seite schreite ich durch die Halle, werde vorgestellt, begrüße, werde begrüßt – ich komme gar nicht zur Besinnung!

Plötzlich stehe ich all denen gegenüber, denen noch vor kurzem meine Träume galten – und sie sind nett zu mir!

Ein paar kenne ich schon. Da ist Willy Fritsch. Mit ihm tanze ich auch mal. Den anderen gebe ich meistens einen Korb. So leid es mir tut! Ich bin nicht stolz! Ich habe ganz einfach Angst, daß ich mich blamiere. Die paar Tanzschritte, die ich beherrsche!

Mammi sitzt neben mir. Ich bewundere sie rückhaltlos. Sie spricht mit allen, amüsiert sich großartig – dagegen muß ich ja wie ein blödes Gänschen wirken!!
Ich hab' mir geschworen: das wird anders. Und wenn ich vor dem Spiegel übe jeden Abend!!

7. September 1954

Es ist herrlich, eine Hauptrolle zu spielen. Aber schwer. Eigentlich hatte ich gar keine so großen Bedenken. Aber bevor wir mit den *Mädchenjahren einer Königin* anfingen, hat mir der Kameramann noch einmal ins Gewissen geredet. Bruno Mondi versteht etwas davon! Wir sind spazierengegangen beide. Eine halbe Stunde mindestens. Und er hat mir ausgemalt, was mich erwartete. Eine Königin von England spielen! Und Jenny Jugo sei in der ersten Verfilmung mit Regisseur Erich Engel glänzend gewesen, ich müßte mindestens halb so gut sein wie sie. Das hat er zwar nicht so gesagt, aber gemeint hat er es bestimmt!
Mammi war ärgerlich, als ich ihr davon erzählte. Ich soll mich nicht verrückt machen lassen, sagt sie. Aber ich bin doch ganz froh, daß ich das alles gehört habe. Schließlich mußten früher die angehenden Filmschauspieler erst einmal jahrelang Schauspielschulen besuchen, ehe man überhaupt daran dachte, ihnen eine Chance zu geben. Und ich komm' da so daher und will gleich in einem Atemzug die Rolle der Königin runterspielen – aber ich schaff's – das wär ja gelacht!!

12. September 1954

Wir haben einen sehr netten Regieassistenten. Hermann Leitner heißt er.

13. September 1954

Ich könnte dauernd tanzen und herumtoben. Mir schwirrt immerzu das Lied aus *Limelight* im Kopf herum. Ich liege schon längst im Bett, aber schlafen – *kann ich nicht!* Warum, das schreib ich nicht. Ich weiß es, und ich vergesse es auch nicht!

15. September 1954

Wir haben einen entsetzlich schweren Drehtag hinter uns. Ich bin müde zum Umfallen. Der Leitner ist wirklich nett. Wir verstehen uns prächtig!!!

16. September 1954

Baronin Kodac gibt mir Reitunterricht. Na, das ist sauber. Des Nachts muß ich im Bett auf dem Bauch liegen, und tagsüber – ich kann mich kaum hinsetzen, so weh tut mir alles. Diehl hat es gut. Der kann schon reiten. Aber er hat mir gesagt, beim erstenmal tut's immer weh, ihm sei es genauso ergangen – ein schwacher Trost.

21. September 1954

In zwei Tagen habe ich Geburtstag. Letztes Jahr in Wiesbaden war es schon toll. Ich bin gespannt, wie es diesmal wird. Sie werden doch wohl daran denken? Natürlich! Mammi ist ja da. Mammi denkt an alles. Ich werde 16. Langsam werde ich alt. Jetzt ist es noch schön, älter zu werden. Da fangen die Leute an, einen allmählich ernst zu nehmen. Ein paar Jahre noch, dann möchte ich stehenbleiben, so wie Hans Albers in dem alten Ufa-Film, den ich neulich sah. Moment – richtig: Münchhausen hieß der Mann, der ewig jung blieb. Ob es so etwas auch für Mädchen gibt? Im Märchen, meine ich?

24. September 1954

Es war einfach himmlisch. Es war wundervoll. Es war ein Traum. Als ich draußen nach Sievering ins Atelier kam, lag schon so etwas in der Luft. Alles kam mir schon so irgendwie festlich vor, obwohl es doch so aussah wie immer.

Und dann plötzlich schwebten die Klänge von *Limelight* durch die Kulissen. Meine Lieblingsplatte! Mammi hatte sie aufgelegt und stand strahlend im Hintergrund und freute sich, daß ich mich freute. Von der Brücke oben wurde ein Riesenplakat heruntergelassen.

»Unserer Romy herzliche Glückwünsche« oder so etwas stand da drauf. Und alle gratulierten mir. Und Mammi weinte heimlich ein bißchen. Und ich war auch ganz gerührt. Und dann hatten sie einen riesigen Gabentisch aufgebaut. Alles für mich. Tausend Sachen. Wenn ich die alle aufzähle, schlafe ich morgen früh noch nicht. Eine goldene, rubinbesetzte Puderdose war auch dabei. Und für mein Armband habe ich auch neue Anhänger bekommen. Das Armband habe ich schon seit *Feuerwerk*. Ich sammle Anhänger. Es werden immer mehr!

Irgendein Wermutstropfen muß ja immer in die Freude hineinplumpsen. Ausgerechnet an meinem Geburtstag stellte ich fest, daß eine hübsche Angina im Anzug ist. Ich hatte scheußliche Halsschmerzen. Nachmittags habe ich mir gleich den Hals auspinseln lassen. Das ist das Beste, was man in diesem Fall tun kann. Es war gleich besser. Mag sein, daß natürlich auch ein bisserl Einbildung dabei ist.

Am Abend haben wir im Stadtkrug noch lange gefeiert. Wien ist wundervoll. Mein zweiter Geburtstag in meiner »Heimatstadt«. Das hätte ich mir bestimmt nicht träumen lassen, als ich vor sechzehn Jahren zum erstenmal in die Weltgeschichte hineinkrähte. Ich bin *sehr* glücklich!

2. Oktober 1954

Daddy hat eben gerade mit Mammi telefoniert. Sie telefonieren ja eigentlich jeden Tag. Und da hat er gesagt, wenn ich meine Sache in *Mädchenjahre* gut mache, fahren wir hinterher nach Italien!! Die erste richtige Auslandsreise. Das wäre toll!!! Nachher gehen wir in der Josefstadt ins Theater. Ich muß mich noch umziehen.

7. Oktober 1954

Mir wird jetzt noch schummerig vor den Augen, wenn ich daran denke. Heut waren die Erstaufnahmen dran. Ich mit Diehl vorneweg. Ein paar Einstellungen. Mal wurden wir von vorne, mal von der Seite aufgenommen. Das Ganze fand im Prater statt. Die Szene spielt nämlich im Londoner Hyde-Park. Und der Prater in Wien schaut fast genauso aus, hat der Ernstl gesagt.

Erst haben wir ein paarmal probiert. Ich so ganz flott im Damensattel, wie Königinnen eben reiten, und dann im Galopp.

Nun hatte die Wiese, die wie der Hyde-Park ausschaute, nur einen Haken: da waren im Rasen überall Löcher drin. Wiesen sind ja schließlich keine Autobahnen! Als man drauf kam, wurden erst einmal ein paar Bühnenarbeiter hergeholt. Die mußten unseren Reitweg ebnen. Das hätte vielleicht ein Theater gegeben, wenn ein Pferd mit dem Huf hängengeblieben wäre; der Haxen kaputt, wir kopfüber ins Gras – die Szene wäre glatt geschmissen gewesen. Aber es sollte noch schlimmer kommen.

Da war ein Kastanienbaum, an dem wir vorbei mußten. Ein riesiger Ast hing herunter. Der mußte erst mal weg. Er wurde abgesägt, dann ging's weiter. Und da passierte das Malheur!

Es war bei der zweiten Aufnahme. Wir fühlten uns noch ziemlich frisch, es war ja auch erst vormittags. Wie wir an dem Kastanienbaum vorbeikommen, spür ich plötzlich einen Schlag ins Gesicht. Wie mit einer Peitsche. Es zischte auch so. Ich schrei, oder ich schrei nicht – ich weiß gar nichts mehr. Ich weiß nur noch, daß es ziemlich weh tat. Ich hatte eine riesige Schramme weg. Quer übers Gesicht. Wahrscheinlich war es ein dünner Zweig, den wir übersehen hatten. Zwei Millimeter weiter und mein Auge wäre futsch gewesen! Na, das war ein Schreck.

Nun kann die Königin von England ja schlecht mit einer

Schramme durch den Film rennen. Aber meine Backe geht auf wie ein Germknödel. Die nimmt gar keine Rücksicht darauf. Ich hab' heute nur einen Wunsch: Liebe Backe – zieh' dich zurück, da wo du hingehörst! Verkriech' dich wie eine Schnecke! Wo soll das sonst hinführen!!?

8. Oktober 1954

Es geht. Ich werde jetzt einfach dicker geschminkt. Man sieht gar nichts. Außerdem hat meine Backe mein Flehen erhört. Sie zieht sich langsam zurück. Der Leitner Hermann hat auch gesagt, daß es bald vorbei ist.

9. Oktober 1954

Die Reitszene ist wie verhext! Jetzt hat es den Diehl erwischt. Es war beim Gegenschuß. Diehl und ich ritten wieder auf diesen blöden Kastanienbaum zu. Die letzten Schritte mußten wir im Galopp reiten. Plötzlich fällt Diehl vom Pferd!
Sanitäter stürzen hin. Er liegt auf dem Boden und stöhnt und sieht käseweiß aus, als sei es jede Sekunde vorbei mit ihm. Die Sanitäter machten bedenkliche Gesichter.
»Wie alt sind Sie, Herr Diehl?« fragte der eine.
»Achtundfünfzig!« stöhnt Diehl.
Die Antwort macht die Sanitäter noch ernster. Sie vermuteten gleich so etwas Furchtbares wie eine Rückenmarksverletzung oder Brustwirbelquetschung. Zwei Rippen waren auch gebrochen. Diehl mußte sofort ins Krankenhaus.
Ich begriff immer noch nicht, wie das überhaupt passieren konnte. Wir haben es uns dann so erklärt: Diehl muß aus Versehen einen Stoß des Pferdes verkehrt aufgefangen haben. Beim Reiten muß man doch immer genau nach der Gangart aufwippen. Wenn man die Bewegungen des Pferdes nicht mitmacht und aus dem Takt kommt, staucht's einen ganz schön zusammen. Da gibt's nur eins, sich schnell festhalten, sonst liegt man unten, ehe man sich's versieht. Sicher hat der

Diehl mal nicht aufgepaßt – schon war das Unglück passiert. Und dabei hatte sein Hengst noch einen besonders schweren Gang. Viel schwerer als meine Stella.

Nun sag' noch einer, als Filmschauspielerin lebt man nicht gefährlich. Gefahrenzulage müßte man kriegen. Hoffentlich ist Diehl bald wieder auf dem Posten!!

10. Oktober 1954

Den Sonntag heute haben wir herrlich gegessen.

Wir waren bei Marischkas eingeladen zum Essen. Tante Lilli kocht wundervoll. So richtige echte Wiener Küche.

Das Haus vom Ernstl liegt in der Blechturmgasse. Von außen sieht es scheußlich aus, aber innen! Die Marischkas sind zauberhaft eingerichtet.

Meistens sprechen wir über den Film. Ernstl ist reizend. Der zeigt auch einmal, wenn er zufrieden mit einem ist. Der nörgelt nicht immer herum, sondern sagt einem auch mal was Nettes.

Und das tut gut, das ist wie Balsam, so ein kleines Lob.

12. Oktober 1954

Ich bin verzweifelt! Es ist entsetzlich: Ich kriege ganz rote Augen! Wie angeflogen kam es – eine Bindehautentzündung!? Meine Lider sind rot und geschwollen. Woran liegt das bloß? Ich bin schon mit Hermann in eine Nachtapotheke gefahren und habe Salbe geholt. Hermann meint, das sei nicht schlimm und ginge schnell vorbei. Wenn er es sagt, wird es ja stimmen. Entsetzlich ist es trotzdem. Ich bin doch nicht irgendwo in den Zug gekommen? Man sagt auch, in Wien sei soviel Granitstaub in der Luft. Ob es davon kommt?!

13. Oktober 1954

Ich habe schreckliche Angst. Meine Haut ist rauh und schuppig. Als ich mich abends abgeschminkt habe, war diese entsetzliche Bindehautentzündung wieder da. Dabei sah's doch so aus, als ob es schon besser geworden wäre! Meine Augen sind ganz verklebt. Ich bin richtig fertig und verzweifelt! Von der Schminke kann es nicht kommen, ich hab' schon Vaseline druntergestrichen. Ich bin gegen irgendwas allergisch! Morgen muß ich zum Augenspezialisten.

14. Oktober 1954

Dr. Safar hat mir Kalzium-Spritzen gegeben. Und dann soll ich Tabletten schlucken. Sicher liegt es doch an der Schminke. Genau konnte er es auch nicht sagen.

18. Oktober 1954

Heute waren Großaufnahmen dran. Abgeschminkt, in den Spiegel geguckt. Wieder das ganze Gesicht entstellt! Ich könnte heulen, es ist entsetzlich. Wir dachten schon, es läge vielleicht an dem Grün der Praterdekoration. Da haben wir eine andere Kulisse genommen. Genau dasselbe! Ich bin erledigt, wenn das nicht besser wird!

22. Oktober 1954

Dr. Safar hat mir Kamillenumschläge verordnet. Jetzt drehe ich immer einen Tag, und dann setze ich wieder drei Tage aus. Was soll das bloß werden?!

24. Oktober 1954

Hoch soll sie leben! Ich schwöre auf Kamille. Alles ist verschwunden wie ein Spuk. Es kann aber immer mal wieder kommen. Bitte, bitte, hoffentlich nicht! Etwas Schlimmeres gibt es gar nicht. Ich krieg' womöglich nie wieder einen Film!!

1. November 1954

Aus, vorbei. Die Dreharbeiten sind beendet. Aber ich bin nicht ganz untröstlich. Den nächsten Film drehe ich wieder in Wien

Deutschmeister. Diesmal nicht mit Adrian Hoven. Aber auch nicht mit Rudolf Vogel und Karl Ludwig Diehl, mit denen ich so gern arbeite. Ernstl führt wieder Regie. Aber als Assistenten hat er diesmal einen anderen. Hermann geht nach Berlin zur Berolina. Ich halte ihn für einen der besten Regieassistenten. Daß der Ernstl auf ihn verzichtet!!?
Jetzt fahren wir erst einmal auf Urlaub, wie es Daddy versprochen hat. Ich nehm' mein Tagebuch mit. Aber schreiben tu ich nur das Allerwichtigste! Ich will mal ganz richtig faul sein. Und nur genießen – so richtig ausatmen – ganz tiiief. Adjöööh! Wir fliegen übrigens wieder!

5. November 1954

Rom, die Ewige Stadt. Ich bin sprachlos. Es ist eine märchenhafte Reise. Im Flugzeug saßen Audrey Hepburn und Mel Ferrer. Ich schwärme für Audrey! In *Ein Herz und eine Krone* war sie einfach hinreißend. Das hätt' ich auch gern gespielt. Ich erinnere mich noch genau an die einzelnen Szenen. Hier in Rom kommt mir immer wieder eine ins Gedächtnis. Und Audrey verbindet sich in meiner Vorstellung mit all diesen berühmten Plätzen Roms, die ja auch im Film vorkamen.
Der Himmel ist blau wie in einem Märchenbuch.
Villa Borghese. Vatikan. Fontana di Trevi. Wir waren auch zur Seligsprechung einer Nonne im Petersdom. Es war einer meiner stärksten Eindrücke. Die Frau Präfektin hätte mich sehen sollen. Ich muß ihr unbedingt eine Postkarte schreiben –!

6. November 1954

Es ist unbeschreiblich schön. Wir sind von Roms berühmten Hauptbahnhof abgefahren. Stazione Termini. Kurz vor Neapel war zum erstenmal das Mittelmeer zu sehen. Zwischen Palmen und Orangenbäumen hindurch lag es da wie ein unendlich großer Teppich in einem verwunschenen Schloß. Und die kleinen Schaumkronen darauf sahen aus wie wahllos verstreute, feuersprühende Brillanten. Die Sonne ist noch viel strahlender und schöner als bei uns. Es ist, als habe sie ein Diadem auf––– ich glaube, ich spinne vor Begeisterung. Oder vielleicht habe ich auch einen kleinen Sonnenstich. Das soll leicht passieren bei der Wärme.

7. November 1954

Wir haben Pech! Wahrscheinlich hat es mir die Sonne übelgenommen, daß ich behauptete, ich hätte einen Stich weg von ihr. Sorrent – Capri – und dann schlechtes Wetter! Wir wohnen im »Quisiana«. Spaghetti essen ist eine Qual. Ich verheddere mich dauernd. Man ißt sich richtig hungrig. Aber das ist anscheinend der Sinn der Sache. Denn in Italien ist das nur ein Vorgericht.

10. November 1954

Wir sind wieder in Neapel. Die Dampferfahrt bei Nacht war einmalig. Ich stand ganz allein an Deck. Das Meer kochte. Ich hab' den Seegang aber gut vertragen. Dann ging der Mond auf. So bewußt habe ich noch nie einen Mondaufgang erlebt. Allmählich wurde die Nacht grau und dann silbern. Es war gespenstisch schön. Ich mußte weinen, so schön war es. Das Schiff stampfte wie ein Drache durch die See. Und ich stand auf seinem Rücken – und träumte. Später fahre ich noch einmal diese Strecke. Dann aber bestimmt nicht allein!!!

14. November 1954

Syrakus. Es ist sehr warm und sehr dreckig. Wir haben eine Führung mitgemacht und auch die wundertätige Madonna gesehen. Inzwischen sind wir mit dem Zug nach Taormina gefahren. Wenn man überlegt, daß wir jetzt schon November haben! Und hier ist immer noch Sommer. Ich liebe den

89

Süden. Ich mag es, wenn es warm ist. Der Winter ist auch schön. Aber ehe ich friere, schwitze ich lieber!

Wir sind im Hotel San Domenico abgestiegen. Abgestiegen muß man schon sagen. Es ist ein zauberhaftes Hotel. Der Garten, der rings herum liegt, ist berühmt in ganz Sizilien. Ich bin den ganzen Tag im Wasser und schwimme und bade und aale mich in der Sonne.

Alida Valli wohnt auch hier.

Und noch ein Prominenter aus Deutschland: Gustaf Gründgens. Er kannte mich bereits. Er hat meine Filme gesehen und strahlte mich väterlich an: »Mach' nur so weiter!«

Tu' ich jetzt ganz bestimmt!

16. November 1954

Ich glaube, im Paradies, in dem Adam und Eva wohnten, kann es auch nicht schöner gewesen sein. Mitten im November blüht hier alles. Die Orangenbäume finde ich herrlich. Es duftet bestimmt wie im Garten Eden. Ich würde mich gar nicht wundern, wenn ich plötzlich aufwachte und der erste Mensch wäre. Das heißt der zweite. Ich weiß auch, wer dann bestimmt der erste ist, wie ich ihn kenne!

26. November 1954

Es war wie ein Traum. Jetzt bin ich schon wieder zu Hause in Köln. Wenn etwas sehr schön ist, geht es immer besonders schnell vorbei. So eine Reise. Ein schöner Film. Alles. Ehe man sich besinnt, wacht man auf und alles ist wie vorher. Nur die Erinnerung bleibt. Die Erinnerung ist oft das Schönste im Leben, glaube ich.

Wir sind durch den Stiefel von Italien mit dem Zug gefahren. Immer am Meer entlang. Am seltsamsten fand ich, wie die ganze Eisenbahn auf eine Fähre fuhr und dann über die Meerenge von Messina geschafft wurde. In Rom blieben wir noch im »Excelsior«, und dann flogen wir wieder ab.

In einer Super-Constellation der »Air India«. Wir hatten Rükkenwind, und als wir es uns gerade richtig bequem gemacht hatten, da waren wir schon da. Rom – Düsseldorf in drei Stunden.

8. Dezember 1954

Zu Weihnachten werden die *Mädchenjahre* uraufgeführt. Ich habe den Film noch gar nicht gesehen, seit er richtig fertig ist. Das ist das Spannendste am Filmen. Man dreht jede Szene für sich. Und mit jeder Szene gibt man sich Mühe. Und wie das dann zusammen aussieht, erst das ist entscheidend. Aber der Ernstl hat das schon richtig gemacht. Und der Hermann. Der Leitner Hermann war nämlich nicht nur Regieassistent, er hat auch den Film geschnitten. Er wird schon die Stellen rausgeschnitten haben, in denen ich vielleicht mal schlecht war. Zum Beispiel als sich meine Augen so entzündet hatten! Hoffentlich sieht man das nicht!

14. Dezember 1954

Ein seltsames Gefühl: wenn ich jetzt auf der Straße gehe, dann stoßen sich manchmal die Leute an und sagen: »Ist das nicht Romy Schneider?«
Und dann gucken sie mich an.
Das ist schön. Und doch wieder richtig traurig. Manchmal fühle ich mich hin- und hergerissen. Einmal bin ich stolz, daß es so ist, und einmal wünschte ich, ich könnte mich mal in eine richtige Kneipe setzen und Würstl essen, ohne daß jemand zuschaut und kontrolliert, wie ich es mache und ob ich auch richtig und gesittet esse. Und wenn nicht, warum wohl?
Ich bin riesig aufgeregt, wenn ich an die Premiere denke. Hoffentlich wird es ein Erfolg. Es wäre mein schönstes Weihnachtsgeschenk.
Übermorgen ist es soweit!

20. Dezember 1954

Ich bin faul, träge, bequem. Diese Filmerei ist im Grunde genommen geradezu ungesund. Wochenlang schuftet man wie ein Pferd. Man richtet sich darauf ein, dann und dann fertig zu sein – nichts wird draus. Tagelang wird nicht gedreht, weil die Sonne einfach nicht hinter den Wolken hervorguckt, und dabei wird gerade sie so dringend gebraucht! Dann verzögert sich alles, es wird immer später, schließlich hockt man nervös und abgekämpft herum, wo man doch schon längst woanders sein wollte – zu Haus, im Urlaub oder sonstwo ...

Hier in Köln ist es himmlisch. Daddy hat eine zauberhafte Wohnung im Hotel Bellevue in Rodenkirchen freigemacht. Das liegt direkt am Rhein. Wenn wir kommen, wird das Hotel einfach geschlossen, und wir haben unsere Ruhe. Von Mammis Salon aus schaut man genau auf eine Rheinschleife. Frachtkähne fahren dort hin und her. Es ist ruhig, unendlich ruhig und so friedlich. Der Strom glitzert in der Wintersonne. Er wälzt sich träge und behäbig durch sein Bett, als seien ihm die Füße eingeschlafen. Ich kann auch dauernd schlafen!

Im nächsten Jahr habe ich bis jetzt zwei Filme zu drehen: *Deutschmeister* mit dem Sohn von Siegfried Breuer und *Sissi* wahrscheinlich mit Karlheinz Böhm. Ich freue mich wie ein Wurzelzwerg!

21. Dezember 1954

Ferien in Berchtesgaden! Ich fühle mich wie zu Besuch bei mir selbst. Es ist wundervoll, endlich wieder hier zu sein, in meinem geliebten Mariengrund, weg vom ganzen Wirbel – weg von allen Menschen, allein mit Mammi und den beiden Hunden Ajax und Seppl. Daddy kommt in ein paar Tagen nach. Ich bin sehr glücklich, zu Hause zu sein. Heute war ein herrlicher Tag. Es schneit dauernd so schön. Ich war mit Mammi im Ort. Und jetzt sitzen wir alle im Jagdzimmer zusammen. Es ist himmlisch gemütlich.

20. Januar 1955

Einige paradiesisch schöne Tage sind bereits vergangen. Wir waren schon zusammen auf dem Jenner, haben bei den deutschen Skimeisterschaften 1955 zugeschaut, wunderbare Spaziergänge gemacht: Mammi und ich, mit Ajax, das ist unser süßes kleines Boxerbaby (ein halbes Jahr alt), und Seppl, das ist unser seriöser vierjähriger Dackel – aber ein typischer Dackel! Es ist ein Riesenspaß, mit den beiden spazierenzugehen!!

Punkt. Aus. Jetzt mach' ich Ferien.

Wir haben Weihnachten und Silvester herrlich gefeiert. Jetzt gibt es nichts mehr, nicht einmal mehr ein Tagebuch!

Wien, den 4. März 1955

Mein vierter Film! *Deutschmeister.* Früher war er einmal unter dem Titel *Frühjahrsparade* ein großer Erfolg. Damals spielte Pappi die männliche Hauptrolle. Diesmal ist es Siegfried Breuer junior. Ich hab' den ersten Film in Salzburg gesehen. Pappi war einfach hinreißend. Ich wünschte, daß ich ihm in der Neuverfilmung genausogut gefiele wie er mir damals.

Mammi und ich wohnen diesmal im »Sacher«. Das ist eines der vornehmsten Hotels, das ich kenne. Und ich kenne inzwischen schon eine ganze Menge. In München, Köln, Rom, Berlin – Syrakus nicht zu vergessen.

Jetzt bin ich sechzehn Jahre alt. Und hab' schon ein recht beachtliches Stückerl von der Welt gesehen. Tausende kennen mich, ohne daß ich sie kenne. Ich bin oft unglücklich darüber. Ich wünschte, ich könnte einmal mit diesen vielen Unbekannten sprechen und sie fragen: Sagt mal, was haltet ihr eigentlich von dieser Romy Schneider?

Meint ihr, die ist eine recht eingebildete Gans, oder nicht? Es ist alles so schwer. Vielleicht bin ich wirklich eine aufgeblasene Seifenblase, die dann eines Tages mit lautem Knall platzt? Und dann ist plötzlich nichts mehr übrig von mir als ein jämmerliches Häufchen Schaum! Dabei hab' ich mich doch gar nicht selbst aufgeblasen. Ich bin gar nicht aufgeblasen!

Wie ich darauf komme? Ganz einfach. Heute habe ich mich mit einem alten Hasen vom Film unterhalten, und der hat mich so angelächelt, so ein bisserl skeptisch, so halt, na, als wollte er sagen: Na, Romylein, gut schaust halt aus, aber mehr auch nicht! Alles andere machen die Regisseure aus dir. Und eines Tages sitzt du da mit deinem Talent, bist fertig, auch mit dem Filmen – was kannst schon? Was Vernünftiges hast doch net gelernt?!

Da bin ich selbst schon drauf gekommen! Aber das ist Quatsch! Ich bin doch noch jung. Ich kann noch alles lernen! Und ich tu's auch! Ich will Theater spielen. Ich will auf irgendeine Provinzklitsche und will mit einer Dienstmädchen-Rolle anfangen, wo ich nur zu sagen habe: »Jawohl, gnädige Frau!« – wenn es gar nicht anders geht.

Vorläufig lerne ich ja nur. Und nebenbei spiele ich mich selbst. Ob das nun die Königin Victoria ist, die ich darstellen muß, das bin eben ich! Oder jetzt das Mädel vom Land wie im *Deutschmeister,* das bin eben ich! Immer in anderen Variationen. Immer mit einem anderen Text. Aber ich bin's. Und ich bleib's!

10. März 1955

Meine Gedanken wirbeln wie ein Mühlrad im Kreis herum. Ich bin erschossen, erschlagen, gerädert und auch noch falsch herum aufgehängt. Ich kann immer nur schlafen. Dabei habe ich gar keine Zeit dazu. Ich war mit Mammi zur Premiere von *Mädchenjahre* in Zürich. Ich dachte immer, die Schweiz sei gemütlich! Pustekuchen!! Morgen mehr davon.

11. März 1955

Es war Nacht. Irgendwo in einer Straße in Wien. Es war entsetzlich kalt. Wir drehten immer nur eine Szene. Immer wieder. Und immer noch einmal. Einmal klappte das nicht. Dann wieder das.

Dabei wird es hinterher so einfach aussehen. Ein Mädel vom Land, aus Salzburg, um genau zu sein, kommt auf einem Heuwagen in der Großstadt an. Sie will zu ihrer Tante, die dort Bäckermeisterin ist. Weiter nichts!

Den ganzen Tag haben wir gedreht, die ganze Nacht. Morgens um halb vier waren wir fertig. Im wahrsten Sinn des Wortes. Morgens um halb neun ging es wieder los. Nach Zürich! Eigentlich war alles ganz anders vorgesehen. Wir hatten mit dem Zug fahren wollen, und so war auch alles arrangiert.

Wir saßen kaum im Flugzeug, da schlief ich auch schon. Wenn man das Schlafen nennen kann. Ich war käseweiß im Gesicht. Und hundeelend war mir. Mir war ausgesprochen mies, daß ich dachte: Wenn du das überstehst, hast du Nerven wie ein Pferd. Ich hab's überstanden.

Auf dem Flughafen Zürich stand bereits ein Wagen abfahrbereit. Wir rein und ab wie die Post.

Man hatte nämlich angesagt, daß wir mit dem Zug ankommen würden. Jetzt kamen wir mit dem Flugzeug. Das gibt es beim Film natürlich nicht. Der Bahnhof in Zürich war bereits schwarz vor Menschen. Da mußten wir eben einfach mit dem Zug ankommen!

Also jagten wir zum nächsten Bahnhof, eine Station vor Zürich, kletterten in den Zug, den wir ursprünglich schon von Wien aus benutzen wollten, und rauschten mit Holladrio zur richtigen Zeit im Zürcher Hauptbahnhof ein. Mir wäre es lieber gewesen, ich hätte mich von hinten an all die Leute heranschleichen können und meinen eigenen Empfang miterlebt. So als Zaungast, von weitem. Aber wahrscheinlich hätte ich nicht einmal davon etwas gehabt, so schlecht war mir immer noch!!

Alles schlug über mir zusammen, die Begrüßung, ich glaub',

die hab' ich einfach verträumt, wo ich sie schon nicht verschlafen konnte.

Geschlafen habe ich hinterher ausgiebig.

Dann aßen wir mit Stohlers von der Elite-Film im Restaurant Eremitage direkt am See. So ein Essen bringt doch Leib und Seele zusammen.

Vor den Verbeugungen stand uns noch eine nette Überraschung bevor. Wir sollten ein Interview im Fernsehen machen! Also das ist ja eine Erfindung des Teufels! Nun habe ich überhaupt keine Einstellung dazu. Die paar Fernsehprogramme, die ich bisher gesehen hatte, kann man an einem Finger abzählen. Außerdem fand ich sie noch fad. Na also, *ich* hab' das Niveau des Fernsehens auch nicht gehoben. Ich saß da vor dem Kasten und kam mir genauso blöd vor wie schon den ganzen Tag. Es wurde ein richtiger Reinfall von Schaffhausen.

Mammi versuchte, mich mit dem Hinweis zu trösten, daß so ein Interview selbst für einen routinierten Schauspieler schwierig sei. Ehrlich: Mir war das in diesem Moment ausgesprochen schnurz. Ich war schon den ganzen Tag in so einer Weltuntergangsstimmung – was kam es auf die paar Minuten mehr oder weniger nun auch noch an!!

Ich war eben einfach schlecht. Und es hätte mich nicht überrascht, wenn die Leute in Zürich, als ich nach der *Mädchenjahre*-Vorstellung auf die Bühne kletterte, statt zu klatschen, gepfiffen hätten. Gott sei Dank hatte noch niemand meine Fernsehvorstellung gesehen. Sie klatschten alle. Und wie. Es war ein Riesenerfolg. Und er hat mich mit allem versöhnt. Mit dem Heuwagen in Wien. Mit dem miesen Flug. Überhaupt mit allem. Es gibt nichts Schöneres, als so einen Erfolg zu haben!

15. März 1955

Inzwischen sitze ich längst wieder in Wien. Das klingt so, als sei alles weitere in Zürich gut gegangen. Stimmt nicht! Als wir

Vorhergehende Seite
20/21 Oben: Romy bei Dreharbeiten zu »Kitty und die große Welt«, 1956, mit Karlheinz Böhm und in der Hauptrolle als Kitty

Vorhergehende Seite
22 Unten links: »Robinson soll nicht sterben«, 1956

Vorhergehende Seite
23 Unten rechts: Drehfreie Tage bei »Robinson soll nicht sterben«, mit Horst Buchholz, November 1956

24 Links: Romy und der Olympia-Sieger Toni Sailer, den sie 1956 auf dem Münchner Faschingsball kennenlernt.

25 Romy mit Horst Buchholz in Paris bei den Dreharbeiten zu »Monpti«, 1957, im Jardin du Luxembourg

26 »Scampolo«, 1957

27 »Schicksalsjahre einer Kaiserin«, 1957, mit Walther Reyer

28/29 »Mädchen in Uniform«, 1958, mit Lilli Palmer

30/31 1957 unternimmt Romy mit ihren Eltern, ihrer Mutter Magda Schneider und ihrem Stiefvater Hans-Herbert Blatzheim, eine Reise nach Indien und Ceylon.

32 1958 fliegt sie mit ihrer Mutter nach New York und besucht auch die Filmstudios in Hollywood sowie Disney-Land.

wieder zurückfliegen wollten, konnten wir nicht! Das hing mit Rußland zusammen. Scheint zwar komisch, stimmt aber. Was die Russen in Zürich wollten? Gar nichts! Aber einer von ihnen war in Wien. Deshalb konnten wir nicht aus der Schweiz raus. Das war so: Molotow war nach Wien gekommen. Der Staatsvertrag sollte abgeschlossen werden oder weiß ich was. Ich weiß nur: Österreich sollte seine Freiheit zurückbekommen, die Besatzungsmächte versprachen, so schnell wie möglich zu verschwinden. Eine gute Idee (obwohl sie mich nicht weiter gestört haben). Wie sollten sie auch!

Weil Herr Molotow Wien besuchte, durfte kein anderes Flugzeug dort landen. Ich fand das zwar reichlich übertrieben, denn ich hätte ihm ganz bestimmt nichts getan. Wenn ich ihn mir so in den Illustrierten anschaue, dann möchte ich ihm nicht die Hälfte der Macht zutrauen, die er hat. Er schaut aus wie ein Lehrer. Das soll aber nicht abfällig klingen – – Wie könnte ich, wo ich mich doch noch dauernd mit der Frau Präfektin schreibe!!

Wir blieben also noch einen Tag in der Schweiz. Ich durfte mir in der Bahnhofstraße für Fränkli ein Paar süße Bally-Schuhe kaufen. Dann waren wir mit Stohlers – im Kino. Komisch, das scheint allen so zu gehen: Wenn man einmal alles, was mit dem Beruf zusammenhängt, hinter sich lassen könnte, dann tut man es trotzdem nicht. Der Film ist wie ein süßes Gift. Wenn man einmal daran geschleckt hat, kann man nicht mehr davon lassen! Ich gehe leidenschaftlich gerne ins Kino. Immer noch! Jetzt mehr als früher.

Wir haben uns Marina Vlady in *Der Angeber* angeschaut. Ich finde sie süß. Sie ist übrigens genauso alt wie ich: sechzehn. Aber einen Gang hat die! Wie eine Alte. Was sag' ich. Marilyn Monroe ist ein gerupftes Gänseblümchen dagegen. Ich glaube, ich mach' Schluß. Ich fang' an zu übertreiben!

16. März 1955

München. Endlich einmal wieder in München. Ich finde, die Stadt hat so etwas Gewisses. Sie ist so eine gesunde Mischung aus Berlin und Wien. Neulich habe ich irgendwo gelesen, daß es hier jetzt mehr »Zugeroaste« als Einheimische gibt. Der Gedanke ist absurd. Richtig komisch. Das dürfen die Münchner aber nicht hören. Sonst reißen sie die Straßen auf!

Der Anlaß meiner Fahrt nach München: Ich krieg' einen Preis. Ich komme mir vor wie ein Rennpferd, wie so ein junger Traber, der ordentlich die Peitsche bekommen hat und anständig durchs Ziel gegangen ist, ohne zu galoppieren.

Ich gehe aber bestimmt noch einmal in die Bar »Bei Heinz«, solange ich hier bin!

17. März 1955

Daraus ist nun doch nichts geworden.

Ich hab' meinen Preis. Aber »Bei Heinz« war ich nun doch nicht. Jetzt muß ich erst einmal erklären, was für ein Preis mir überreicht worden ist, damit ich später auch Bescheid weiß, wenn ich alt und vergeßlich geworden bin.

Es gibt ein paar Filmfachzeitschriften. Die sind wichtig, weil sie von allen Filmtheaterbesitzern gelesen werden. Und diese Herren haben schließlich darüber zu entscheiden, ob zum Beispiel in ihrem Haus ein Film gespielt wird, in dem auch die Romy Schneider mitmacht.

Eine dieser Zeitungen heißt »Der neue Film«. Dort werden in jedem Jahr Umfragen veranstaltet, um zu ermitteln, wer nach Ansicht der Filmtheaterbesitzer die »Filmstars von morgen« sein werden. Da bin ich also zusammen mit Karlheinz Böhm zu den beliebtesten »Nachwuchs-Stars« ernannt worden.

Barbara Rütting, Walter Giller und Claus Biederstaedt sind dagegen »Nachwuchs-Darsteller«. Der Unterschied ist fein, aber da soll einer sein!

Der Chefredakteur der Zeitung, Horst G. Feldt, überreichte

uns die Auszeichnungen. Ich bekam eine wundervolle Kutsche aus Porzellan. Meißner Porzellan, hundertfünfzig Jahre alt, mindestens. Es waren unheimlich viele Fotografen da.

Ich war glücklich, Claus einmal wiederzusehen. Seit *Feuerwerk* waren wir uns nicht mehr begegnet.

Am Abend: Feier am Starnberger See. Mammi und Daddy amüsierten sich genauso gut wie ich. Ich hab' mit Kai Borsche getanzt. Und eine Menge Kollegen kennengelernt. Hans Albers, Fita Benkhoff, Winnie Markus, Margot Hielscher, Renate Mannhardt – alle, die eben da waren.

Es war sehr lustig. Margot Hielscher hatte ihren Hund mitgebracht. Karlheinz Böhm seine Frau, es war eine richtige Familienfeier.

Die Preise waren übrigens in Geiselgasteig verteilt worden. In Halle zwei. Da drehte gerade Martine Carol mit Max Ophüls *Lola Montez*. So was möcht' ich auch mal spielen.

20. März 1955

Es scheint mir beinahe, als ginge ich wieder zur Schule. Die Gegend kommt mir so bekannt vor!

Wir drehen die Außenaufnahmen zu *Deutschmeister* in Golling. Das ist ganz in der Nähe vom Internat. Nach Goldenstein ist es ein Katzensprung! Gestern haben mich zwei ehemalige Mitschülerinnen besucht, die hier in Golling wohnen. Ich kannte sie vorher kaum, sie gingen in eine andere Klasse. Nett war es trotzdem. Es ist noch gar nicht lange her, daß ich dort auch die Schulbank drückte. Und doch scheint es mir jetzt so lange vorbei wie eine Ewigkeit – –!

26. März 1955

Doris wohnt mit ihrer Mutter in Strobl. Wir sind schnell auf einen Sprung zum Kaffeetrinken nach Berchtesgaden gefahren.

10. April 1955

Als wir vor drei Wochen den Farbfilm *Die Deutschmeister* in Wien begannen, gab es zunächst einmal einen kleinen Kummer für mich: Laut Drehbuch komme ich nämlich in Wien aus Salzburg mit einem Hund bei meiner Tante an. Und da hatte ich mir gedacht, daß Seppl, mein Kurzhaardackel, die Rolle bekommen könnte. Aber Onkel Ernst, unser Produzent, Drehbuchautor und Regisseur Ernst Marischka, bereitete uns beiden gleich eine Enttäuschung: Seppl sei viel zu fein für die Rolle, er habe sich als meinen Begleiter so eine Edelmischung aus Pinscher, Schnauzer und Schäferhund vorgestellt. Mit Seppls Karriere war es also aus. Mein Filmhund, den wir dann nach langem Suchen fanden, scheint zwar die Kreuzung zwischen einem afghanischen Schakal und einem kalifornischen Goldhamster zu sein, aber wir haben uns doch schon recht gut aneinander gewöhnt, und er ist auch ohne Stammbaum ein ganz lieber Kerl.

Meine Tante (die Verwandtschaftsverhältnisse sind etwas kompliziert, denn diese Tante ist meine Mammi, Magda Schneider) also hat in Wien eine Bäckerei am Burgring, und weil da die Burgwache immer vorbeizieht, lerne ich dann den Deutschmeisterkorporal Jurek (den spielt Siegfried Breuer jr.) kennen. Daraus ergeben sich alle weiteren Schwierigkeiten. Ja, und nun steht also im Drehbuch, daß ich bei meiner Tante im Geschäft das Backen lernen soll. Gut, die Mammi kann zwar Kuchen backen und Weihnachtsgebäck und was eine Hausfrau so eben bäckt. Aber welche Hausfrau könnte wohl Semmeln und Salzstangen herstellen? So engagierte denn Ernst Marischka von einer großen Wiener Bäckerei zwei richtige Bäcker, die in unserer Filmbackstube aufpaßten, daß alles fachgemäß geschah. Ich weiß nicht, ob ich jemals im Leben in eine Situation komme, in der man die Kenntnis des Brezel- und Salzstangen-Backens von mir verlangen wird, aber die Mammi meint, man könne nie genug lernen.

Was das Lernen anbetrifft, so ist es gut, daß ich in meinem letzten Farbfilm *Mädchenjahre einer Königin* die Königin Victoria zu spielen hatte, wobei ich eine ganze Menge vom Hofzeremoniell, besonders den Hofknicks, kennenlernte. In unserem Farbfilm *Die Deutschmeister* habe ich nämlich auch wieder mit dem Hofe zu tun. Zwar bin ich hier nur ein kleines Mädchen, das aus Salzburg nach Wien kommt, aber dennoch muß ich einmal zur Audienz beim Kaiser Franz Joseph, den der Paul Hörbiger spielt und der auch noch den Kaiser Wilhelm aus Berlin (Wolfgang Lukschy) zu Besuch bei sich hat. Den Hofknicks aber werde ich auch im nächsten Film brauchen können. Nach den *Deutschmeistern* drehen wir nämlich noch in diesem Jahr den Farbfilm *Sissi* – die romantische Liebesgeschichte der jungen Kaiserin Elisabeth, deren Lebensweg vom Starnberger See an die Donau oder genauer: von Possenhofen nach Wien führt. Auf diese Rolle freue ich mich schon sehr, denn ich selber pendelte ebenfalls immer zwischen Bayern und Österreich hin und her. Allerdings erwarte ich nicht, später von einem Kaiser geheiratet zu werden!

20. Juni 1955

Der Schreck sitzt mir noch in den Gliedern. Es ist etwas Entsetzliches passiert!

Gestern haben wir lange und ausgiebig gebadet. Es war herrliches Wetter. Es war alles so schön, daß es gar nicht wahr sein durfte. Immer, wenn es so schön ist, muß man einen Nasenstüber bekommen, damit man es zu würdigen weiß.

Wir waren bei Hans Albers eingeladen. Mit ihm zusammen spiele ich in meinem neuen Film *Der letzte Mann*.

Wir hatten Probeaufnahmen in Geiselgasteig. Alles klappte wundervoll. Ich habe die Rolle bekommen.

Wir klönten herrlich bei Familie Albers. Sie haben ein wunderhübsches Landhaus am Starnberger See, wirklich. Am nächsten Tag, also heute, sollte ein Motorbootrennen stattfinden. Daddy startete auch.

Da bin ich schon beim Thema.

Daddy hat eine Leidenschaft. Das heißt, er hat viele. Aber keine, die so lebensgefährlich ist wie diese. Mammi und ich ahnten das bis heute nicht. Jetzt wissen wir's. Bis jetzt hatten wir immer angenommen, daß einem Menschen, der schwimmen kann, in einem so kleinen See wie dem Starnberger See – verglichen mit der Adria zum Beispiel – kaum etwas passieren kann. Kann eigentlich auch nicht, es sei denn, er setzt sich in ein Motorboot.

Genau das hat Daddy heute getan. Es wurden die Europameisterschaften ausgetragen. Er war mit am Start. Wir standen am Ufer und freuten uns. Er hat ein gutes Boot, er kann fahren – was sollte also passieren? Das dachten wir.

Hans Albers hatte es sich auch nicht nehmen lassen, mitzukommen. Mammi und ich drückten Daddy die Daumen und hofften, daß er gewinnen würde. Wie Frauen nun mal sind.

Kurz nach dem Start passierte es dann.

Daddy hatte vielleicht so 80 Sachen auf dem Kasten, wie die Rennfahrer sagen.

Plötzlich wurde er von einem anderen Boot gerammt, flog kopfüber ins Wasser und versackte, blutüberströmt. Uns blieb das Herz stehen! Mammi schrie auf, und ich dachte auch: Jetzt ist er tot, jetzt hat's ihn erwischt!

Es war ein Italiener, der ihn mit seinem Boot gerammt hatte. Simontacchi heißt er. An dessen Boot war die Steuereinrichtung gerissen!!

Sofort drehte ein Rettungsboot bei und fischte Daddy aus dem Wasser.

Es hatte schlimmer ausgesehen, als es war. Obwohl es uns und vor allen Dingen Daddy völlig genügte: Oberarmbruch, Rippenbrüche, Quetschungen, eine lädierte Nase.

102

Daddy kam sofort ins Starnberger Krankenhaus. Das hört sich einfach an. Dabei war das Krankenhaus überbelegt. Glücklicherweise war auch Bundesverkehrsminister Seebohm beim Rennen gewesen. Er kam ins Krankenhaus und schaute nach dem Rechten, da bekam Daddy dann auch sofort ein vernünftiges Bett. Jetzt wird er bei dem herrlichen Wetter dort liegen und schwitzen müssen, der Arme!

Mammi sagt auch: Mit dem Motorbootfahren hört das ein für alle Male auf!

25. Juni 1955

Wir wohnen im Hotel Elisabeth in Feldafing. Ganz in der Nähe ist Possenhofen. Dort ist die »Sissi« aufgewachsen, die Prinzessin, die ich im übernächsten Film zu spielen habe. In dem Schloß ist jetzt die Rex-Motoren-Fabrik untergebracht. Es ist dadurch nicht mehr so schön, wie es sicher früher einmal war, als die Sissi hier wohnte, ehe sie Kaiserin von Österreich wurde. Aber interessant ist es doch. Ich freu' mich auf die Rolle!

30. Juni 1955

Ich habe ein paar herrliche Tage in Salzburg verlebt. Dort sind gerade die Festspiele. Wir waren in der Aufführung von *Kabale und Liebe*. Es wird mir eine unvergeßliche Erinnerung bleiben.

Margit und Monika habe ich übrigens in diesem Jahr auch endlich einmal wiedergesehen. Ich hatte mir eine besondere Überraschung für die beiden ausgedacht.

Zuerst haben wir zusammen mit Tante Marianne schick im Gabler-Bräu in Salzburg zu Abend gegessen. Dann bin ich hinterher mit allen ins Kino gegangen. Es gab: *Mädchenjahre einer Königin*.

Wie oft hatten wir früher so im Mirabell-Kino gesessen und uns in eine fremde Zauberwelt entführen lassen. Dann versank alles um uns herum. Das Internat Goldenstein, in dem wir die Schulbänke drückten. Der ganze kleine Ärger, dem sich sonst niemand entziehen kann.

Es war, als stünde man unter einer herrlichen warmen Dusche, die alles fortschwemmte, wegschaffte, was man so am Hals hatte.

Als jetzt, in der gleichen, lieben, vertrauten Atmosphäre, diese Erinnerungen an das Damals in mir auftauchten, spürte ich plötzlich, wie glücklich und ein ganz klein wenig stolz ich manchmal bin.

Die Reklame. Die Wochenschau. Und dann flimmerte dort oben auf der Leinwand des Mirabell mein Name auf.

Es ist unbeschreiblich, wie mir zumute war. Tante Marianne, meine beiden besten Freundinnen neben mir – ich hätte heulen können vor Freude. Und es war kein Traum. Es war richtige, lebendige Wirklichkeit.

Ich hab' mir natürlich nichts anmerken lassen. Ich habe ein paar dumme Bemerkungen gemacht und irgend etwas dahergeschwatzt, wenn mir gerade etwas zu dem Film einfiel, wovon ich dachte, daß es Margit und Moni interessieren könnte.

Heimlich habe ich immer mit einem Auge zu ihnen hinübergeschielt, um festzustellen, wie ihnen die verschiedenen Szenen gefielen.

Aber eines war verschwunden: ich konnte mich nicht mehr wie damals in der Schulzeit in diese Märchenwelt des Films versinken lassen. Bei jedem Bild sah ich vor meinem geistigen Auge den Kameramann, den Ernstl – Regisseur Ernst Marischka – oder irgendeinen Bühnenarbeiter zwischen den Kulissen, Kabeln und Scheinwerfern stehen. Die Illusion war futsch.

Der weine ich heute noch nach.

1. Juli 1955

Baden-Baden. Ich verstehe mich wundervoll mit Hans Albers. Ich mag ihn richtig gern. Es gab schon einmal einen Film *Der letzte Mann*. Damals spielte Emil Jannings die Rolle, die diesmal Hans Albers spielen soll.

Er ist Oberkellner eines Hotels, der ungekrönte König. Plötzlich stirbt die Besitzerin, die ihm, dem Oberkellner, dem sie soviel verdankt, eine Lebensstellung versprochen hat. Nach ihrem Tod wird alles ganz anders. Albers wird degradiert und muß im Keller den Toilettenwärter spielen, den »letzten Mann« im Hotel. Eine tolle Rolle für Albers – und eine herrliche für mich: meine erste moderne. Bis jetzt war ich ja immer Prinzessin oder eine Königin oder ein Mädel, das zu einer Zeit lebte, als an mich noch nicht im Traum zu denken war. Jetzt spiel' ich endlich mal einen Film, der in unserer Zeit handelt. Ich würde so schrecklich gern einmal in die Spielbank hier in Baden-Baden gehen. Aber Mammi läßt mich nicht. Dabei hätte mich – ehrlich! – nur das ganze Drum und Dran interessiert, nicht das Gewinnen.

10. Juli 1955

Inzwischen war *Deutschmeister*-Premiere. Der Film lief gleich in vielen Städten an. Ich habe gute Kritiken bekommen. Mit den Kritiken ist das immer komisch. Der eine Kritiker in der einen Stadt hat genau das am Film auszusetzen, was dem anderen wiederum gerade so besonders gut gefällt. Da soll nun einer schlau draus werden! Aber die Geschmäcker sind halt verschieden.

12. Juli 1955

Die Innenaufnahmen von *Der letzte Mann* werden in Geiselgasteig gedreht. Übrigens: ich soll Joachim Fuchsberger heiraten. Mein Brautkleid habe ich heute gerade anprobiert. Es ist einfach himmlisch!

Als ich vorm Spiegel saß und mich anschaute, wurde mir ganz angst und bange, so echt sah alles aus. Dabei ist es doch nur Film. Und meine Hochzeit wird laut Drehbuch auch in letzter Sekunde verhindert – –!

Wenn ich einmal heirate, soll es ein ganz tolles Fest geben. Ich kann es mir richtig vorstellen, wie herrlich es sein muß, die Vorbereitungen dafür zu treffen. Und eine todschicke Wohnung richt' ich mir dann ein. Modern, aber mit ganz alten Möbeln und noch älteren Bildern. Nicht so hypermodernen Möbeln, in denen man sich dauernd zu Besuch fühlt, so mit Sesseln, in denen man nicht weiß, wo man seine Arme lassen soll.

Wann ich wohl heiraten werde? Und vor allen Dingen wen!? Es ist ein seltsames Gefühl, zu wissen, daß derjenige bereits irgendwo lebt und arbeitet oder faulenzt und auch noch nichts von seinem Glück ahnt!

Das Leben ist spannend.

20. August 1955

Wir sind wieder in Wien. Wir wohnen wieder im Hotel Sacher. Und ich fühl' mich hier schon fast wie zu Hause. Alle Leute im Hotel sind reizend zu mir. Und zauberhaft kochen können sie hier. Man könnte beim Essen dauernd singen, so einen Spaß macht es. Nur für die weltberühmte Sachertorte kann ich mich nicht so begeistern. Das ist wohl mehr etwas für Kenner. Dafür gibt es aber andere schnuddlige Sachen.

Ich habe wieder die gleiche Garderobe draußen in den Ateliers von Sievering, die ich schon bei *Mädchenjahre* bewohnte. Den Pförtner kenne ich, viele von den Statisten, von Film zu Film fühlt man sich heimeliger. Karlheinz Böhm ist diesmal der »Kaiser meines Herzens«. Ich verstehe mich auch mit ihm ganz gut.

Im Film angele ich ihn mir im wahrsten Sinn des Wortes. Ich fische an einem Bach, er, der Kaiser, kommt dahergefahren auf der Straße. Ich werfe meine Rute aus, schwupp, sitzt ihm die Angel am Rockaufschlag, und er lernt mich kennen.

1. September 1955

Heute kam überraschend Joachim Fuchsberger mit dem Porsche aus München herüber nach Wien. Ich hab' mich schrecklich gefreut. Er war ja immerhin fast beinahe einmal mein angetrauter Ehemann im Film.

24. September 1955

Ich bin siebzehn Jahre alt geworden. Wenn man den Drehbuchautoren trauen darf, beginnt ja dann das Leben. Ich bin gespannt! Es war wundervoll. Wir haben mit der ganzen Belegschaft bei den Heurigen gefeiert. Die Heurigen – das ist eine wundervolle Institution hier in Wien.

Wenn's den richtigen Wein gibt, so jetzt, in den kommenden Monaten, dann ist manchmal ganz Wien ausgestorben. Alles sitzt draußen in den Weinlokalen und trinkt »an Heurigen«. Wir waren draußen bei Anton Karas, das ist der Zitherspieler aus dem Film *Der dritte Mann*. Er hat in Grinzing ein Lokal aufgemacht. Alles war mit Lampions geschmückt, es war eine märchenhafte Stimmung.

Von Mammi habe ich einen Satz Koffer, ganz in Weinrot, geschenkt bekommen. Mit Monogramm R.S. Zum 16. Geburtstag hatte ich eine goldene Puderdose, mit Rubinen besetzt, geschenkt erhalten. Diesmal habe ich den passenden Lippenstift dazu bekommen. Herr Tischendorf, das ist der Verleiher des Films, hat mir einen Radioapparat verehrt –. Toll!

26. September 1955

Ich muß Qualen leiden. Weil die Sissi in ihrer Jugend lange schwarze Haare getragen hat, müssen meine Haare jetzt natürlich auch länger sein, als sie es wirklich sind. Am liebsten hätte ich sie mir wachsen lassen. Aber da bin ich schön ausgelacht worden! Als ob man mit dem Film warten kann, bis meine Haare die vorgeschriebene Länge haben.

Ich trag also eine Perücke. Ein blödes Gefühl. So ungewohnt und anstrengend vor allen Dingen. Das ist vielleicht ein Gewicht, das ich da dauernd mit mir herumzuschleppen habe! Wenn man's nicht gewohnt ist, so wie ich, kriegt man bald Genickstarre, als säße man in der ersten Reihe im Kino.

30. September 1955

Außenaufnahmen an der Donau. Der Ernstl hat das herrlich hingezaubert. Ich fahre auf einem Donaudampfschiffahrtsdampfer die Donau hinunter, das Volk steht an den Ufern und winkt seiner zukünftigen Kaiserin zu – mir also im Film. Das muß man sich mal vorstellen: die vielen Leute, die dort als Statisten stehen und winken und klatschen und jubeln! Die muß man dort alle erst einmal hinbekommen, denn freiwillig gehen ja die wenigsten, wenn nicht eine richtige Kaiserin, wie zum Beispiel Soraya, dort entlanggondelt!

2. Oktober 1955

Die Dreharbeiten dauern diesmal endlos lange. Wir werden nicht fertig und werden nicht fertig.

Und das ist schließlich nicht nur eine Zeitfrage. Jeder Drehtag kostet ein ungeheures Geld. Allein die Ausleuchtung der Szenen schluckt Unsummen.

Wenn man von Fachleuten Ziffern hört, die astronomisch anmuten, wird einem himmelangst. In ein paar Stunden wird ein Vermögen verpulvert.

Nun, mein Geld ist es nicht. Mammis oder Daddys auch nicht. Wir, Mammi und ich, bekommen beide zusammen nur ein Minimum von dem, was der ganze Film kostet. Aber Geld macht schließlich nicht allein glücklich. Wie sagt man? ... aber es beruhigt ungemein.

Ich bin versorgt, wenn ich mein Taschengeld habe. Mammi hat es neulich erst wieder erhöht. Ich bin ganz zufrieden, daß ich sonst mit dem ganzen Geldkrempel nichts zu schaffen habe. Man hat nur Ärger damit.

3. Oktober 1955

Es ist ausgesprochen kalt und unfreundlich hier in Wien. Die Donau ist nicht blau, sondern grau und verhutzelt wie ein alter Gartenzwerg. Der Steffel duckt sich zwischen den Häusern, als fröstele er.

Wien ist doch etwas verändert, seit die Besatzungstruppen abgezogen sind. Man spürt richtig, daß es sich seiner alten Stellung als Hauptstadt Österreichs wieder recht bewußt wird. Das Burgtheater wird wieder eröffnet. Die Staatsoper.

Feierabend für heute. Ich muß noch den Seppl Gassi führen, und morgen haben wir wieder einen schweren Tag. Wenn ich doch nur schon wüßte, wann wir ins Atelier müssen!

Es ist jetzt schon ein paarmal passiert, daß Mammi und ich morgens um sieben abgeholt werden sollten und dann niemand kam. Von Stunde zu Stunde wurde der Termin verschoben, schließlich saßen wir nachmittags immer noch im »Sacher« herum, der Tag war verpatzt – und gedreht worden war auch nicht! Und ich hätte doch immer so gern noch ein Stündchen länger geschlafen!!

15. Oktober 1955

Gestern war ich zur Premiere des *Letzten Mannes* in Düsseldorf. Viel Zeit hatte ich nicht, ich mußte von München aus zurückfliegen, damit ich gleich zu den Aufnahmen wieder in Wien war.

Fliegen ist für mich ungefährlicher als zum Beispiel der Versuch, in Köln bei Geschäftsschluß über den Ring zu gehen. Trotzdem schloß man hinter meinem Rücken eine riesige Versicherungssumme ab, für den Fall – na, daß das Flugzeug zwar richtig startete, aber nicht mehr ordnungsgemäß landen konnte. Eine Million Mark für mein bißchen Leben! Das wollte eine Versicherungsgesellschaft allein gar nicht riskieren.

Ich ahnte von diesem Handel nichts, wahrscheinlich wäre ich mit gemischten Gefühlen ins Flugzeug geklettert.

Hinterher haben sie es mir dann erzählt und mir erklärt, warum das sein mußte: Der *Sissi*-Film hatte bereits sehr viel gekostet. Wenn ich nun für den Rest des Filmes ausgefallen wäre, hätte man alles Übrige auch wegwerfen können. Eine schöne Pleite wär' das gewesen.

17. Oktober 1955

Eine Zeitung hat über den *Letzten Mann* geschrieben: Harald Braun schickt eines der letzten besten alten Pferde, Hans Albers, ins Rennen. Er führt die taufrische und liebe Romy Schneider endlich einmal an die Grenze der Schauspielkunst heran. Auf einmal leuchtet's aus der Tiefe ...«

Eine andere:

»Romy Schneider erlebt als Siebzehnjährige ihren ersten Liebeslenz mit allen Verirrungen und Verwirrungen des Herzens ...«

So ist das also mit mir.

Eine Italienreise gibt's in diesem Jahr nicht. Dabei hätte ich es mehr verdient als im letzten Jahr. Dafür fahren wir für ein paar Tage nach Paris.

Ich kann nur sagen: Ganz Paris träumt von der Liebe ...

2. November 1955

Wir sind immer noch in Wien. Der Ernstl muß noch ein paar Szenen für die *Sissi* drehen, die er unbedingt noch einbauen will, weil sie seiner Meinung nach dem Film gefehlt haben. Wir drehen also weiter. Wenn man das geahnt hätte! Ursprünglich wollten Mammi und ich jetzt schon längst wieder in Köln sein. Deshalb hatten wir uns auch keine Karten für die Wiedereröffnung der Wiener Staatsoper besorgt. Jetzt hätten wir doch hingehen können – es sind aber keine Karten mehr zu haben. Blöd ist das!

Die Preise sind gepfeffert. Die Karten kosten so um 1000 Mark herum, und selbst billigere werden auf dem Schwarzen Markt für das Zehnfache ihres Wertes gehandelt.

Es hieß erst, Greta Garbo würde auch kommen. Das stimmt nicht, wie ich gerade von Karlheinz Böhm hörte. Dessen Vater ist Direktor der Staatsoper.

Eben höre ich, daß mir Marischkas doch noch eine Karte besorgt haben. Allerdings nicht zur Premiere, sondern zur zweiten Vorstellung. Ich freue mich sehr!

3. November 1955

Das »Sacher« ist überbelegt. Das Publikum ist international. Sogar aus Amerika sind Gäste gekommen, um an der Opern-Eröffnung teilzunehmen.

Ich habe heute ein tolles Angebot bekommen!

Direktor Rott vom berühmten Wiener Burgtheater hat mir angeboten, bei ihm zu spielen! Ich könnte eine Hauptrolle bekommen, vielleicht in einem Stück von Priestley!!

4. November 1955

Wir haben uns die Sache überlegt. Fürs Burgtheater bin ich noch nicht weit genug. Ich würde brennend gern dort spielen. Aber vielleicht übernehme ich mich mit der Rolle, bin schlecht und falle mit Pauken und Trompeten durch. Jetzt bin ich siebzehn. Man muß mit siebzehn Jahren nicht unbedingt schon eine Hauptrolle im Burgtheater spielen wollen. In ein paar Jahren gibt es aber keine Widerrede mehr: dann spiel' ich!

Noch eine besonders freudige Überraschung: Eine Zeitschrift hat eine Publikumsumfrage nach den beliebtesten deutschen Filmschauspielern veranstaltet. Das Ergebnis hat mich glatt erschlagen. Ich stehe dort an zweiter Stelle, gleich hinter Maria Schell und vor Ruth Leuwerik!

Ist das zu fassen! Wenn mir das jemand vor zwei Jahren erzählt hätte, wäre ich glatt in Versuchung gekommen, ihn für verliebt oder übergeschnappt zu halten ...

5. November 1955

Zuletzt haben wir die Hochzeitsszenen gedreht. Für mich ist ein Brautkleid angefertigt worden: Ein Traum von einem Kleid! In so einem ähnlichen Kleid möchte ich einmal auf meiner Hochzeit tanzen!

8. November 1955

Endlich wieder zu Hause. Wien ist wundervoll, schöner als Köln. Aber zu Hause bleibt zu Hause. Es ist immer das gleiche mit mir. Jetzt habe ich Ferien. Bald ist Weihnachten, dann Neujahr, die Zeit verfliegt. Ich könnte jetzt glücklich darüber sein, endlich einmal wieder richtig ausspannen zu können. Und in Gedanken liebäugele ich bereits mit neuen Filmplänen. Wieso man immer unzufrieden sein muß mit dem, was man hat?!

12. November 1955

Ich hatte einen Brummschädel, daß ich mich kaum traute, die Augen aufzumachen, als ich vorhin aufwachte. Aus Angst, es könnten ein paar kleine weiße Mäuse auf dem Teppich neben meinem Bett tanzen. Gut, daß ich einen Kater habe. Wenn die Mäuse doch auftauchen sollten, jage ich den Kater einfach auf sie los, damit er sie auffrißt.

Gestern war Karnevalsbeginn. Das ist in Köln ein wichtiges Ereignis. In Daddys Lokalen ging es hoch her. Mammi und ich waren im »Kaiserhof« auf der Feier des »Elften im Elften«. Daß ich einen Schwips gehabt habe, merke ich eigentlich erst jetzt. Gestern kam mir alles völlig klar und selbstverständlich vor.

Gut, daß Katzen und Kater wasserscheu sind, ich werde meinen Kopf mal ordentlich eiskalt abrubbeln. Hilft bestimmt!

22. November 1955

Daddy ist fünfzig Jahre alt geworden. Es war ein Riesenfest mit Hunderten von Gästen. Es waren viele Prominente da. Max Schmeling, Anny Ondra, Harry Hermann Spitz, Joachim Fuchsberger, die Sektfabrikanten Henkell und Haßlacher und noch viele andere. Daddy hat so viel geschenkt bekommen, daß sein ganzes Zimmer ausgeräumt werden mußte, damit die Geschenke Platz hatten.

23. November 1955

Ich habe eine große Dummheit begangen. Ich habe gestern abend in meinem jugendlichen Leichtsinn versprochen, der »Deutschen Illustrierten« mein Tagebuch zu geben. Wahrscheinlich hatte ich wieder zuviel Zitronenwasser getrunken. Zitronenwasser wirkt auf mich noch immer wie Sekt. Wenn ich ein Glas getrunken habe, werde ich lustig und leichtsinnig. Hätte ich nur kein Tagebuch geschrieben, dann könnte es jetzt auch nicht veröffentlicht werden! Ob ich einfach sage, ich habe die ersten Bände in irgendeinem Schrankfach in Berchtesgaden vergraben und weiß nicht mehr, wo sie sind?

24. November 1955

Ich gebe es nicht raus. Ich habe mir gerade noch einmal durchgelesen, was ich früher alles geschrieben habe, und fand es dumm und langweilig. Das interessiert doch keinen Menschen! Am besten, ich verbrenne es, sonst blamiere ich mich noch unsterblich...

10. Januar 1956

Ich bin ganz ehrlich, jetzt sitze ich schon eine halbe Stunde und trau' mich nicht, etwas zu schreiben. Jetzt habe ich das

Tagebuch nun also doch nicht verbrannt. Erstens weil ich dachte, daß es schade um die viele Arbeit wäre, und zweitens, weil man ja zu seinem Wort stehen muß, wenn man es nun einmal gegeben hat.

Jeden Montag habe ich zitternd die »Deutsche Illustrierte« aufgeschlagen und gelesen, was ich da gerade wieder verzapft hatte. Ich gebe zu – manchmal war es mir peinlich.

Ein paar Seiten hatte ich unleserlich gemacht – Gott sei Dank! Entweder waren sie zu schlecht, um irgend jemand zumuten zu können, sie zu lesen, oder da war etwas allzu Privates erzählt – aber das kann mir doch wohl keiner übelnehmen, daß ich das gemacht habe, oder?

Ich habe inzwischen eine Menge Briefe von Lesern der »Deutschen« bekommen und habe festgestellt, daß ich mit meinen Befürchtungen doch nicht ganz recht hatte: einigen hat das »Tagebuch einer Siebzehnjährigen« bestimmt gefallen, und das macht mich schon froh . . .

Jetzt soll ich noch nachtragen, was sich in den letzten Monaten ereignete. Also, ich werde es probieren. Aber Nachsicht bitte: ich verstehe vom Schreiben so viel wie ein Ochs vom Walzertanzen.

Im Dezember waren wir in Paris. Abends aßen wir noch einmal in Daddys Restaurant Atelier mit Bekannten. Kurz nach neun ging unser Zug.

Paris. Wer es kennt, wird mir zustimmen – es ist eine herrliche Stadt. Eiffelturm, Arc de Triomphe, Louvre, man weiß gar nicht, was man sich zuerst anschauen soll. Am meisten war ich beeindruckt von der großzügigen Anlage der Stadt. Die breiten Straßen, eine vorbildliche Verkehrsregelung und – keine Straßenbahnen!

Straßenbahnen verschandeln jede Stadt und halten den Verkehr auf. Man hat sie in Paris schon vor über zwanzig Jahren abgeschafft. Auf die Idee wäre damals bei uns noch kein Mensch gekommen.

In Paris fährt man mit Bussen oder mit der Metro. Die Metro ist eine Untergrundbahn, die zwar unschön und schmutzig, dafür aber unerhört schnell ist...

Ich werde zu ausführlich, fürchte ich. In drei Worten zusammengefaßt – es ist wundervoll.

Eine der größten französischen Tageszeitungen, der »Figaro«, schien mich für so wichtig zu halten, daß er mit mir auf der Redaktion ein Interview machte. Am nächsten Tag standen Bild und Text auf der ersten Seite!

Jetzt kommt der Clou: Luis Buñuel, ein bekannter französischer Filmregisseur aus Mexiko, wollte mich unbedingt für die Hauptrolle in seinem Film *La morte en ce jardin* verpflichten. Das heißt frei übersetzt soviel wie *Der Tod im Garten*. Wir konnten leider nicht zusagen, weil wir sonst in Terminschwierigkeiten gekommen wären. Immerhin: das Angebot allein ist schon ein Erfolg!

Aber ungetrübtes Glück darf es wohl nicht geben. Mammi verlor in einem Restaurant auf den Champs-Elysées ihre wundervolle Brillantbrosche. Wir merkten es erst auf der Straße, kehrten sofort um – der Tisch, an dem wir gesessen hatten, war bereits besetzt.

Ali Khan saß da mit zwei Freunden. Wir suchten gemeinsam. Doch die Brosche war weg. Ich ärgerte mich für Mammi mit. Auch die Tatsache, daß ich im Restaurant La Table du Roi zur »Königin des Abends« gekrönt wurde, konnte uns unsere gute Laune nicht restlos wiedergeben. Gott sei Dank war die Brosche versichert. Nach drei Wochen bekam Mammi das Geld dafür.

So, und das zweite große Ereignis, von dem ich noch berichten müßte, das war die Premiere des *Sissi*-Films in München. Da fällt mir noch ein nettes Erlebnis ein, das ich auf der Fahrt von Wien nach Düsseldorf zur Premiere von *Der letzte Mann* hatte. Bis Frankfurt hatte ich einen Schlafwagenplatz. Dann mußte ich umsteigen, weil der Schlafwagen abgehängt wurde.

In meinem Abteil saß jetzt nur ein alter, netter Herr. Er
musterte mich freundlich. Nach einer Weile bot er mir eine
Zigarette an. Ich lehnte ab. Dann reichte er mir Zeitungen
herüber. Ich lehnte ab. Schließlich wollte er mit mir im
Speisewagen frühstücken. Ich hätte Appetit gehabt. Aber ich
konnte doch nicht ... Ich lehnte also wieder ab.

In Köln stieg Daddy zu, um mich nach Düsseldorf zu beglei-
ten. Er kannte mein Gegenüber. Es war der Komponist Rudolf
Nelson, der so viele Chansons und Operetten geschrieben hat!
Jetzt war mir meine dauernde Weigerung peinlich. Schließlich
ist Rudolf Nelson bereits 77 Jahre alt! Wir haben gemeinsam
Mittag gegessen, da habe ich alles wiedergutgemacht!

Sissi-Premiere.

Mammi und ich waren bereits ein paar Tage vorher nach
Berchtesgaden gefahren. Weihnachten und Silvester verbrin-
gen wir immer dort in unserem Haus in Mariengrund. Wenigstens einmal im Jahr muß ja die ganze Familie zusammenkom-
men. Und unter dem Weihnachtsbaum ist es nun einmal am
gemütlichsten.

Premierentag. Das Kino war ausverkauft, und mich hatte
wieder die Spannung befallen, die an einem Premierentag
unausbleiblich ist. Ich glaube, das Gefühl, das man in diesen
Momenten hat, das bleibt gleich, ob es nun wie bei *Sissi* die
sechste Premiere war oder in zig Jahren die fünfzigste ist.

Als es im Kino dunkel wurde, schlichen wir uns hinein. In den
vorletzten Reihen im Parkett waren ein paar Plätze für uns
reserviert.

Der Film war für mich kein Genuß mehr. Ich hatte ihn schon
fünf- oder sechsmal gesehen vorher, und jetzt hatte ich bereits
an allen Szenen irgend etwas auszusetzen. Es gibt immer
einiges, das man noch besser hätte machen können.

Dann ging's zum Verbeugen auf die Bühne. Die Filmverleiher
haben sich München bisher nie gern als Premierenort ausgesucht. Angeblich, hieß es immer, seien die Münchner ruhiger

und sparsamer mit dem Beifall als das Publikum in anderen Städten. Der Herzog-Film, der *Sissi* herausbrachte, wollte nun diesen Bannfluch von München nehmen. Und das gelang. Es gab herzlichen Beifall.

Wir machten unsere Knickse und Verbeugungen. Mammi und Karlheinz und ich bekamen Blumen über Blumen. Es war ein schöner Erfolg. Und ich war sehr glücklich.

Hinterher war ein Empfang im »Bayerischen Hof«. Der Herzog-Film hatte Journalisten aus ganz Deutschland eingeladen. Ich traf viele alte Bekannte. Kaltes Büfett, Eis, Sekt.

Ich hatte zur Premiere eine wunderhübsche Ansteckbrosche geschenkt bekommen. Die hatte ich rechts oben an meinem schulterfreien Abendkleid angesteckt, das extra für diesen Tag angefertigt worden war. Der erste Tanz gehörte natürlich Karlheinz Böhm. Nun waren wir nicht mehr Kaiser und Prinzessin, sondern ganz schlicht in Zivil, einfach Kollegen.

Als die Kapelle Pause machte und wir wieder auf unseren Plätzen saßen, stellte ich fest, daß die neue Brosche mir eine schöne Wunde am Oberarm gerissen hatte. Was wieder einmal beweist, daß nahe beim Glück auch der Schmerz wohnt.

Karlheinz verschwand schon kurz nach zwölf. Ihn trieb die Sehnsucht zu Frau und Tochter Sissi. Sissi ist erst ein paar Monate alt. Karlheinz hat sie so genannt, weil er gerade unseren Film drehte, als die Kleine zur Welt kam. Zufälligerweise heißt seine Frau auch Elisabeth. Der Name ist also doppelt symbolisch. Nach der Feier waren Mammi und ich noch mit ein paar Freunden in der Bar »Bei Heinz«. Ich hatte einen kleinen Schwips – es war sehr lustig.

Weihnachten und Silvester haben wir unsere Nase nicht in den Wald gesteckt.

Vorgestern war schon wieder etwas los: Filmball 1956 in Berlin. Das Jahr fängt ja gut an. Hoffentlich geht es so weiter. Und wir bleiben gesund. Und ein paar geheime Wünsche, die jeder hat, erfüllen sich ...

1956–1958
Ich bin doch gar nicht so naiv

Sissi, die junge Kaiserin – Kitty und die große Welt – Robinson soll nicht sterben – Monpti – Scampolo – Schicksalsjahre einer Kaiserin – Mädchen in Uniform

Sissi, die junge Kaiserin *entsteht 1956 mit ähnlicher Besetzung und ähnlichem Aufwand wie* Sissi. *Romy wehrt sich gegen diese Fortsetzung, wird aber veranlaßt, 1957 noch in einem dritten Teil zu spielen:* Schicksalsjahre einer Kaiserin. *Da diese Filme einen ungeheuren Erfolg haben, auch im Ausland, werden die Einwände der jungen achtzehnjährigen Romy übergangen. Ständig bietet man ihr Rollen im gleichen überholten Klischee an. Im selben Jahr 1957 dreht sie noch* Kitty und die große Welt *und* Robinson soll nicht sterben – *die Figur des armen jungen Mädchens im England des frühen 18. Jahrhunderts hatte sie schon lange beeindruckt, und sie bestand auf dieser Rolle. Ihr Partner ist Horst Buchholz, mit dem sie 1957 auch* Monpti *in Paris dreht. Ihr Wunsch nach Unabhängigkeit, Selbständigkeit, nach der Freiheit, selbst über sich und ihre Filmarbeit zu entscheiden, wächst. Sie erhält internationale Filmangebote. Ende des Jahres 1957 beginnen die Dreharbeiten zu* Scampolo *auf der Insel Ischia und im*

Golf von Neapel. Romy spielt wiederum ein junges Mädchen in ihrem Alter. Unmittelbar nach ihrer Amerikareise, 1958, wird für sie die Rolle der Manuela in Mädchen in Uniform *zum Prüfstein ihres Könnens. An der Seite von Lilli Palmer und Therese Giehse gibt sie ihr Bestes. Bei den Dreharbeiten in Berlin und Hamburg arbeitet sie bis zur Erschöpfung.*

In der Serie »Ich bin doch gar nicht so naiv« setzt sie sich mit dem Problem der Wahl der Filmstoffe, der Filmangebote und ihrem Ausgeliefertsein an die Produktion und die Produzenten auseinander.

Als ich den Film *Sissi* hinter mir hatte, war mir eins klar: deine Lehrlingszeit ist vorbei. Jetzt fangen die Gesellenjahre an! – Das zeigte sich an vielen Geschehnissen. Da waren die Bälle, auf denen ich nun zu erscheinen hatte, auch wenn es mir nicht immer Spaß machte. Sie waren Verpflichtungen oder zwangsweise Repräsentation, und ich merkte, daß ich nicht so sein durfte wie jedes andere Mädchen von siebzehn Jahren. Das war, als ich Toni Sailer auf einem Ball in München traf, im Fasching 1956. Es war ein Ball, »Hunter's Treibjagd«, den der Journalist Hannes Obermaier veranstaltete. Zu seinem Ball im Bayerischen Hof kommt alles, was sich in München wichtig nimmt und mit dem Film zu tun hat.

Mammi, Daddy und ich waren auch nach München gefahren – schon weil der Verleih, der *Sissi* hatte, Wert darauf legte. Außerdem bin ich gern in München, und wie ich Hunter am Nachmittag in der Halle des Hotels treffe, sagt er mir: »Romy, ich habe heute abend eine tolle Überraschung.«

Die Überraschung war Toni Sailer, der wenige Tage vorher drei olympische Medaillen im Skilauf gewonnen hatte und den irgendwelche Agenten nun für einen Film managen wollten – ich glaube, in der *Geierwally* sollte er mitspielen.

Am Abend, auf dem Fest, als Hunter alle Filmleute vorstellte, stand ich neben Toni Sailer, der vollkommen ratlos und verlegen war. Er sagte nichts und verbeugte sich, und die anderen Frauen stürzten sich auf ihn – das kennt man ja.

Irgendwann später, viel später, kam Toni Sailer und holte mich zu einem Tanz. Wir tanzten. Kein Mensch kümmerte sich um uns und wir unterhielten uns. Er erzählte von seinen Probeaufnahmen, und ich redete, was ich so als »Erfahrung« dazugeben konnte. Alles gipfelte in dem Satz: »Nur nicht verrückt machen lassen.«

Die Kapelle spielte ohne Pause einen Tanz nach dem anderen, und wir tanzten immer weiter. Irgendwann entdeckte uns nun ein Reporter. Er fotografierte uns. Dann kamen die anderen Bildleute. Sie schleppten uns an eine Schießbude, und wir mußten mitspielen. Warum auch nicht? Es war doch Fasching, wir waren lustig, und um uns waren auch nur vergnügte Leute. Am nächsten Morgen trafen wir uns dann noch zum Frühstück, und dann fuhren wir – ohne Toni – nach Genua, um eine Erholungsreise durch das Mittelmeer zu machen. Aus. Alles andere war Humbug. Eine Masche, die sich jemand ausgedacht hatte, der mit uns einen Sack Geld verdienen wollte. Ich war das ja schon gewohnt. Leider. Daß es dauernd heißt, ich wäre in jeden Partner verliebt oder ich wäre die Freundin von dem und dem.

Ich weiß nicht, ob das dazugehören muß. Aber dem Toni haben die Leute keinen Gefallen damit getan. Zu Haus haben sie gewitzelt, und wie er dann Rennen gefahren ist und verloren hat, da war ich es, die schuld war. So was Dummes.

Er hatte nicht trainiert, und darum mußte er verlieren. Das sagte er selbst. Ich habe ihn jetzt wiedergesehen, in Kitzbühel, und er war genauso nett und einfach wie damals, kein Star, kein Größenwahn, und er sagte mir: »Mensch, Romy, ich will doch diesen Blödsinn nicht mitmachen. Die wollen mir doch alle in die Tasche steigen.«

Aber zwei Tage später stand es wieder in der Zeitung – als wenn ich nicht ein einziges Mal eine ganz friedliche und harmlose Fahrt machen dürfte.

Ich habe mich neulich mit einem Journalisten gestritten. Er sagte, das müsse so sein, das Publikum wolle genau wissen, was ich mache.

So wichtig bin ich ja nun auch wieder nicht. Ich habe Glück gehabt, die richtigen Rollen, die richtigen Regisseure vor allem, und Filmstoffe, die zu mir paßten. Ich bin doch nicht größenwahnsinnig, weil ich als Achtzehnjährige mit neun Filmen – unberufen – Glück hatte.

Ich will natürlich eine gute Schauspielerin werden. Wie Maria Schell oder Hildegard Knef oder wie die großen Kolleginnen alle heißen, denen ich das Wasser nicht reichen kann. Man macht mir immer wieder den Vorwurf, daß ich schließlich keine Schauspielausbildung hätte. Sie war ja nicht vorgesehen und jetzt fehlt mir die Zeit: Ich habe vergangenes Jahr drei Filme gedreht: *Kitty und die große Welt* mit Alfred Weidenmann als Regisseur, dann *Sissi, die junge Kaiserin* mit Ernst Marischka und zuletzt *Robinson soll nicht sterben* mit Josef von Baky. Das war so anstrengend, daß ich froh bin, wenn ich mich einige Tage ausruhen kann.

Trotzdem habe ich Englisch gelernt und Sprachübungen gemacht. Aber eine systematische Schauspielausbildung konnte ich nicht schaffen. Mammi und ich, wir wollen es, und dagegen stehen die Termine, die wie eine Hindernisbahn vor einem liegen.

1957 soll ich drehen: einmal *Anna Sedlmayer,* die Geschichte von dem schönen Münchner Mädchen und dem bayerischen König Ludwig I. mit traurigem Ende. Karlheinz Böhm soll wieder mein Partner sein. Und dann soll Helmut Käutner mit mir den Roman von Gabor von Vaszary, *Monpti,* drehen, mit Horst Buchholz als Partner.

Es liegt bei uns auch noch sonst eine ganze Menge an Stoffen auf dem Tisch. Neulich erschien der Berliner Produzent Artur Brauner allein mit fünf Stoffen, von denen einer besser als der andere war; aber keiner dieser Filme wäre in den Zeitplan einzubauen gewesen. So gibt es immer neue Zwickmühlen: entweder die Termine oder die Stoffe.

Bei den Stoffen ist es nun so, daß ich von vielen historischen Liebesgeschichten festgenagelt werden soll. Seit *Sissi* soll ich, wenn es nach ihnen ginge, alle sentimentalen Liebesgeschichten der letzten acht Jahrhunderte spielen. Aber Daddy hat eine harte Hand, und er läßt diese Stories immer zurückgehen, weil sie wirklich nicht zu verfilmen sind. Dann kommen die nächsten Geschichten: Romy, das naive Kind. Wenn ich so harmlos, doof und albern wäre, wie mich manche Autoren in ihren Stoffen kennzeichnen, dann könnte ich gleich aufhören. Aber dann kommt die dritte Gruppe, die ständig im Angriff ist, die Verleiher und Produzenten, die mit mir die dicken Kassen machen möchte. Das sind dann die Filme auf »Nummer Sicher«, die genauso auf Kasse gedreht werden sollen wie die Vorgänger. Man kann sich auch irren – aber.

Ich wollte *Sissi II* nicht drehen. Ich hatte ein dummes Gefühl dabei, und Mammi selbst hat immer gesagt, daß die berühmt-berüchtigten »zweiten Teile« fast immer danebengeraten wären. Das hatte mein Vater, Wolf Albach-Retty, mir schon in Wien gesagt, als wir *Sissi I* drehten und man damals schon erklärte, wenn dieser Film ein Erfolg werden würde, wäre ein zweiter Teil unvermeidlich.

Aber ich hatte erklärt: »Nein«, und es hieß – im Frühjahr 1956 –, *Sissi II* würde nicht gedreht werden.

Ich kam zu meinen Eltern in das oberbayerische Sanatorium, in dem sie eine Entschlackungskur machten, und da erfuhr ich, daß *Sissi II* nach *Kitty und die große Welt* doch gedreht werden sollte.

Ich platzte beinahe. Aber ich fragte und erfuhr, der Verleiher hätte das arrangiert. Ich ließ mich mit Herbert Tischendorf verbinden, und während Mammi und Daddy schweigsam zuhörten, nahm ich alle Kraft zusammen und erklärte ruhig und gelassen: »Ich spiele *Sissi II* nicht!«

Ich war es wirklich leid, daß immer über meinen Kopf entschieden wurde. Aber wenn ich auch zuerst sehr mutig war, so war am Ende Herbert Tischendorf doch der Stärkere. Zwar sagte er zuerst: »Wie redest du denn mit mir?«, um dann von seiner irrsinnig vielen Arbeit zu sprechen und zu erklären: »Ich habe überhaupt keine Zeit, mich mit solchen Kleinigkeiten abzugeben.«

Da wurde ich dann wieder mutig: »Für mich sind das keine Kleinigkeiten. Immer erzählst du mir, daß du so entsetzlich viel zu arbeiten hast. Auf der einen Seite erklärst du immer, daß ich dein ›Kassenmagnet‹ bin, und auf der anderen Seite hast du keine Zeit für mich. Wenn ich dir schon so wichtig bin, dann kümmere dich auch einmal um mich und komm mir nicht immer mit der Ausrede, du hättest soviel zu tun...«

Als er schimpfte, gab ich Daddy den Hörer: »Rede du mit ihm!« Immerhin: Herbert Tischendorf kam an, und dann wurde ich natürlich doch in die Knie gezwungen.

Aber ich handelte wenigstens mit *Sissi II* einen Lieblingsstoff heraus: *Robinson soll nicht sterben* mit Horst Buchholz.

Zwar hatte ich den Eindruck, als wenn der Stoff immer wieder vertagt werden sollte. Aber ich hatte mir die Zusage für *Robinson* schriftlich geben lassen und blieb zum ersten Male in meinem Leben hart. Ich war fest entschlossen, diesen Film durchzusetzen und nahm alle Mühen auf mich, die begannen, als wir im Mai in München mit *Kitty und die große Welt* begannen. Ich hatte eine heillose Angst vor Alfred Weidenmann, der *Canaris* und *Alibi* gedreht hatte, der einen Bundesfilmpreis erhalten hatte und von dem es hieß, seine Stärke seien reine Männerfilme.

Aber wir haben uns sofort großartig verstanden – auf Anhieb. Mit Karlheinz Böhm fuhr ich einmal rund um den Genfer See, über Vevey, Montreux, Evian, rundherum. Es war einmalig. In Genf kannte man mich nicht. Erst im Laufe der drei Wochen, die wir hier drehten, als dann in den Zeitungen viel über unseren Film geschrieben wurde, verlor sich die herrliche Anonymität.

Alfred Weidenmann machte mir hier in Genf klar, wie wichtig es sei, die richtigen Rollen zu spielen: »Manchmal, Mädchen, genügt eine einzige Rolle, um vollkommen verdorben und verloren zu sein. Da kannst du dich dann auf den Kopf stellen und mit den Beinen wackeln. Du kommst nicht mehr hoch. Denk an Hannerl Matz!«

Immer wieder wurde mir Johanna Matz als warnendes Beispiel vorgehalten. Sie hatte sich mit der *Försterchristel* großartig hochgespielt und durch sie, so sagt man mir, sei der Gagensturm nach oben losgegangen.

Mit drei oder vier falschen Rollen aber war sie »unten«, und ich selbst wußte, wie sehr sie unter dieser Situation litt. Vielleicht hilft ihr das Baby weiter. Aber ich habe das schon verstanden.

Langsam ist mir in diesen vielen Wochen der Arbeit 1956 klargeworden, in welcher Richtung meine Filmarbeit gehen muß. Wir drehten *Sissi II*.

Ich spürte, wie mir die Schule mit Alfred Weidenmann gut bekommen war. Er hatte mir auch das Rückgrat gestärkt. »Wehr dich, wenn es dir nicht paßt!« Das war sein Mutspruch, den er mir mitgegeben hat. Ich habe mich daran gehalten.

Auch wenn es dann manchmal hieß: »Die Romy spinnt nun auch schon!«

Die Dreherei von *Sissi II* war wahnsinnig anstrengend. Erst warteten wir in Innsbruck tagelang auf die Sonne, und als wir dann in den Bergen drehten, in über 2000 Meter Höhe, haben sie mich ganz schön in die Kur genommen.

In Wien war alles leichter – wenn die alberne Bindehautentzündung nicht wiedergekommen wäre. – Ende Oktober waren wir fertig.

Wir, nichts wie in den Zug nach München und hinein in die Ateliers. *Robinson soll nicht sterben* stand auf dem Programm. Mit Horst Buchholz.

Ich wußte von ihm nur, daß Julien Duvivier, der berühmte französische Regisseur, ihn in *Marianne* vor die Kamera geholt hatte und daß ihm dann Helmut Käutner die Rolle des russischen Soldaten Mischa in *Himmel ohne Sterne* gegeben hatte. *Regine* unter Harald Braun war Nr. 3, dann kamen *Die Halbstarken,* und als ich ihn kennenlernte, hatte er gerade *Herrscher ohne Krone* abgedreht, mit O. W. Fischer und Odile Versois.

Ich habe mich mit Horst Buchholz gleich gut verstanden. Mir gefiel sein Mut, für sich einzustehen. Immer sagt er, was er denkt. Auch wenn es den werten Erwachsenen nicht gefällt. Ich habe einige handfeste Krachs miterlebt, in denen er, ohne Rücksicht auf Verluste, voller Zorn, auspackte.

Er ist genau das, was ich mir unter einem Revolutionär vorstelle. Er vergißt niemals, wie er als Kind, als Bub, als junger Kerl gelebt hat. Mir hat er ein paarmal gesagt: »Romy, das verstehst du nicht, dazu geht es dir viel zu gut.« Ich habe ihn einmal kochend vor Wut gesehen, als ihm jemand an den Kopf warf, seine Ideen seien kommunistisch.

Er war weiß vor Zorn; er wehrte sich, er verwahrte sich, ein Kommunist zu sein, nur weil er eine andere Meinung hatte. »Was wissen Sie vom Leben. Sie vollgefressener Strunk«, hatte er ausgerufen, und wenn nicht ein paar gute Freunde gewesen wären, die ihn besänftigt hätten, Horst hätte zugeschlagen.

Ich werde immer wieder gefragt, mit wem ich am liebsten spiele – logischerweise ist mir jeder Partner gleich lieb. Denn das habe ich schließlich gelernt, daß beim Film der Vertrag über alles geht. Aber Horst Buchholz ist schließlich mit seinen zweiundzwanzig Jahren der Jüngste und damit doch der, der mir am nächsten gewesen ist. Von Siegfried Breuer jr. abgesehen. Aber Breuer ist Wiener und Horst Buchholz ist Berliner – da liegt eben nun doch ein großer Unterschied.

Robinson soll nicht sterben wurde der erste Film, in dem ich ganz anders sein konnte – ein zerlumptes, junges Mädchen, mit kleinen Zöpfen und ein armes Luder auch noch. Josef von Baky war großartig. Er hatte mich kennengelernt, als ich noch gar nicht geboren war: Mammi drehte mit Hans Söhnker als Partner einen Film, und bei diesem Film mußte Söhnker Mammi auf den Armen aus einem Boot über einen Steg tragen. Josef von Baky erzählte mir, daß er entsetzlich aufgeregt gewesen wäre, aus Furcht, Söhnker könne Mammi fallen lassen und mir, der Nochnichtgeborenen, könne etwas passieren. Baky fiel Hans Söhnker mit seinen Vorsichtsmaßnahmen so auf die Nerven, daß dieser ärgerlich wurde und drohte, Mammi tatsächlich fallen zu lassen, wenn die Einstellung noch einmal wiederholt würde – um meinetwillen wurde die Szene dann schnell abgedreht.

So war es, als wenn unsere uralte Beziehung dazu helfen könnte, ein gutes Einvernehmen zu schaffen. Es war und ist ein herrlicher Film: Er fällt für mich völlig aus dem Rahmen, und den Leuten im Verleih trat der Angstschweiß auf die Stirn, weil sie fürchteten, dieser Film könne durchfallen, weil ich nun nicht als Traumkaiserin auftrete und weil eben nicht alles auf Glanz und Gloria aufgebaut ist.

Ich finde aber, wenn ich es nicht schaffe, auch einen Film zu halten, der einmal anders gemacht ist, dann kann ich den Ofen dicht machen. Ich habe immer erklärt: Wenn ich nur Kaiserinnen spielen kann, dann hat es keinen Sinn. So viel Kaiserinnen gibt es gar nicht, die ich spielen könnte. Ich muß schließlich auch einmal etwas anderes spielen können.

Uns hat es jedenfalls soviel Freude gemacht, diesen Film zu drehen, Mathias Wieman, Erich Ponto und ein Dutzend Jungen spielen mit. Auch Mammi.

Vorhergehende Seite
33 Romy Schneider und Alain Delon in ihrem ersten gemeinsamen Film »Christine«, 1958

34 Oben: Romy und Alain in einem Restaurant in Rom, Oktober 1959

◁
35 Am 22. März 1959 verloben sich Romy und Alain Delon in Morcote am Luganer See.

Rechte Seite
36/37 Bei den Proben des Theaterstücks »Schade, daß sie eine Dirne ist« von John Ford im Théâtre de Paris. Romy spielt die Hauptrolle, Alain ist ihr Partner, und Luchino Visconti führt Regie. Die Premiere findet am 29. März 1961 statt. Romy und Alain als sich liebendes Geschwisterpaar

38 »Die Sendung der Lysistrata«, ihre einzige Fernsehrolle, 1960, mit Barbara Rütting

39 »Boccaccio '70«, 1961

40 »Der Prozeß«, 1962, mit Orson Welles

Wie *Sissi II* in München angelaufen ist, habe ich mit Karlheinz Böhm im Parkett des Stachus-Filmpalastes gesessen, voller Angst, es könne doch wahr werden, was die Fachleute immer drohten: der Durchfall des zweiten Teiles.

Wir irrten uns. Karlheinz und ich, wir hatten feuchte Hände vor Aufregung, aber es ging gut. Aber was soll's – Mammi sagt immer, es sei die Tragik des Schauspielers, daß er vor dem Publikum und dem Kritiker zittern muß, sonst würde das Leben seinen Sinn verlieren.

Drei Filme hat mir das Jahr 1956 gebracht – und drei Freunde. Die Probleme kommen nun auf mich zu. Wie geht es weiter? Welche Rollen sind die richtigen? Soll ich nach Hollywood gehen? Was wird aus mir selbst?

Ich habe mir oft überlegt und tue es eigentlich ständig: Wieso ist das alles gekommen? Ich habe neun Filme gedreht, und die großen Kassengeschäfte waren *Mädchenjahre einer Königin* und die beiden *Sissi*-Filme, *Deutschmeister* war gut. *Der letzte Mann* aber wurde ein Enttäuschung. Ich kann nicht mehr geben, als mir das Drehbuch erlaubt. Aber ich bin der Meinung, daß die Klischierung auf »sentimentale Königin« oder »enttäuschte Kaiserin« das Törichteste ist, was ich auf die Dauer betreiben kann.

Ich habe noch einen Vertrag mit Ernst Marischka, und zwar soll ich einen Film über die Münchnerin Sedlmayer drehen, das berühmteste Prachtstück – neben Lola Montez – in der Geliebtensammlung von König Ludwig I. von Bayern. Ernst Marischka sagte: »Das ist der richtige Film für dich und Karlheinz!«

Sagte ich: »Nein!«

Ich setzte Ernst Marischka auseinander, daß ich nun nicht wieder mit Karlheinz filmen dürfte, obwohl ich ihn sehr gern mag: daß hier vielleicht Oskar Werner der richtige Partner sei. Oskar Werner, den ich in Wien auf der Bühne gesehen habe und der mir in *Lola Montez* von Max Ophüls so gut gefallen

hat, kommt meiner Meinung nach dem intellektuellen bayerischen König viel näher als etwa Karlheinz Böhm. Außerdem sollte man laufend die Partner wechseln.

Ich bin nun einmal gegen diese klischierten Vorstellungen
vom Filmliebespaar: Die Erinnerung an Lilian Harvey und
Willy Fritsch bestimmt hier die Kassenwunschträume.

Aber Willy Fritsch hat mich vor diesen Serien gewarnt. Er
sagte: »Du wirst der Sklave dieser Serien, und die Vorstellung, daß du Teil eines Liebespaares bist, mit dem die dik-
ken Kassen gemacht werden sollen, kann zum Alpdruck
werden.«

Der Filmstoff bestimmt die Typen und nicht umgekehrt –
das ist eine Sache, die ich in den drei Jahren gelernt habe.
Schließlich habe ich es ja an mir selbst erlebt. Beim *Letzten
Mann* sagten sie, daß Hans Albers und ich zusammen eine
ganz große Publikumswirkung hätten. Wie kam es? Ganz
anders – das Publikum blieb aus.

Ich mache mir gar nichts vor, man hat beim Publikum ganz
schnell seine Stellung verloren, wenn einmal ein Film
kommt, der danebengeht. Aber danebengehen kann schließlich nur ein Film, der vom Stoff her falsch angelegt worden
ist. *Kitty und die große Welt* ist ein solches Beispiel. Auf dem
Filmball in Berlin sagte O. E. Hasse, daß der Film ein viel,
viel besseres Geschäft geworden wäre, wenn das, was wir
uns zuerst ausdachten, auch verfilmt worden wäre. In der
jetzt in den Kinos laufenden Fassung ist die Anfangsromanze
zwischen O.E. Hasse als englischem Außenminister und mir
praktisch nach dem ersten Drittel des Films zu Ende.

Nach der ursprünglichen Planung des Films sollte diese Romanze weitergehen, und erst gegen Schluß sollte Karlheinz
Böhm sozusagen gewaltsam diese Romanze zu seinem eigenen Vorteil beenden.

Ich weiß nicht, weshalb das geändert wurde. Aber durch die
Änderung wurde meiner Meinung nach dem Film der Pfef-

fer genommen und den politisch-symbolischen Reden mehr Platz eingeräumt, als das Publikum haben wollte.

Aber wie soll es immer richtig sein? *Robinson soll nicht sterben,* mein neuester Film, liegt auch außerhalb des Schemas. Um mich herum gehen jetzt immer die Gespräche um die Filmkrise, die Pleiten und Schwierigkeiten, um so wunderbarer finde ich es, daß es Herbert Tischendorf als Verleiher und Produzent doch noch gewagt hat, diesen Film zu drehen. Ich kann mir nicht helfen – ich war so glücklich bei der Arbeit, daß ich alle Bedenken verlor. – Ich bin jetzt so weit, daß ich weiß, wie es weitergehen muß.

Nur – meine Wünsche und Vorstellungen lassen sich nicht mit den Forderungen der Produzenten und Verleiher vereinbaren. Wenn es so ist, daß die Zeit, die ich hinter mir habe, meine Lehrlingszeit war, so wie jedes Lehrmädchen diese Zeit hinter sich bringen muß, dann war *Robinson soll nicht sterben* meine Gesellenprüfung.

Es war ganz gut, daß ich nun einen Abstand von den Dingen bekam – ich flog nach Indien. Mit einer kleinen Reisegesellschaft, die alles Geld in einen großen Topf warf und dann eine Maschine charterte. Nur ein kleiner Koffer konnte mitgenommen werden. Gegen Cholera und Pocken mußte ich mich impfen lassen, und durch diese Reise blieb zunächst einmal alles zurück, was sich so an Problemen in den vorhergegangenen Monaten angesammelt hatte.

Es heißt immer wieder, ich sei nichts anderes als ein Teil gesteuerter Protektion, und das ist sicherlich nicht verletzend gemeint. Aber wenn ich dann so etwas lese (oft sogar von Reportern geschrieben, die dabei erzählen, sie hätten noch keinen Film von mir gesehen), dann möchte ich eine Chance haben, zu beweisen, daß ich »es« kann. Auch ohne Protektion und ohne die Publicity, die mir so oft angekreidet wird. Ich bin kein Kind mehr und kein Backfisch.

Die Filmarbeit, die von mir verlangt wird, ist die gleiche, wie sie jeder ausgewachsene Filmschauspieler leisten muß. Im Atelier fragt niemand danach, wie alt ich bin und was ich bin: dort wird verlangt, daß ich von morgens bis zum Abend »da« bin, meine Einstellungen abdrehe.

Wenn ich könnte, wie ich gegenwärtig nicht kann, so würde ich folgenden Weg gehen: Jedes Jahr einen Film drehen, der ganz auf einen Kassenerfolg hingearbeitet wird – denn damit würde ich mir die Zustimmung der Verleiher erhalten und – weitaus wichtiger – die Überzeugung der Kinotheaterbesitzer, daß mit mir Geld verdient werden könnte. Dann würde ich gern etwas Lustiges drehen, vielleicht ein modernes Musical oder eine Komödie, die frech und vorlaut sein kann, soll oder sogar muß, aber wieder nicht so frech wie der von Otto Preminger gedrehte Film *Die Jungfrau auf dem Dach,* den Hannerl Matz mit Hardy Krüger und Johannes Heesters in Hollywood machte.

Schließlich würde ich gern als dritten Film einen harten, realistischen Stoff machen, so wie Horst Buchholz mit den *Halbstarken.*

Dazwischen Schauspielunterricht und dann vielleicht in zwei Jahren Theater.

Was ich aber noch nicht weiß, ist, wie ich den vielen Angeboten aus dem Ausland begegnen kann.

Schon nach *Mädchenjahre einer Königin* meldeten sich amerikanische Agenten. Sie wollten langfristige Verträge mit mir abschließen, in denen drei Jahre noch die kürzeste Dauer war. Der längste an Zeit war ein Sieben-Jahres-Vertrag. Aber ich habe bisher keinen dieser Verträge angenommen. Schließlich habe ich in Deutschland gedreht und bin in Österreich und Deutschland durch den Film etwas geworden. Da kann ich nicht so ohne weiteres verschwinden. Aber auch die Franzosen wollen mit mir drehen, ebenso die Spanier und die Italiener. Doch ich weiß nicht, ob ich das kann – ich habe zwar

Englisch gelernt und kann es ganz gut. Aber in Französisch wird mein Schulfranzösisch kaum reichen, und in Spanien sind meine Filme zwar mit großem Erfolg gelaufen – aber davon kann ich noch kein Spanisch. Mit Italien soll vielleicht eine Co-Produktion zustande kommen ...

Alles in allem, ich habe den Eindruck, als wenn nun die Tür aufgestoßen wird. Vermutlich wird es jetzt so sein, daß ich mich äußern muß, soll ich ja oder nein sagen?

Ich habe inzwischen gelernt, nach dem Lesen eines Drehbuches wenigstens eine Vorstellung zu haben, wie ein solcher Film aussehen könnte. Ich habe viele Drehbücher gelesen, und wenn ich das alles verfilmen müßte, was ich schon an fertigen Vorschlägen sah, dann würde ich 50 Jahre sein, bis das letzte Drehbuch verarbeitet wäre.

Soll ich immer junge Mädchen spielen?

Mammi sagt mit Recht, Rollen, die meinem Alter entsprechen. Dies scheint mir die richtige Lösung. Eine ausgebildete Schauspielerin wie Maria Schell hat eine große Spielweite; die kann ich noch gar nicht haben, und es wäre ausgemachter Blödsinn, wenn ich behaupten würde, ich könnte schon echte dramatische Rollen spielen.

Aber ich kann mich daraufhin entwickeln. Das ist das, was ich will. Es gibt Leute, die sagen, der Erfolg meiner Filme komme nur daher, daß die Menschen im Zuschauerraum in mir eine Art Spiegelbild der jungen Mädchen sähen, die um sie leben, und Mammi drückt es so aus: »Weil ich so wäre, wie andere Mädchen sein möchten.« Ich glaube sogar, es ist etwas ganz anderes – die Rollen, die ich bisher spielte, waren alle nett und freundlich auf Harmlosigkeit getrimmt. Ich durfte so sein, wie eben sechzehnjährige oder siebzehnjährige Mädchen sein können. Keine sonderlichen Probleme, keine Erschwernisse, keine unlösbaren Widerstände.

Junge Mädchen haben aber Probleme, sehr große und oft sehr schwierige Probleme, die meist sogar nicht lösbar sind. Weil nun in den Filmen, in denen ich spielen konnte, alle Schwierigkeiten beseitigt werden konnten, war es diese nette Harmlosigkeit, diese Erfüllung der Wunschträume, die mir geholfen hat, die Zustimmung des Publikums zu bekommen.

Das ist keine Atelier-Philosophie. Das habe ich mir auf den vielen Verbeugungsreisen gedacht, wenn ich das Publikum gesehen habe, für das ich spielen darf. Das ist aber auch aus den vielen, vielen Gesprächen gewachsen, die ich mit anhören konnte oder selbst führte, wenn Verleiher, Produzenten, Regisseure, Autoren und Journalisten mit mir über Stoffe gesprochen haben, über Filmprojekte und Themen, die sichere Erfolge sein sollten.

Das ist nun unverändert das Problem Nr. 1: Welche Filme, welche Stoffe? Neulich führten wir wieder mit Freunden eine große Diskussion hierüber, Mammi, Daddy und ich. Daddy als Gastronom mit vielen Betrieben treibt seit Jahrzehnten Marktforschung, wie er sie nennt, er weiß ganz genau, wann sich ein Betrieb rentiert und wann nicht. Und er hat mir klargemacht, daß eine sorgfältige Beobachtung der Filme, die wir drehen, uns die gleiche Sicherheit gibt, die »Marktlage« zu beurteilen. »Einmal einen schlechten Wein eingekauft, nur weil er billig ist, und schon ist das ganze Geschäft verdorben«, meint er. Er vergleicht mich dann mit einem billigen Wein, und Mammi gab ihm recht.

Auch ich.

Ich wachse immer mehr in dieses Leben hinein, in dem Mammi und Daddy die beiden bestimmenden Faktoren sind. Manches, was mich noch vor einem Jahr nicht beschäftigte, gefällt mir heute, und vieles, was mir erst lästig und ungewohnt war, wie etwa Verbeugungsreisen oder Bälle, macht mir heute schon Spaß. Denn ich habe etwas gelernt, was ich noch vor einem Jahr für völlig ausgeschlossen hielt: Ich kann auf einem Ball oder auf einer repräsentativen Veranstaltung vollkommen abschalten. Dann merke ich gar nicht, daß ich angestarrt werde, daß sich die Leute anstoßen und mein Kleid auseinandernehmen und sich ausmalen, aus wieviel Meter Stoff es zusammengesetzt ist oder was es gekostet haben mag. Dann kann ich so fröhlich und vergnügt sein wie jedes andere Mädchen, und auf dem ersten Ball in diesem Winter, auf dem Berliner Filmball, war es mir, als wäre ich wirklich ganz allein auf einem Ball.

Wir waren alle so fröhlich und ausgelassen, daß ich mir vorstellen kann, so könnte es auch auf einem Tanzstundenball sein – wie ich ihn noch nie kennengelernt habe.

Manchmal werde ich gefragt, was ich mir wünsche – das ist schwer zu beantworten.

Aber es gibt vielleicht einmal eine Möglichkeit, einen solchen Wunsch zu erfüllen – ich weiß nur noch nicht, wann. Dann würde ich mir wünschen, einmal eine Woche lang irgendwohin zu fahren und in einer Ecke zu sein, wo mich niemand kennt, und wo ich tun und lassen kann, was ich will, ohne daß fotografiert wird.

Ein Journalist meinte, man sollte einmal einen Ort aussuchen, in dem noch kein Film von mir gelaufen ist – aber wenn ich so etwas sage, dann heißt es gleich wieder, die ist ganz schön größenwahnsinnig.

Dabei bin ich vielleicht alles, nur das nicht. Denn ich habe zuviel Schauspieler gesehen, die – allein schon in diesen drei Jahren, in denen ich nun in dieser harten Branche bin – gestolpert sind. So etwas zahlt sich nicht aus. Das ist eine gute Lehre, wenn man dann neben sich auf einmal Leute verschwinden sieht, die einen Film früher noch ganz oben waren.

»Dein Preis wird durch deinen letzten Film bestimmt!« sagt Ernst Marischka immer wieder, und ich glaube, er hat bitter recht. So dreht sich alles Denken und Reden immer wieder im Kreise: Man kommt immer zum zentralen Problem zurück.

Nur ein kleines Beispiel – da kam ein Verleih und wollte mit mir den Film *Walzerkrieg* drehen: im Stile von Ernst Lubitsch.

Nur das Drehbuch sollte modernisiert werden. Ich habe mich ereifert und aufgeregt, habe alle Beispiele angeführt, die bewiesen, wie gefährlich Wiederholungen sein können, und nach aufregenden Diskussionen war dann der Angriff abgeschlagen.

Aber Daddy machte mir klar, daß meine Ansicht töricht sei, weil der Marktwert auch eines solchen Films schließlich durch meinen letzten Film bestimmt würde. Also genau das gleiche, was auch Ernst Marischka immer als der Filmweisheit letzten Schluß serviert.

Ich habe damals erklärt: »Es wird am besten sein, wenn ich einfach verschwinde, auf eine Insel, immer nur komme, um einen Film zu drehen, und dann ganz schnell wieder türme. Dann kann mir überhaupt nichts passieren. Dann weiß ich nichts von Marktwert und sonstigen Begriffen, die verdächtig nach Viehmarkt riechen!«

Aber ich kann mich mit solchen Jungmädchenargumenten nicht durchsetzen.

Meist werde ich sogar ausgelacht. Vor allem, wenn meine Geschwister dabei sind. Wolfi, mein Bruder, und die drei Halbgeschwister, die durch Daddy in die Familie eingebracht worden sind.

Dabei gibt es dann, mag der Kampf noch so heftig sein, gottlob einen ruhenden Pol, und das ist Mammi. Obwohl sie auch diesen verrückten Beruf hat, schafft sie eins: sich nicht verrückt machen zu lassen.

Aber was wird aus einem jungen Mädchen, wenn es sich nicht einmal mehr aufregen darf?

Über Mammi und mich ist schon unendlich viel geschrieben worden. Wenn all das wahr wäre, was man zusammenphantasiert, dann wäre es schlecht um uns bestellt. Ich glaube, daß all die Leute, die sich über uns den Kopf zerbrechen, zwei Dinge übersehen: Meine Mutter ist mit 18 Jahren zur Bühne gekommen und hat sich als Operettensängerin in Ingolstadt und

München, in Augsburg und Wien auf der Bühne die Sporen verdient. Sie war 22 Jahre alt, als sie 1931 zum Film kam.

Mammi hat sich also von unten nach oben durchgeboxt und kennt nicht nur die Bühne, sondern auch den Film in allen seinen Schattierungen. Und ich bin nicht so naiv, daß ich nicht wüßte, wie sehr beim Theater und mehr noch beim Film das, was der liebe Gott »Charakter« nennt, eine Rolle spielt.

Schon in den vergangenen drei Jahren, in denen ich mit meinen eigenen Sorgen und Problemen ausgefüllt war, habe ich beobachten können, daß ein schwacher – oder sagen wir besser: ein labiler – Charakter das Schlimmste ist, was es im Film geben kann.

Mammi ist nun ein Mensch mit starkem, ausgeprägtem Charakter, und sie kennt halt die Branche gut und weiß um die Schwächen. Darum paßt sie auf, daß der oft keineswegs erfreuliche Atelierklatsch mit seinen Hintergründen nicht an mich herankommt.

Also – Mammi schirmt ab. So spielen diese beiden Faktoren eine wichtige Rolle in meinem Leben – Mammis Erfahrungen in der Filmindustrie und ihre Bemühung, Unerfreuliches von mir fernzuhalten.

Die gemeinsame Arbeit in immerhin sechs von neun Filmen hat uns in einer ganz anderen Weise zusammengebracht, als dies etwa bei anderen Mädchen meines Alters üblich ist. Die vielen alltäglichen Probleme, die jeder Film mit sich bringt, von der Frisur bis zum Kleid, von dem Make-up bis zum zeitraubenden Anprobieren der Kleider und Frisuren – das alles gibt so viel Anlaß zu Gesprächen, die weit über den Rahmen dessen hinausgehen, was ein junges achtzehnjähriges Mädchen mit seiner Mamma zu erörtern hat, so daß hier neben dieser Mutter-Kind-Beziehung parallel bereits eine Beziehung besteht, wie sie eine ältere mit einer jüngeren Kollegin verbindet.

Ich weiß, daß Mammi sehr viel um meinetwillen auf sich nehmen muß: Unbequemlichkeiten, auch Arbeit und Ärger, von dem Lesen der Drehbücher angefangen bis zum Durchdisputieren der Kleidersorgen, die wir dauernd haben, weil es uns nicht gestattet ist, auch nur ein Kleid auf zwei verschiedenen Veranstaltungen zu tragen.

Wenn ich – beispielsweise – ohne Mammi in Madrid gewesen wäre, hätte ich diesen Rummel nicht durchgehalten, bei dem ich mehr als einmal das Gefühl hatte, ich wäre der Stier, und mitten in der Arena wollten mich zehntausend Toreros abstechen.

Ich finde, manche Kritiken sollten nicht immer negativ an der Gemeinsamkeit zwischen Mammi und mir herummäkeln. Ich finde das nicht fair. Denn es gibt auch für eine Mutter mitunter ein herbes, vielleicht sogar bitteres Gefühl, wenn sie sehen muß, daß eine Jüngere sie verdrängt, und wenn es zehnmal die eigene und einzige Tochter ist.

Ich bin manchmal – kein Wunder – mit Maßnahmen nicht einverstanden, die Mammi verlangt. Aber irgendwann sehe ich sie dann schon ein. Denn ich kann mich schließlich Mammis großem Erfahrungsschatz nicht verschließen. Ich muß mich oft mit Journalisten unterhalten. Wenn die ersten Fragen überstanden sind: »Welches war Ihr liebster Film?«, »Mit welchem Partner spielen Sie am liebsten?«, »In welcher Stadt fühlen Sie sich am wohlsten?« und so weiter, dann kommen oft sehr nette Unterhaltungen zustande, aber ich wäre am Anfang, ehe ich die nötige Sicherheit hatte, ohne Mammi oft verloren gewesen.

Neulich habe ich in einer großen Illustrierten Fotos gesehen, auf denen ich mit Mammi zu sehen bin und auf denen sie offensichtlich mit mir schimpft. Natürlich hat sie das.
Es ging um Horst Buchholz.
Wir hatten uns bei *Robinson soll nicht sterben* angefreundet –

er ist ein Pfundskerl, mit allen Schwächen und Tugenden. Wir hatten in München verabredet, daß wir auf dem Berliner Filmball ganz groß tanzen wollten. Wir haben dann auf dem Filmball getanzt, daß es nur so zischte.

Horst tanzt großartig und ich tanze gern. Mammi schimpfte mit mir, weil ich nur mit Horst Buchholz tanzte und sich bei ihr einige Herren beschwerten, daß sie überhaupt noch nicht hätten mit mir tanzen können. Vielleicht wollten sie nicht einmal mit mir tanzen, weil ihnen der Tanz wichtig war; aber die Kompanie Bildberichter, die da war, wollte endlich einmal andere Fotos knipsen als nur immer Horst Buchholz und mich.

Das war alles.

Mammi fuhr mit mir Schlitten, weil ich keine Rücksicht auf diese Verpflichtungen genommen hatte, die, was ich einsehe, auch Firmenverpflichtungen waren.

Zuerst habe ich einen Flunsch gezogen. Dann habe ich es eingesehen. Bei mir ging es schneller. Bei Horst brauchte es länger. Aber bitte – ich möchte das junge Mädchen sehen, das, wenn es schon mit seiner Mutter auf einen Ball geht, einen solchen Abend ungeschoren übersteht, irgendeinen Fehler wird man immer machen. Mein Pech, daß ein Fotograf das sah und fotografierte.

Wenn mir etwas leid tut, dann die Tatsache, daß ich keinen unkontrollierten Schritt tun kann. Fahre ich mit Mammi auf die Bälle, die von den Filmleuten aufgezogen werden, dann heißt es: »Aha, die Jungfrau von Geiselgasteig darf nicht allein reisen.« Reise ich aber allein und besuche ich einen Ball ohne meine Eltern – wie letztes Jahr den Filmball in Frankfurt –, dann heißt es gleich wieder: »Aha, jetzt reist sie allein; jetzt wollen wir doch mal sehen, mit wem sie tanzt, zusammensitzt, trinkt und weggeht!«

So etwas finde ich schrecklich. Mammi ist es dann, die mich immer wieder tröstet und sagt: »Das muß durchgestanden werden. Dafür hast du den Erfolg. Hättest du ihn nicht und würde sich kein Mensch um dich kümmern, wäre es dir auch wieder nicht recht.« Womit sie wieder haargenau ins Schwarze trifft.

Das, was ein junges Mädchen immer ärgert, ist die tägliche Ermahnung: »Tu das, laß das, sitz grade, rauch nicht soviel.« Das ist aber schließlich kein Grund, daraus eine griechische Tragödie zu machen.

Mammi ist es, die mich dann wieder ermutigt: »Sag doch nein, wenn es dir nicht paßt! Protestiere doch und laß es dir nicht gefallen.« Daß ich dann meist nicht den Mut habe, so aufzutreten, wie sie es von mir erwartet, liegt schließlich daran, daß zwei Drittel der Menschen, mit denen ich zu tun habe, dem Alter nach meine Eltern sein könnten – das ist ein Problem und nicht das kleinste.

Horst Buchholz, Alfred Weidenmann, Herbert Reinecker, Helmut Käutner – um nur die vier zu nennen, mit denen ich in der letzten Zeit zu tun hatte – sind mir altersmäßig näher, aber ein Mann wie O. E. Hasse, den ich herzlich lieb habe, der könnte doch mein Vater sein! Josef von Baky, Ernst Marischka, Harald Braun – das ist alles die Generation der Väter –, und da kann man ja schließlich nicht die starke Anna aus der Waschküche mimen.

Da ist Mammi für mich wie bei einer Starkstromleitung die Sicherung. Ich habe in den letzten Monaten manches geschluckt – aber einmal sind mir die Tränen gekommen – als ich las, daß angeblich die Filmgesellschaften für Mammi und mich weniger Gage zahlen, als wenn ich allein verpflichtet werde.

Ich war jetzt schon einige Male bei Filmverhandlungen dabei, als die Verleiher oder die Produzenten auf uns eingeredet haben, nur weil Mammi und ich erklärten, wir würden und wollten nicht mehr zusammen filmen. Dann kamen die Argumente und die Forderungen und die Erklärungen, daß wir lebend oder sterbend, ob wir wollten oder nicht, zusammen spielen müßten.

Bei *Kitty und die große Welt* ist es Mammi geglückt, zu streiken. Sonst nicht.

Aber wir leben nun einmal durch unseren Beruf auf dem Tablett der Öffentlichkeit. Darum kann ich es schon verstehen, daß an uns herumkritisiert wird. Was dem einen gefällt, das mißfällt den anderen – und wenn dann beispielsweise behauptet wird, ich riefe jeden Tag reihum die deutschen Klatschjournalisten an, um ihnen das Neueste und Allerneueste eigens durchzusagen, nur damit es am anderen Morgen in den Zeitungen steht, dann kann ich wirklich nur mit den Ohren wackeln.

Es ist schon viel in meinem Leben auf mich zugekommen. Es wird noch mehr werden. Manches wird vergessen werden, vieles wird bleiben. Aber ich bin glücklich, daß es mir, trotz meiner Jugend, gelungen ist, dank Mammi, die mich geführt, und dank Daddy, der mir geholfen hat, etwas zu erreichen: andere Menschen zu unterhalten, zufrieden zu stimmen, glücklich zu machen.

Die neun Filme, die ich bisher gedreht habe, konnten mir den Weg bahnen – es wird schwer sein in den kommenden Jahren, in den richtigen Rollen die jetzt erreichte Stellung zu halten. Das ist das, was mich gegenwärtig am meisten beschäftigt.

Da der Weg richtig gewesen ist, hat mir das Echo meines letzten Films *Robinson soll nicht sterben* gezeigt. Was hatte ich Angst, daß das Publikum bei diesem Film nicht mitgehen könnte! So freue ich mich, daß selbst die gefürchtetsten Kritiker diesmal an mir nicht viel auszusetzen hatten. Meine Freude am Premierentag in Köln war allerdings durch etwas anderes arg getrübt: am selben Tage, an dem wir alle so glücklich sein durften, wurde in Stuttgart Erich Ponto begraben, der mit mir so nett gewesen war, als wir den Film in München drehten.

Meine nächsten Pläne nähern sich schon der Vollendung. Seit 20. April drehen wir in München *Monpti,* in dem Helmut Käutner Regie führt und Horst Buchholz wieder mein Partner ist. Ich freue mich sehr auf diesen Film. Glücklicherweise sind wir nur zehn Tage im Atelier. Sämtliche anderen Aufnahmen sind im Freien in Paris.

In einem anderen Film, den ich auch noch 1957 machen werde, wieder mit Alfred Weidenmann, heiße ich Scampolo. Und Scampolo ist ungeheuer temperamentvoll – und so etwas habe ich noch nie gespielt. Als Scampolo erlebe ich auf der Sommerinsel Ischia eine wunderbare Geschichte. Obwohl ich ein ganz armes Mädchen bin, das zu niemandem gehört und als Fremdenführerin seine Lire verdienen muß, verliebt sich ein großer, schöner Mann in mich, den Paul Hubschmid spielen wird. Er hat zwar auch nicht viel Geld, aber er mag mich. Und das ist die Hauptsache.

Die Dreharbeiten beginnen zum Ende des Jahres 1957 auf der Insel Ischia.

11. Februar – 5. März 1957

Es waren zu viele Eindrücke

Reise nach Indien und Ceylon

Das Programm der Reise, an der Romy mit Mutter Magda Schneider und Stiefvater Hans-Herbert Blatzheim, zusammen mit einer deutschen Reisegesellschaft aus weiteren neun Personen, teilnimmt, füllt vier Wochen mit einem Bombardement pausenloser neuer Eindrücke aus, die sie in so kurzer Zeit nicht verarbeiten kann. Der auf Stunden und Minuten berechnete Plan jagt sie von Stadt zu Stadt, von Hotel zu Hotel, von einer Sehenswürdigkeit zur anderen; Stadtbesichtigungen, Landausflüge, Tempelbesuche, Rundfahrten, Flugplatz, weiter zur nächsten Stadt. In Kalkutta, etwa nach der Hälfte der Reise, muß Romy aus Gesundheitsgründen eine Pause einlegen. Auch leidet sie darunter, daß ihr Stiefvater als Gastronom sein Interesse mehr auf die indischen Hotels konzentriert als auf die Sehenswürdigkeiten indischer Kultur. Die letzten vierzehn Tage verlebt sie in Colombo auf Ceylon. Auf der Rückfahrt der 3000 Kilometer langen Luftreise und der 1000 Kilometer langen Autoreise nimmt sie in Athen an der umjubelten Premiere des Films Sissi, die junge Kaiserin *teil. Zu Reportern sagt sie immer wieder: »Fragen Sie Mammi, die hat sich alles aufgeschrieben...«*
Dennoch macht sie sich kurze Reisenotizen.

143

Am 11. Februar dieses Jahres ging die große Reise los.
Im Bombay blieben wir drei Tage lang. Wir waren kaum einige Stunden dort, da gingen schon die Empfänge los.
Am interessantesten aber war für mich der Besuch indischer Filmstudios. Wir haben uns auch einige indische Filme angesehen, allerdings nur Ausschnitte. Denn fünf bis sechs Stunden – so lang sind dort die normalen Spielfilme – waren für uns Europäer einfach unerträglich. Außerdem ist die eigentliche Handlung stark in den Hintergrund gerückt.

Benares. Die Stadt der tausend Tempel. Die Stadt der Pilger, Bettler, Fakire, Heiligen, Wundertäter, Büßer, Sterbenden, Touristen, Händler, Kranken hat auf mich einen tiefen Eindruck gemacht. Es gibt dort eine enge Gasse, die vom goldenen Tempel zum Affentempel führt. Sie ist so schmal, daß man mit kaum ausgebreiteten Armen die Häuser links und rechts berühren kann. Ihr Boden besteht aus Morast und stinkendem Unrat. Die ist vollgepfropft mit Bettlern und Krüppeln, eng an die Hauswände gepreßt, so daß man zwischen den ausgestreckten Beinen der Sitzenden vorsichtig durchsteigen muß, zwischen verkrüppelten Gliedmaßen, eitrig-schwärenden

Kindern, Gelähmten, Fallsüchtigen, Idioten. Das schlimmste war, daß sie alle mit den Händen nach den Leuten greifen, die durch diese Gasse müssen. Um Bakschisch zu bekommen, recken sie die Hände, zupfen an den Kleidern. Man muß sich durchzwängen und sie berühren, und die Schuhe versinken im Schmutz.

Benares. Dieser berühmte Wallfahrtsort ist so schmutzig, wie es sich ein Europäer kaum vorstellen kann. Nächtelang sah ich in meinen Träumen die zum Skelett abgemagerten Gestalten, die in diesem Schmutz dahinleben.

Darjeeling. Mit einem Jeep fuhren wir hinauf zum Tiger-Hill, von dem aus man einen einzigartigen Blick über den Himalaja hat. Wir kamen kurz vor Sonnenaufgang zu der Beobachtungs-warte. Es war so unfaßbar schön, als die glutrote Sonne langsam über den Gipfeln aufstieg, daß ich es nie vergessen werde.

Wir hatten eine Einladung des Maharadscha von Jaipur. So einen Palast gibt es eigentlich nur im Märchen. Wir gingen erst durch einen herrlichen Park, in dem eine Unzahl von Gärt-nern damit beschäftigt ist, die Blumen und den Rasen zu pflegen. Der Palast selbst hat unzählige Türme, die japanisch anmuten. Viele Gebäude sind aus Holz.

Was ich sonst noch festgehalten habe?

Daß ein Tempelchen in Benares aus purem Gold ist; daß Taj Mahal so schön ist, daß man es nicht beschreiben kann; daß die weiblichen indischen Filmstars alle Mittelscheitel tragen und die Kopfhaut am Scheitel rot schminken; daß Schmuck in den Nasenflügeln der Damen die Liebe des Mannes erhalten soll; daß der Curry-Reis ganz anders schmeckt, als wir ihn hier gewöhnt sind; daß es in Darjeeling, 2000 Meter hoch, sehr kalt war, in Colombo das Thermometer 40 Grad im Schatten zeigte, das Wasser 30 Grad hatte. Ich hab' alles mitgemacht.

Na, schön, ich bin ja ein braves Kind.

Wenn ich bei diesen blöden Parties herumsitze und nichts sage, denken die Leute sicher, ich bin eine fade dumme Gans. Aber was soll ich sagen? Was die anderen sagen? Wie geht es Ihnen? Very glad to see you?
Ich muß viel nachdenken.

Der eigentliche Urlaub begann in Colombo auf der Insel Ceylon. Hier blieben wir vierzehn Tage lang. Wir taten nichts anderes als Spaziergänge machen, schwimmen und schlafen. Das Hotel liegt mitten im Dschungel. Bei einer Autofahrt liefen einige Riesenechsen über die Straße. Unterwegs sahen wir unzählige Affen, die die Straße bevölkern und überhaupt nicht scheu sind. Und Elefanten gibt es hier beinahe so viele wie bei uns Hunde.

Hier komme ich auch noch einmal her, das weiß ich bestimmt... na, das mache ich bestimmt noch mal allein. Auf meiner Hochzeitsreise... Aber nicht so bald. Aber dann will ich wieder nach Ceylon, in eines der letzten Paradiese dieser Erde. Zu dieser Insel der Seligen, die wie eine Perle am Ohrläppchen Indiens hängt.

Nach einer langen Fahrt durch riesige Teeplantagen kam der Abschied von Indien.
In Athen wurde die Premiere von *Sissi II* ein großartiger Erfolg. Vorher hatten sich die Griechen eine hübsche Überraschung für mich ausgedacht: Irgendwie hatten sie meine Kleidermaße von meiner Münchner Schneiderin erfahren. Kurz vor der Premiere überreichten sie mir ein griechisches Kostüm. Ich zog es natürlich am Premierenabend an.
In der letzten Nacht fuhren wir dann bei Vollmond hinauf zur Akropolis. Vor zwei Jahren war ich schon einmal in Griechenland. Damals kannte mich noch kein Mensch...

Ich bin lieber ruhig und rede nicht so viel, ich bin eben ein ganz anderes Temperament als meine Mutter. Es ist alles zu schnell gegangen, es waren zu viele Eindrücke. Ich glaube, man kann ein Leben lang davon zehren und daran arbeiten. Bei mir dauert das lange, und es werden bestimmt Monate vergehn, bis ich alles durchdacht und in der Erinnerung geordnet habe. Wenn ich jetzt einfach daherreden würde, wäre es sicher nur ungereimter Unsinn. Zeit muß man haben, das habe ich auf dieser Reise gelernt. Man sollte sie ganz langsam machen, lieber eine Menge auslassen und dafür den Rest gründlich ansehen. Ja, das mach' ich auch noch mal ... später.

Es war so viel in den letzten Wochen. Zuletzt noch Athen. Die Premiere mit dem König und der Königin, aber dann: Dann sind wir endlich zu Hause. Ich freu' mich so irrsinnig auf Berchtesgaden, auf mein eigenes Zimmer, das ich ganz für mich allein haben kann. Wissen Sie, wie das ist, wenn man irgendwo ein eigenes Zimmer hat, von dem man weiß, daß es immer da ist? Man kann sich darin verkriechen, die Tür zumachen und allein sein mit sich, ganz für sich. Ich liebe das kleine Zimmer in Berchtesgaden, ich kann mich hinlegen und lesen und meinen eigenen Gedanken nachgehen ...

13. Januar – 5. Februar 1958

Mein amerikanisches Tagebuch

Reise nach New York und Hollywood

*Anlaß einer dreiwöchigen Reise nach New York und Holly-
wood von Romy Schneider und ihrer Mutter ist die Premiere
ihres Films* Mädchenjahre einer Königin, *den der Walt Disney
Verleih unter dem Titel* The Story of Vicky *in New York und
vielen anderen amerikanischen Städten startet. Während des
zwölftägigen Aufenthaltes in New York tritt Romy achtmal in
Live-Sendungen im Fernsehen und fünfmal im Rundfunk auf
und gibt den bekanntesten amerikanischen Kolumnisten und
Filmjournalisten eine Unzahl von Interviews. Sie besucht die
Metropolitan Opera, tanzt auf dem Wiener Opernball im
Waldorf-Astoria-Hotel, steht auf der Aussichts-Plattform des
Empire State Building. In Hollywood wird sie in den großen
Studios empfangen, begegnet Sophia Loren, Curd Jürgens, Mel
Ferrer, Fritzi Massary, Erich Pommer und vielen anderen.*

*Sie schreibt in ihrem »Amerikanischen Tagebuch« täglich
ausführlich über ihre Erlebnisse und Abenteuer in diesem
Land.*

Dienstag, den 14. Januar 1958

Ich bin in Amerika. Es ist nicht zu fassen! Pünktlich um 6.30 Uhr New Yorker Zeit landen wir drei, Mammi, Leo Horster und ich mit der SAS auf dem Flugplatz Idlewild. Bitterkalt ist es, und der Wind pfeift uns nur so um die Ohren. Und richtig ausgeschlafen bin ich auch nicht, aber das ist ja egal, ich bin in Amerika. Ein bißchen aufgeregt bin ich eigentlich doch. Und kaum steigen wir aus dem Flugzeug, da stehen auch schon fünf Fotografen da. Einer stürzt auf mich zu und sagt: »I am Dennis, I am your friend, I will be with you all the time.« Es ist Dennis Stack, ein bekannter amerikanischer Fotograf, wie mir Leo erklärt. Und dann schreien die Fotografen alle: »More legs please.« Und ich muß meinen Rock raffen – bei der Kälte. Aber ich finde es amüsant. Lynn Farnol und Charles Levis sind auch da, als Vertreter von Disney. Als wir ins Flughafengebäude kommen, schlägt uns eine schreckliche Wärme entgegen, und mir wird es in der einen Stunde, die wir warten müssen, bis alle unsere 13 Koffer kontrolliert sind, ordentlich heiß. Aber dann geht es ins Hotel Plaza.

So etwas habe ich noch nicht gesehen. Das ist kein Hotel, das ist eine Hotelstadt. Mammi und ich haben die Zimmer 1632,

1634 und 1636. Zimmer ist gut, ich muß eine halbe Stunde
laufen, bis ich von meinem Apartment durch den Salon bei
Mammi bin. Und überall stehen Blumen. Von Walt Disney, von
Paul Kohner, von Daddy und von vielen anderen. Um 9 Uhr
kommt der erste Reporter, und um 10 Uhr stellt sich ein junger
Mann mit Fotoapparat als Horst Buchholz vor. Ich denke erst,
daß ist doch ein Witz. Aber er heißt wirklich so und ist Fotograf
von Associated Press.

Um 15.30 Uhr nachmittags steigt meine erste Fernseh-Show.
Ehrlich gesagt, ich zitterte ein bißchen –. War aber gar nicht
nötig, es ging ganz gut ab. Und anschließend kommen schon
wieder fünf Fotografen vom International News Service und
der hiesige Korrespondent vom »Stern«. Und dann bummeln
wir ein bißchen durch New York. Das schlägt einen glatt um.
Da laufen auf der Straße die Nerzmäntel rum wie bei uns die
Trenchcoats.

Mittwoch, den 15. Januar

Um 5.30 Uhr muß ich aufstehen. Aber müde sein gilt jetzt
nicht, ich muß zu meinem ersten amerikanischen Fernsehinterview. Um 7 Uhr geht es los, ich muß aber schon mindestens
20 Minuten eher da sein, wegen der Schminkerei. Aber ich will
mich lieber selber zurechtmachen, und die Leute beim Fernsehen sind so nett zu mir und lassen mich alles so machen, wie
ich es will. Um 7.20 Uhr komme ich für vier Minuten dran und
um 9.40 Uhr noch mal acht Minuten. Jetzt geht es mit meinem
Englisch schon ein bißchen besser. Aber aufpassen muß man
doch gewaltig. Die Fragen kommen Schlag auf Schlag, und die
wollen immer alles genau wissen.

Um 11 Uhr müssen wir schon bei Peter von Zahn sein, der mit
uns ein Rundfunkinterview macht, das noch am gleichen
Abend über den Nordwestdeutschen Rundfunk in Deutschland gehen soll. Hoffentlich hört es auch Daddy. Um 12 Uhr
stehen schon wieder andere Journalisten auf der Liste. Ich

habe gerade Zeit, um einen Blick in den Spiegel zu tun und mir die Hände zu waschen. Um 12.30 Uhr essen wir mit dem Vertreter von United Press, Jack Gaver. Eine halbe Stunde ruhe ich mich in meinem Zimmer aus, bevor es weitergeht. Jetzt eine Stunde schlafen, wär' nicht schlecht. Aber ich bin ja schließlich nicht nach Amerika gekommen, um zu schlafen. Lippenstift, Puderdose, Wimperntusche heraus, und auf geht's zum nächsten Interview. Mammi macht alles prima mit. Sie ist nicht so müde wie ich und sieht einfach blendend aus.

Um 15 Uhr nachmittags sind wir in der Redaktion von »Ladies Home Journal«, und ich muß mal wieder »mehr Bein zeigen« und mein strahlendstes Lächeln aufsetzen. Jetzt will ich endlich ein paar Geschäfte ansehen und nicht immer nur erzählen müssen, daß ich gerne in Amerika filmen würde. Wir gehen also ein bißchen shopping. Die Fotografen immer munter hinter uns her. Bei Bergdorf-Goodman sehe ich ein süßes blaues Kostüm, und gar nicht so teuer. Nur 68 Dollar. Es paßt wie angegossen, als ich es anprobiere. Ich lasse es gleich an.

Um 16.45 Uhr haben wir schon den nächsten Termin. Wir treffen Paul V. Beckly von der »Herald Tribune«. Ich finde ihn sehr nett, aber er fragt auch nicht viel anders als all seine journalistischen Vorgänger in den vergangenen eineinhalb Tagen. Ich muß schon sagen, mit meinem Englisch geht es bergauf. Zwischendurch muß ich zwar immer wieder sagen »speak slowly please«. Nach diesem letzten Interview bin ich k. o. Jetzt bin ich's leid. Und wenn der Kaiser von China käme und um ein Interview bitten würde, ich ließe ihn glatt warten. Jetzt will Romy ihre Ruhe haben.

Leo und Mammi sind ganz rührend zu mir, sie packen mich gleich ins nächste Taxi, und es geht zurück ins »Plaza«. Also diese Taxifahrer sind mir ja ein Rätsel, denke ich noch bevor ich einschlafe, wie die sich durch den Verkehr schlängeln. Dagegen ist der Münchner Stachus um 17 Uhr nachmittags der reinste Friedhof. Was wirklich etwas heißen will.

Donnerstag, den 16. Januar

Wieder mit den Hühnern aufstehen. Obwohl ich bezweifle, daß es in diesem Häusermeer überhaupt Hühner gibt. Mammi darf liegenbleiben. Ich bin ja so froh, daß ich immer meine Sachen so liegen lassen kann und nicht noch alles aufräumen muß. Greta besorgt das schon. Leo hat für Mammi und mich nämlich eine richtige Zofe engagiert. Greta ist einfach prima. Alles liegt immer wieder da, wo es hingehört. Und das ist bei unserem vielen Zeug gar nicht so einfach.

Leo und ich fahren nach dem Frühstück wieder zu einem Fernsehinterview hinaus. Ich muß mich um 8 Uhr morgens in ein Ballkleid werfen, na so was! Aber auf dem Fernsehschirm kann man ja nicht sehen, daß es nicht Abend ist. Um 10 Uhr sind wir wieder im Hotel. Ein Sprung unter die Brause, schnell umziehen, und dann wartet schon Fred Hift vom »Variety« auf uns.

11.30 Uhr Bandaufnahme bei einer deutschen Rundfunkgesellschaft. Das Interview mit mir und Mammi soll am kommenden Sonntag gesendet werden. Also wie die Mammi englisch spricht! Einfach prima! Aber so ein bißchen wienern tun wir halt beide doch noch. Nächster Programmpunkt: Interview und Lunch mit Mike Mackay von »Newsweek« im Hotel Algonquin.

15.30 Uhr, pünktlich auf die Minute, Radiosendung für »Monitor RCA«.

16.30 Uhr Interview mit Mr. Bald für das große Nana-Syndikat.

18.30 Uhr Dinner im exklusiven »21-Club«.

20.40 Uhr Besuch von *My Fair Lady*. Phantastisch! Leider fallen mir hin und wieder die Augen zu. Ich glaube es ist schon längst nach Mitternacht, als ich endlich in mein Bett falle. Was bin ich müde! Und morgen müßte ich mal zum Friseur. Von dem vielen Kämmen für die vielen Interviews – ich kann das Wort schon nicht mehr hören – habe ich Haare wie eine Ratte.

Freitag, den 17. Januar

Endlich einmal ausgeschlafen. Und dann noch geschlagene zwei Stunden bei dem berühmten Friseur Antoine in Saks Warenhaus gesessen. Ich fühle mich wie neugeboren. Anschließend gehen Mammi und ich mit Leo Horster zum Translux-Theater. Ich muß zusammen mit Herrn Richard Brandt, dem Besitzer des Theaters, und Herrn Leo Samuels, dem Chef der Buena-Vista-Disney-Verleihgesellschaft, einen Vertrag über die Premiere von *Mädchenjahre einer Königin* unterzeichnen, der hier unter dem Titel *The Story of Vicky* in zwei Translux-Häusern der 52. und 85. Straße, in der Nähe des deutschen Viertels, anlaufen soll. Und dann schnell zu »Sardi's«. Ein tolles Restaurant! Irene Thirer von der »New York Post« ißt mit uns zusammen. Sie empfiehlt mir, ich solle doch mal ein Keks mit Tomatenketchup probieren. Klatsch! Da sitzt es auch schon auf meinem hellen Kostüm.

Aber der Ober, der fließend Deutsch spricht, ist sofort mit heißem Wasser und einer Serviette bei der Hand. Kaum habe ich den letzten Bissen herunter, da sitze ich auch schon wieder im Taxi und fahre einer ziemlichen Strapaze entgegen: drei Stunden lang sitze ich im »Ladies Home Journal« für Standfotos.

Peter Basch gibt sich alle Mühe, um aus meiner Wenigkeit fotografisch das Beste herauszuholen. Ich habe das Gefühl, als ob mir das Lächeln im Gesicht anfrieren würde, vor lauter »glamorous« dreinschauen. Und immer wieder sagt er »more legs«, so ist das in Amerika. Um 17 Uhr bin ich endlich wieder im Hotel. Genau zwei Stunden Ruhepause stehen auf dem »schedule«, dem Plan. Aber ich kann nicht schlafen, nur ein bißchen ausruhen. Draußen braust ununterbrochen der Verkehr über die 5th Avenue.

Um 19 Uhr steht schon Greta mit meinem wunderschönen neuen, weißen Abendkleid bereit. Zum erstenmal in meinem Leben gehe ich in Amerika auf einen Ball. Zum Wiener

Opernball. Mit zwei riesigen Cadillac-Limousinen fahren wir zum Waldorf-Astoria. An der Türe erwartet uns schon der österreichische Generalkonsul, Herr Schiller, der uns das Programm des Abends überreicht. Auf der ersten Innenseite ist eine Großaufnahme von mir als Königin Victoria. Das Publikum ist unwahrscheinlich elegant, und ich tanze viel. Ich glaube, daß Mitternacht schon vorbei ist, als ich endlich in mein Bett sinke. Und ich glaube, daß ich außer müden Füßen auch einen kleinen Schwips mitgebracht habe.

Samstag, den 18. Januar

Mammi soll sich heute mal etwas schonen. Ich gehe allein um 1/2 12 Uhr zu Peter Basch. Wieder sitze ich vier Stunden lang für Aufnahmen.

Um 18.15 Uhr werden wir von Mister Farnol abgeholt und zum Essen in das neueröffnete Restaurant Forum geführt. Und dann geht es in die Metropolitan Opera. Der Vater von Karlheinz Böhm, Professor Karl Böhm, dirigiert die Aufführung *Der Rosenkavalier*. Ich bin ganz begeistert. In der Pause trinken wir im Foyer ein Glas Sekt, und nachher gehen wir noch auf eine Stunde ins »El Marocco«. Mammi hat es gut, die kann schlafen gehen, während ich noch mit Mr. Farnol und Leo Horster zu einem Rundfunkinterview für die Barry-Gray-Show muß. Ich bin schrecklich aufgeregt. Denn das ist kein ruhiges Studio, sondern ein ganzer Theatersaal. Tausende von Menschen sehen zu, wenn man nach vorne auf die Bühne gerufen wird und interviewt wird.

Sonntag, den 19. Januar

Als ich die Augen aufschlage, ist es schon spät, sehr spät sogar. Fast 13 Uhr! Und heute stehen nur zwei Punkte auf unserem Programm: Ausruhen und ein Gespräch mit Daddy in Köln.

Um 14 Uhr fahren Mammi, Leo und ich mit dem Taxi über den West-Side-Drive-Way zur Südspitze von Manhattan, der Battery. Von da nehmen wir eine Fähre durch den Hafen nach Staten Island. Der Blick vom Hafen auf New York ist so überwältigend, ich kann es gar nicht beschreiben. Kurz vor 16 Uhr sind wir wieder im Hotel. Daddys Stimme ist am Telefon so deutlich zu vernehmen, als spräche er aus dem Nebenzimmer. Und dann legen wir uns wieder mal zwei Stunden aufs Ohr. Wir haben es auch wirklich verdient. Aber schließlich komme ich an diesem Tag doch nicht ganz ungeschoren davon. Von 20 bis 21 Uhr werde ich noch einmal von Journalisten der »Ed Sullivan-Show« nach allen Regeln der Kunst ausgequetscht. Diesmal muß ich mich besonders gut benehmen, denn 40 Millionen Zuschauer sehen diese Live-Sendung. Nach der Show fahren wir noch um 22 Uhr auf die Spitze des Empire-State-Gebäudes hinauf. Es ist eine frostklare Nacht, und wir sehen hinunter auf die Millionen bunter Lichter und auf die Schiffe im Hafen. Mammi fragt mich, warum ich nichts sage. Ich kann einfach nicht, so phantastisch ist das alles. Leo meint, er hätte so etwas seit zehn Jahren nicht mehr gesehen. Und er ist doch schon ewig in den Staaten. Und jetzt könnte ich mal früh schlafen gehen, und da bin ich doch einfach nicht müde. Ich schleppe Mammi und Leo noch ins »Rendezvous«, ein hübsches, ganz französisches kleines Lokal, das zum Plaza-Hotel gehört. Wir sitzen noch mit René Bittel zusammen, den wir hier vor ein paar Tagen kennengelernt haben. Er ist schrecklich nett, sieht gut aus, und außerdem tanzt er himmlisch Wiener Walzer. Er schwenkt Mammi und mich abwechselnd. Und Leo bestellt verschiedene Witwen Cliquot, wie er sich ausdrückt.

Montag, den 20. Januar

Heute sehe ich zum ersten Male die amerikanische Fassung von *Mädchenjahre einer Königin* in einer Pressevorführung. Ich bin einfach platt, wie gut die bei Disney Mammis und meine Stimme amerikanisch synchronisiert haben. Es hört sich wirklich so an, als ob es unsere eigenen Stimmen sind, die da sprechen. Leo Horster erzählt uns, daß er monatelang nach diesen Stimmen gesucht habe. Nachmittags lesen wir schon die Kritiken über den Film in verschiedenen Zeitungen. Alle Besprechungen, im »Motion Picture Herald«, im »Motion Picture Daily« und im »Variety« sind prima. Also, was da im »Motion Picture Daily« steht, das muß ich mir doch direkt mal abschreiben. Das sind doch meine ersten amerikanischen Lorbeeren. Da steht: »Es gibt vieles über Romy zu erzählen. Vier Filme im Jahr dreht sie, zehn große Erfolgsfilme hat dieses 19jährige talentierte Mädchen schon gedreht. Sie stammt aus einer langen Linie berühmter Schauspieler. Sicherlich wird der Film *The Story of Vicky* ein guter Erfolg in Amerika sein.« Ich bin ganz glücklich über diese wenigen Sätze.

Um 12 Uhr muß ich mich schon wieder umziehen. Wir sind um 13 Uhr beim österreichischen Generalkonsul in New York, Eduard Schiller, zum Lunch im Park-Lane-Hotel eingeladen. Der österreichische Botschafter bei den Vereinten Nationen, Dr. Franz Matsch, und Professor Karl Böhm mit seiner Frau sind auch da. Es ist ein bisserl steif, aber doch ganz unterhaltend.

Um 15.15 Uhr fahren wir schon zur Redaktion der »Daily News«, der größten Tageszeitung Amerikas. Jetzt lerne ich den tollsten Reporter New Yorks kennen, Jimmy Jemail, den man den »Inquiring Photographer« nennt. Die Journalistin Loretta King, die wir schon kennengelernt hatten, ist auch dabei.

Um 16.30 Uhr schon das nächste Interview mit Fred Hift, Korrespondent von »Der neue Film« in Wiesbaden und gleichzeitig Reporter von »Variety«. Für heute abend haben wir etwas ganz besonders Schönes vor. Wir wollen uns *Time remembered* mit Helen Hayes ansehen. Vorher essen wir noch mit ihrem Sohn, James McArthur, im Restaurant Brussels zu Abend. Und dann sehen wir Helen Hayes. Ein Erlebnis! Was ist das für eine großartige Schauspielerin!

Nach der Vorstellung sitzen wir noch mit ihr und ihrem Sohn bei »Witney's« auf einen Drink. Und dann will ich nach Hause. In aller Ruhe will ich noch einmal über die Aufführung nachdenken. Als ich das Licht lösche, ist es doch schon beinahe 1 Uhr. Morgen wird früher ins Bett gegangen, das nehme ich mir fest vor. Mal gespannt, was unser guter Leo dazu sagen wird.

Dienstag, den 21. Januar

Kaum hatten Mammi und ich auf dem Zimmer gefrühstückt, da stand schon wieder ein Herr mit Block und Bleistift vor der Türe. Ganz zu schweigen von den vielen Anrufen, die ich während des Frühstücks schon bekam. Verschiedene junge Mädchen und junge Männer melden sich einfach mit den Worten: »Romy, hier ist ein Verehrer.« Ich muß immer schrecklich lachen, wenn ich das höre. Der Reporter ist ein Dr. Robert Prick von der deutschsprachigen New Yorker Zeitung »Staatszeitung«. Jetzt muß ich meine englischen Kenntnisse vergessen und kann mal wieder nach Herzenslust deutsch mit einem Reporter reden. Dr. Prick ist sehr charmant, und man merkt gar nicht, wie er einem »die Würmer aus der Nase zieht«.

Aber jetzt zieht es mich mal wieder vor die herrlichen Geschäfte. Mammi und ich gehen für eine knappe Stunde shopping. Es gibt so herrliche Sachen hier, aber alles ist ein bißchen arg bunt für meinen Geschmack. Und die Damen, die da um die Mittagszeit ihren Bummel machen, sind schon so zurechtgemacht wie bei uns erst am Abend. Viele gutaussehende, fesche Frauen sind dabei, mit Schmuck behangen und in den teuersten Pelzmänteln.

Für 14 Uhr sind wir ins New Yorker Disney-Büro bestellt. Ein Mr. David Berger macht mit mir eine Bandaufnahme für die

Rundfunksendung »Die Stimme Amerikas«, die nach Deutschland gesendet wird. Dann zeigt man uns noch die großen Fotos und Inserate, die die Disney-Gesellschaft für unsere Amerikareise herausgebracht hat. Da sehe ich auf einem Riesenfoto, etwa fünffache Lebensgröße, ein ganz anderes Gesicht von mir, als ich es sonst aus dem Film und von den Fotos kenne. Mit zurückgekämmten losen Haaren und geschlossenen Augen kenne ich mich gar nicht wieder. Zu diesem Foto hat man einen Text erfunden, der heißt: »Das ist die aufregendste Schauspielerin des Jahres 1958.« Na, ich weiß nicht. Aber Amerika ist eben das Land der Superlative.

Um 16 Uhr essen wir mal wieder Shrimps, das ist das Leckerste, was es gibt, im »Oak Room« vom Plaza-Hotel. Einmal schnell unter die Brause, Greta hält schon wieder alles bereit, und dann fahren wir zur Cocktail-Party zu Mr. Lynn Farnol. Er gibt sie für die wichtigsten New Yorker Pressevertreter in seiner Wohnung. Das ist das erstemal, daß ich in eine amerikanische Privatwohnung komme. Alles ist in hellen, bunten Farben gehalten. Überall sieht man viel Holz, und der Ausblick aus den breiten Fenstern über die mittlere Stadt ist einfach zauberhaft. Immer wieder sprechen mich die Journalisten an, und meine Hauptfreude ist, wenn sie mit ganz ehrlichem Gesicht sagen, mein Englisch wäre ganz großartig.

Mittwoch, den 22. Januar

Hurra! Eine Fernsehschau fällt im letzten Augenblick aus. Ich kann mich nach Herzenslust ausschlafen, und Mammi und ich brauchen erst um 12 Uhr beim »Sardi's« zum Lunch mit Alice Hughes vom »King Feature Syndikat« zu sein. Als sie geht, kommt gleich anschließend Harry Milliken, Filmreporter von »United Press«. Mein Englisch fließt mir nur so über die Lippen, in dieser Nacht habe ich sogar schon englisch geträumt.

Um 14 Uhr sind wir wieder bei Peter Basch im Atelier. Er zeigt

41 Romy und ihr Bruder Wolfdieter Albach (geboren 1941), auf dem Opernball in Salzburg, August 1964

42 Romy mit ihrer Großmutter Rosa Albach-Retty sowie ihrer Mutter Magda Schneider und Stiefvater Hans-Herbert Blatzheim (1905–1968) im Januar 1964 in Innsbruck

Linke Seite außen
◁ 43–45 Privataufnahmen aus den Jahren 1962 und 1964

Linke Seite innen oben und unten
◁ 44–46 »Der Kardinal«, 1963,
»Was gibt's Neues, Pussy?«, 1964

47 Oben links: Romy im Urlaub

48 Oben rechts: Bei den Dreharbeiten zu dem Film »Leih mir deinen Mann«, 1963

49 Silvester 1963 in Monaco

50 Nach der Trennung von Alain Delon im Dezember 1963 lernt Romy den Berliner Schauspieler und Regisseur Harry Meyen (Haubenstock, 1924–1979) im April 1965 in Berlin kennen. Sie heirateten am 15. Juli 1966.

51 Am 3. Dezember 1966 wird ihr Sohn David Christopher Haubenstock in Berlin geboren. Er ist Romys ganzes Glück.

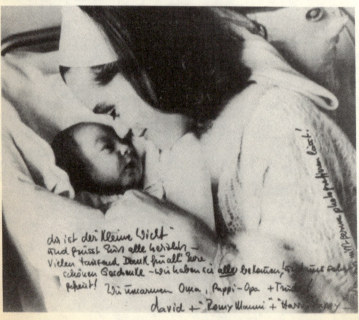

uns die ersten Aufnahmen von neulich. Sie sind ganz hervorragend geworden, aber es hat mich auch reichlich Müh' und Schweiß gekostet. Aber das Stillhalten hat sich gelohnt. Auf diesen zauberhaften Farbfotos kenne ich mich kaum wieder. Bis zum nächsten Programmpunkt mal wieder zwei Stunden Ruhepause auf dem Zimmer, und schon wieder steht Greta da und sagt: »It's time, Miss Romy.«

Wir essen noch eine Kleinigkeit auf dem Zimmer, und um 21.15 Uhr sind wir bei dem Direktor der »Radio City Music Hall«, Mr. Russel Downing, in seinem riesigen Theater eingeladen. Zuerst sehen wir das Weihnachtsprogramm und dann den Film *Sayonara* mit Marlon Brando. Mammi muß mich zweimal anstoßen, bis ich merke, daß die Vorstellung zu Ende ist. »Du sitzt ja ganz in dich versunken da, mein Kleines«, sagt sie lachend. Leo führt uns dann noch durch den riesigen Bau, wir laufen stundenlang und haben am Ende immer noch nicht alles gesehen. Wieder sinke ich todmüde ins Bett.

Donnerstag, den 23. Januar

Ehrlich gesagt, ganz ausgeschlafen bin ich noch nicht, als mich Greta um 9 Uhr wieder weckt. Heute geht es ins Aufnahmeatelier von »Sunday News«. In eineinhalb Stunden werden von mir 34 Farbaufnahmen geschossen, aber es ist halb so schlimm wie sich das anhört. Alles geht schnell und reibungslos, und alle sind so nett im Atelier, daß die Zeit nur so dahinrast.

Um 13 Uhr Lunch mit Mr. John McDonald vom »Life-Magazin« im Rockefeller Center Lunch Club, hoch droben im 65. Stockwerk. Ich komme kaum zum Essen, ich muß dauernd hinuntersehen.

Von 14.30 Uhr bis 16.30 Uhr Interview mit Ben Somoroff, dem Fotografen für das »Look-Magazin«. Ich muß mir ein Kleid aus der Victorianischen Zeit anziehen, ein wunderschönes Hochzeitskleid.

Es ist ziemlich anstrengend, aber schließlich ist auch das vorbei.

Mammi macht inzwischen einen Bummel durch die Stadt. Schade, ich gehe so gerne mit ihr zusammen einkaufen.

Abends um 19 Uhr 30 sind wir bei dem deutschen Konsul, Dr. Reifferscheidt, in seiner Privatwohnung eingeladen. Um 23 Uhr sind wir wieder zurück, mir fallen auch bald die Augen zu. Mammi machte schon die ganze Zeit während der Party Zeichen mit einer Streichholzschachtel. Ich sollte mir Streichhölzer unter die Augen klemmen, damit sie mir nicht dauernd zufallen.

Freitag, den 24. Januar

Auf geht's zum Repräsentieren. Wir geben schon um 10 Uhr einen großen Presseempfang für die deutschen und europäischen Journalisten in New York. Pünktlich haben sich alle Herren und Damen in der ersten Etage unseres Hotels versammelt. Um 11 Uhr wieder eine Journalistin, die Vertreterin vom »Journal American«. Sie schickt erst einmal Mammi und Leo hinaus, weil es sie nervös macht, daß sie nicht mit mir allein sein kann. Und dann fragt sie auch recht komisch. Überwältigt bin ich von ihrem Charme nicht gerade.

Um 12 Uhr bin ich erlöst. Es ist aber auch höchste Zeit, denn wir sind zur Joe-Franklin-Fernseh-Show bestellt. Joe Franklin ist reizend. Er interviewt mich ganz ohne Pose, einfach so aus dem Stegreif. Ich komme mir schon bald wie zu Hause vor der Fernsehkamera vor. Dann schnell zum Friseur, wir müssen uns für Hollywood schönmachen lassen. Denn heute sind es nur noch zwei Tage, dann verlassen wir New York. Ich bin schon ganz aufgeregt, wie wird es wohl in Hollywood sein? Werden die Leute dort auch so freundlich zu uns sein wie hier in New York?

Aber heute abend um 22 Uhr muß ich mich noch mal zusammennehmen. Ich werde zum letztenmal in New York auf dem

Fernsehschirm erscheinen, in der »Greenwich Village Party«. Als die Kamera surrt, bin ich kein bißchen aufgeregt, alles klappt prima. Und morgen haben wir kaum etwas vor. Endlich mal wieder gründlich ausschlafen.

Samstag, den 25. Januar
Fast elf Stunden geschlafen. Ich konnte gar nicht mehr aufhören. Zum Lunch treffen Mammi und ich Curt Riess. Er erzählt riesig interessant von Amerika. Dann mal wieder ein kurzer Bummel durch die Stadt. Jetzt bin ich doch schon zwölf Tage in New York und ich bin viel herumgekommen, aber ich habe bestimmt noch nicht den millionsten Bruchteil dieser tollen Stadt gesehen. Leo erklärt und erklärt, und ich kann nur immer wieder staunen. Abends ist großes Galaabendessen in »Leone's Restaurant«, und dann wieder husch, husch ins Körbchen. Morgen ist der große Tag, morgen fliegen wir nach Los Angeles.

Sonntag, den 26. Januar
Der ganze rückwärtige Salon in der SAS-Maschine ist für uns reserviert. Um 10 Uhr starten wir vom Flugplatz Idlewild. Der Komfort im Flugzeug ist phantastisch. Mit Bar und allen Schikanen. Ich habe Lust, einen Cognac zu trinken. Aber da sagt mir doch der Steward, ich bekäme keinen. Jugendliche unter 21 Jahren dürfen keinen Alkohol trinken. Was sich die Amerikaner wohl dabei denken! Kinder kriegen und heiraten darf man schon als Grünschnabel, und ich, mit meinen ganzen 19 Jahren, darf nicht mal einen harmlosen Cognac trinken. Ich bin ja keine Alkoholikerin, aber wenn man so gar nicht darf, dann hat man auf einmal riesige Lust auf einen Tropfen Alkohol. Auch an Mammis Glas darf ich nicht trinken, der Steward paßt genau auf. Das muß er nämlich, erklärt mir Leo, weil er sonst vielleicht angezeigt wird, und dann bekommt er seine Lizenz entzogen. Aber auch ohne Alkohol ist die Reise

herrlich. Ganz klares Wetter. Und als wir in Los Angeles aussteigen, ist die Luft ganz wunderbar warm und mild, wie bei uns zu Hause im Frühling. Auf dem Flughafen erwarten uns schon der österreichische Generalkonsul Dr. Waller und seine Frau, verschiedene Herren von der Disney-Gesellschaft, und noch eine ganz große Überraschung: der indianische Stammesfürst »Iron Eye«, der im Disney-Land lebt, erklärt mich feierlich zum Ehrenmitglied seines Stammes und setzt mir einen Federschmuck auf den Kopf. Alle Fotografen stürzen herbei, und »Eisernes Auge« und ich müssen die Prozedur viermal wiederholen. Ich bin sehr stolz, daß ich nun eine richtige Indianerin bin.

Dann fahren wir ins Beverly-Hills-Hotel, eine phantastische Anlage mit Swimmingpool und Gärten. Jetzt haben wir keine Greta mehr, die uns so nett zur Hand ging, sondern eine Claire, die aber nicht weniger geschickt und freundlich ist. Kaum haben wir ein bißchen ausgepackt, da kommen schon Helmut Käutner und Frau zu Besuch. Wir essen zusammen im Hotel, und dann gehen Mammi und ich noch auf einen Sprung mit zu Käutners, um ihre Wohnung zu besichtigen. Mir tun die Augen weh von all der Sonne und den vielen neuen Eindrücken, und im Bett muß ich noch schnell eine Flasche Sprudelwasser trinken, mein Hals ist wie ausgetrocknet.

Montag, den 27. Januar

Wenn man bedenkt, daß jetzt in Deutschland Eis und Schnee ist, und wenn ich dann heute morgen aus meinem Fenster hinaussehe auf all die sommerliche Pracht, dann kommt mir alles ganz unwirklich vor. Ich bin so unendlich glücklich, daß wir diese Reise machen konnten!

Um 10 Uhr werden wir von einem livrierten Chauffeur abgeholt und ins Disney-Studio gefahren. Wir laufen endlos lange durch die vielen Ateliers und Hallen und Labors. Ich

sehe zum erstenmal, wieviel Mühe es kostet, einen Zeichen-
trickfilm herzustellen. An langen Tischen sitzen Zeichner und
Zeichnerinnen mit weißen Handschuhen und pinseln stundenlang für eine einzige Geste von so einer Mickey-Maus. Ich
unterhalte mich lange mit einer Japanerin (in englisch natürlich), die mir alles genau erklärt. Weiter, weiter geht es.
Von 12.30 Uhr bis 14 Uhr großer Lunch im Direktions-Lunch-
room im Disney-Studio mit etwa 20 Journalisten.
Von 14 bis 15 Uhr werden von mir Farbaufnahmen für das
»Churchill-Syndikat« geschossen.
Von 15 bis 16 Uhr interviewt uns Bert Reisfeld für das Deut-
sche und Österreichische Fernsehen.
Punkt 16 Uhr Anprobe für ein Kleid, das ich in den nächsten
Tagen bei Probeaufnahmen im Disney-Studio tragen soll. In
sausender Fahrt zurück ins »Beverly-Hills«. Der Plan muß
genau eingehalten werden, die Disney-Gesellschaft hat jede
Minute genau eingeteilt für uns.
Von 16.45 Uhr bis 17.30 Uhr Interview mit Lee Belser vom
International News Service in unserem Apartment. Dann
schnell umziehen, Leo steht schon mit der Uhr in der Hand im
Salon, und zur Cocktail-Party für viele Journalisten und Herren
von Disney im Dachgartenfestsaal bei Disney. Es blitzte wieder
von allen Seiten. Wieder zurück ins Hotel und Abendessen mit
Leo Samuels, Ray Keller und Roy O. Disney im Hotel. Mammi
winkt wieder heimlich mit einer Streichholzschachtel. Ist
zwecklos, ganz erledigt sinke ich ins Bett.

Dienstag, den 28. Januar
Ausschlafen ist heute nicht. Hole ich alles in Deutschland nach.
Um 8 Uhr 15 – und keine Sekunde später – Abfahrt vom Hotel
zum KTLA-Fernsehstudio. Larry Finley nimmt mich in die
journalistische Kneifzange, aber er ist so lustig und charmant,
daß ich es durchaus nicht als unangenehm empfinde. Zurück
ins Hotel, ich kann mir die Landschaft immer nur durch das

Wagenfenster ansehen, und um 10.30 Uhr Interview mit Don Baylor vom »Herald Express«.

Lunch.

Um 13.15 Uhr sitzen wir schon wieder in einem anderen Fernsehstudio. Es ist eine Live-Sendung, und Mammi kann nebenan alles auf dem Bildschirm sehen. Nachher sagt sie zu mir: »Wenn alles schief geht, kannst du Fernsehstar werden, so gut warst du.« Aber Mammi ist Partei. Allerdings, die anderen sagen es auch. Ich bin ganz glücklich. Vor allem über mein Englisch, das mir überhaupt keine Schwierigkeiten mehr macht. Von 15 bis 16 Uhr Bandaufnahmen mit Frederik Porges in deutscher Sprache für deutsche und österreichische Rundfunkstationen. Um 16 Uhr wieder ein Interview. Leo meint, dieser Reporter Joe Hyams wäre besonders wichtig, und ich tue mein möglichstes, damit Joe einen guten Eindruck von mir bekommt. Schnell umziehen – ob ich mich wohl in meinem Leben mal wieder in Ruhe umziehen kann? –, und dann gehen wir zur Cocktail-Party zum deutschen Generalkonsul Dr. Edward C. Schneider, Schneiders ganz unter sich. Abends gehen Mammi und ich ins »La Rue«, ein ganz süßes Lokal, und treffen hier Curd Jürgens. Er sieht einfach blendend aus, und er spricht Englisch wie ein waschechter Amerikaner. Einen Drink kriege ich hier aber auch nicht, die Kellner passen ganz scharf auf. Dafür bekomme ich etwas anderes. Gratis. Alle paar Minuten kommen weltbekannte Stars durchs Restaurant. Die Loren, die Kim Novak, Frank Sinatra und andere Berühmtheiten. Ich schnappe nur so nach Luft, wie die da so alle ganz leger vorbeigehen. Ich finde, die Loren sieht in Wirklichkeit noch tausendmal schöner aus als im Film. Sie ist einfach vollendet. Curd kennt sie alle und macht uns mit einigen bekannt. Und dann, es ist bestimmt schon sehr spät, zurück ins Hotel. Morgen soll ich endlich einmal mehr von Los Angeles und Hollywood sehen. Leo hat uns eine Rundfahrt vorgeschlagen.

Mittwoch, den 29. Januar

So eine Enttäuschung. Es regnet, nein, es gießt nur so, und an die geplante Rundfahrt ist nicht zu denken. Aber Leo kommt nie in Verlegenheit. Schnell hat er etwas anderes organisiert, und kurz nach dem Frühstück sind wir schon in den Studios von Metro-Goldwyn-Mayer und besichtigen. Was sind das für gewaltige Dimensionen! Mittags habe ich einen ganz berühmten Tischherrn beim Lunch: Mel Ferrer. Die Zeit vergeht wieder viel zu schnell. Und wieder jagt ein Interview das andere.

14.30 bis 15.30 Uhr: Bandaufnahme mit Shirley Thomas.

15.30 bis 17 Uhr: Interview mit Paul Elbogen.

17 bis 18 Uhr: Interview mit Lydia Lane von der »Los Angeles Time«, und dann schnell zur Villa von Louella Parsons, Hollywoods berühmter und berüchtigtster Klatschtante. Wenn ich der nicht gefalle, dann kann ich einpacken. Ihr Haus ist bezaubernd, und sie ist außerordentlich liebenswürdig zu mir. Ich setze auf jeden Fall mal mein Sonntagslächeln auf, das kann nie schaden.

Donnerstag, den 30. Januar

Mammi weckt mich mit den tröstlichen Worten, daß ich gleich wieder weiterschlafen kann. Der Regen klatscht an mein Fenster. Der geplante Besuch im Disney-Land, auf den ich mich so gefreut hatte, muß ausfallen. Jetzt bin ich nun mal für ein paar Tage in Los Angeles, und da muß es ausgerechnet gießen. Trotzdem fahren wir nach dem Mittagessen mit Frau Dr. Haber, die wir hier irgendwie kennengelernt haben, mit dem Auto ein bißchen spazieren. Auf einmal sind wir in Santa Monica – am Meer. Leider können wir nicht einmal aussteigen, wir wären sonst im Nu naß bis auf die Haut.

Um 16 Uhr harrt mal wieder ein Interview auf mich mit Frau Dr. Traub, die hier das deutsche Magazin »Film und Frau« vertritt.

Von 17 bis 18 Uhr Interview mit Peggy Harford vom »Mirror«. Dann kommt Leo und zeigt mir, was Louella Parsons im »Los Angeles Examiner« über mich geschrieben hat. Da steht etwas wie: »Romy Schneider wurde von acht der bekanntesten Filmkritiker Amerikas als das hübscheste Mädchen in ganz Europa bezeichnet.« Die gute Louella in Ehren, aber ich finde, das ist doch ein ziemlicher Quatsch. Ich bin doch keine Schönheitskönigin, und ich lege auch gar keinen Wert darauf, mich in einem Wettbewerb mit anderen Mädchen zu messen. Da falle ich bestimmt durch!

Abends essen wir noch mit Hazel Johnson von »United Press« im Hotel. Später bringt uns Leo noch eine Biographie über mich, die bei Disney geschrieben wurde. Da muß ich gleich mal etwas ändern. Da steht: »Romy erhält jeden Tag 3000 Briefe von Fans.« Das ist doch lächerlich, es sind allerhöchstens 600. Und außerdem ist es reiner Zimt, wenn da steht, ich hätte bis jetzt über 10 000 Heiratsangebote bekommen. Ein paar schon, aber auch nicht brieflich.

Freitag, den 31. Januar

Wieder früh aufstehen. Aber ich könnte sowieso nicht länger schlafen, denn heute werden die ersten Filmprobeaufnahmen im Atelier bei Disney von mir gemacht. Ich bin ein bißchen aufgeregt, als wir um 7 Uhr 30 zu Disney fahren. Aber als ich dann endlich im Atelier stehe, ist alle Nervosität verflogen. Das ist vertraute Luft, alle Filmateliers der Welt sehen gleich aus. Aber wie wird es mit meinem Englisch klappen? Zur Unterhaltung reicht es, aber ob man als Schauspielerin nicht doch sehr viel mehr können muß?

Um 12 Uhr 30 geht es endlich los, bis dahin wurde ich geschminkt, frisiert und ausgeleuchtet. Alles vertraute Dinge. Den Text für meine Szene kenne ich schon, und auch meinen Partner, den riesig netten Jerome Courtland. Regie führt Charles Barton. Ich glaube, eine Stunde ist rum, da bricht Barton ab. Wie ist es wohl ausgefallen, wie war mein Englisch? Dieser Gedanke verfolgt mich den ganzen Tag.

Um 19 Uhr holt uns der Disneystar Fess Parker im Hotel ab und führt uns ins »Moulin Rouge«. Nach meiner Schätzung faßt das Restaurant ungefähr 1500 Leute, aber mindestens 2000 sitzen drin. Wir sitzen wie die Heringe. Und außerdem ist der erste Teil der Show mehr laut als gut. Aber dann singt Martin Devis, ein bildschöner Neger mit einer tollen Figur. Um 23 Uhr sind wir wieder im Hotel. Aber ich kann nicht einschlafen, ich muß immer an meine Probeaufnahmen denken.

Samstag, den 1. Februar

Herrlicher Sonnenschein. Und so warm. Wir fahren nach dem Frühstück in einer achttürigen Limousine – so etwas habe ich noch nie gesehen – hinaus ins Disneyland. Ein ganzer Kometenschweif von Fotografen hinter uns her. Ist das köstlich hier! Wir fahren mit der kleinen Eisenbahn und bewundern all die köstlichen Bauten und Attraktionen. Erst um 17 Uhr sind wir, todmüde, aber riesig aufgedreht, wieder im Hotel. Das achttürige Schiff hat uns wieder zurückgefahren. Mammi legt sich ins Bett, und ich lege mich in ihrem Zimmer auf die Couch, und wir erzählen und lachen, bis es Zeit zum Fertigmachen ist. Zum Abendessen treffen wir Bekannte aus Deutschland im »Beach Comber«, dem eleganten Restaurant von Hollywood. Wieder sitzen die Filmstars nur so herum. Wir essen hawaiisch, schmeckt etwas eigenartig, aber ganz gut. Früh zu Bett.

Sonntag, den 2. Februar

Ich bin ganz gründlich ausgeschlafen und gespannt, was der Tag bringen wird. Ob wir wohl heute schon das Ergebnis der Probeaufnahmen erfahren können? Nach dem Mittagessen fahren wir hinaus zum »Marineland«, einem wundervollen Aquarium direkt am Meer an der äußersten Spitze von Los

Angeles. Leider fängt es wieder an vom Himmel hoch zu gießen, und wir können die Vorführung dressierter Delphine und Wale nicht sehen. Nachmittags sind wir zum Cocktail bei Paul Kohner und treffen Helmut Käutner, Lilo Pulver und Curd Jürgens. Es ist ausgesprochen nett und gemütlich hier, leider müssen wir schon um 20 Uhr aufbrechen, weil wir versprochen haben, noch bei Erich Pommer vorbeizukommen. Es regnet immer noch »cats and dogs« wie man hier sagt. Um 21 Uhr sind wir im Hotel zurück, Mammi und ich essen noch Joghurt, kalifornische Orangen und trinken frischen Fruchtsaft. Leo, der vollendete Kavalier, bestellt uns noch eine »Witwe«.

Montag, den 3. Februar

Heute ist der letzte Tag. Ich bin ganz traurig, daß nun schon alles vorbei sein soll. Um 9 Uhr 30 holt man uns ab zum Besuch des MGM-Studios, das wir ja schon kennen. Der Produktionschef, Mr. Benjamin Thau, empfängt uns zu einer einstündigen Unterredung, eine hohe Ehre. Leo erzählt uns, daß er berühmte Stars oft gar nicht oder wenn dann nur für ein paar Minuten zu sich läßt. Als wir gehen, flüstert er mit Mammi. Nachher sagt mir Mammi: »Weißt du, was Mr. Thau von dir gesagt hat? Er meinte, Romy sieht aus wie eine 16jährige, aber sie hat das Köpfchen einer 35jährigen.«

Inzwischen kommt endlich das Ergebnis der Probeaufnahmen. Barton sagt, sie seien ganz hervorragend ausgefallen. Und von meinem Englisch sagt er: »Romy kann es in wenigen Monaten schaffen, daß sie völlig akzentfrei spricht.« Ist doch nicht möglich, das ist doch nicht zu fassen! Ich strahle! Mittags besorgen wir unser »Sailing-permit«, die Ausreisegenehmigung aus den USA. Und dann essen wir noch mal eine ordentliche Fischplatte im »Beverly Hills«. Mammi und ich gehen noch mal zum Friseur. Und dann kommt unser letztes Abendessen. Es ist eine richtige Henkersmahlzeit, dauernd sitzt mir ein Kloß im Hals. Claire packt unsere tausend Sachen zusammen, die Kapelle spielt »Auf Wiedersehen« und dann fahren wir langsam – wieder in dem achttürigen Umgetüm – zum Flughafen.

Um 0 Uhr 30 startet unsere Maschine. Traurig blicke ich aus dem Fenster. Die Blitzlichter flammen noch einmal, dann saust die Maschine los. Ade Los Angeles, ade Amerika. Nach viereinhalb Stunden landen wir in Winnipeg. Aber Mammi und ich bleiben in den Betten liegen. Erst nach weiteren 10 Stunden, bei der Zwischenlandung in Grönland, steigen wir aus. Eine eisige Kälte schlägt uns entgegen. Wir mummen unsere Gesichter in die Schals und stapfen durch den Schnee zum Flughafenrestaurant. Es ist ganz hell hier, in dieser Eiswüste. Der Mond scheint – ein unwahrscheinliches Bild. Nach dem Abflug von Grönland bekomme ich das köstlichste Essen meines Lebens serviert. Ganz zarte Hammelkeulen und Pilze und andere delikate Dinge. Und dann legen wir uns wieder in unsere Kojen. In sieben Stunden sind wir in Kopenhagen. Und neun Stunden später sind wir in München. Ich schließe hier mein Tagebuch. Aber ich muß noch einmal aufschreiben, was ich die ganze Reise über gedacht habe: Ich bin so unendlich glücklich und dankbar, daß ich das alles erleben durfte. Wenn ich das laut sage, dann glaubt es mir doch keiner, und in den Zeitungen steht dann, ich sei affig und arrogant. Aber ich meine es wirklich so. Ich freue mich auf den Daddy – hoffentlich steigt er schon in Frankfurt ein –, und ich freue mich, wenn ich zu Hause in Ruhe über alles nachdenken kann. Es war wunderschön – aber ich kann es gar nicht erwarten, bis ich wieder zu Hause bin.

1958–1965
Nach all diesen Lügen

Christine – Die Halbzarte – Ein Engel auf Erden – Die schöne
Lügnerin – Katja – Die Sendung der Lysistrata – Schade, daß sie eine
Dirne ist – Boccaccio '70 – Der Kampf auf der Insel – Die Möwe – Der
Prozeß – Die Sieger – Der Kardinal – Leih mir deinen Mann – Was
gibt's Neues, Pussy? – Die Hölle – Halb elf in einer Sommernacht

*Freudig ergreift Romy die Gelegenheit, wieder in Wien und in
Paris zu drehen:* Christine *nach dem Schauspiel* Liebelei *von
Arthur Schnitzler. Der junge, dreiundzwanzigjährige Alain
Delon ist ihr Partner. Eine leidenschaftliche Liebe entsteht, und
Romy verläßt das Elternhaus; sie beschließt, künftig in Paris zu
leben. Am 22. März 1959 verlobt sie sich auf Drängen der
Familie mit Delon in Lugano. Im gleichen Jahr erfüllt sie die
Verträge zu den Filmen* Ein Engel auf Erden, Die schöne
Lügnerin *und* Katja. *Sie leidet darunter, keine neuen Filman-
gebote zu erhalten und vom deutschen und österreichischen
Film kaltgestellt zu sein. In Frankreich ist sie noch unbekannt.
Die Fernsehinszenierung* Die Sendung der Lysistrata *unter
Fritz Kortner 1960 ist für sie ein Lichtblick. Erst als sie 1961
unter der Regie von Luchino Visconti in dem Theaterstück*
Schade, daß sie eine Dirne ist, *mit Alain Delon als Partner, auf
der Bühne des Théâtre de Paris steht, ist der Bann gebrochen.
Im gleichen Jahr dreht sie noch* Boccaccio '70 *mit Visconti als
Regisseur und* Der Kampf auf der Insel. *Zu Beginn des Jahres
1962 stellt sie sich einer neuen Theateraufgabe, der Rolle der
Nina in Tschechows* Möwe *und macht eine dreimonatige*

Tournee durch die französische Provinz. Im März 1962 beginnen die Aufnahmen zu Orson Welles' Der Prozeß nach Kafka. Die Arbeiten mit Kortner, Orson Welles und Visconti werden zu Meilensteinen in ihrer Entwicklung, sie formen ihre Persönlichkeit. Ein Hollywoodvertrag der Columbia bringt sie mit internationalen Regisseuren zusammen: sie dreht 1963 Der Kardinal, Leih mir deinen Mann, 1964 Was gibt's Neues, Pussy?, Die Hölle *(nicht beendet)* und 1965 Halb elf in einer Sommernacht. *Obwohl sie eine Luxusvilla in Hollywood, Beverly Hills, bezogen hat, ist sie nicht glücklich. Durch die häufigen und langen Abwesenheiten wird die Beziehung zu Delon belastet, die Trennung im Dezember 1963 nach sechs Jahren, der sich die Sensationspresse bemächtigt, ist für Romy ein schwerer Schock. Sie fühlt sich privat und beruflich am Ende, ist enttäuscht und hoffnungslos.*

In ihrem authentischen Bericht »Nach all diesen Lügen« setzt sie sich schonungslos mit diesen Jahren auseinander. Sie verhehlt nicht die harten Anstrengungen ihres Berufes, berichtet von ihrer Leidenschaft, ihren Gefühlen, dem Sog des internationalen Filmlebens und ihrem verzweifelten Bemühen um ernsthafte Rollen.

Alles begann viel früher. Vielleicht hätte ich den Anfängen entschiedener entgegentreten sollen.

Doch damals erschien es mir unsagbar belanglos, was die Menschen von mir dachten, was sie über mich schrieben und klatschten.

Ich wollte leben, lieben, mich künstlerisch entwickeln, ein neuer Mensch werden. Vor allem aber: frei sein.

Jedes junge Mädchen versucht eines Tages, früher oder später, selbständig zu werden, sich vom Elternhaus zu lösen, ein eigenes Leben zu führen.

Ich suchte diesen Absprung, seit ich achtzehn Jahre alt war. Aber ich fand ihn nicht.

Ich war nun einmal nicht die junge Sekretärin, die sich eine andere Stellung in einer anderen Stadt suchen kann. Ich hatte Verpflichtungen, Verträge, ich hatte viele Ratgeber, die es alle gut mit mir meinten.

Und ich war ehrgeizig. Ich wollte meine Unabhängigkeit nicht nur menschlich erringen, ich brannte darauf, auch künstlerisch Neuland zu gewinnen.

Für das Publikum hieß ich »Sissi«, für die Produzenten war ich die leibhaftige Verkörperung der süßen, unschuldigen kaiserlichen Hoheit. Die Regisseure und die Kritiker, die Kollegen in Deutschland, Frankreich und überall sahen mich nur als Sissi. Sie behandelten mich auch so – andere Rollen wurden mir selten angeboten.

Ich ganz allein schien zu wissen: Ich war keine Sissi. Ich habe die Sissi gespielt, aber ich ähnelte dieser Traumfigur im Leben überhaupt nicht.

Schon als zehnjähriges Kind war ich nicht Sissi, als Achtzehnjährige noch viel weniger. Als Kind im Internat wollte ich Schauspielerin werden, eine richtige Schauspielerin – und ich wäre meiner Mutter mit vierzehn durchgebrannt, hätte sie mir nicht die Chance gegeben, im Film zu spielen.

Aber Sissi? Sissi war ich nie.

Das soll nicht undankbar klingen.

Man könnte meine Worte nicht unrichtiger auslegen.

Ich bin dankbar. Für den Erfolg. Für die herrliche Zeit mit dem Regisseur Ernst Marischka und seiner Frau, die mich wie eine zweite Mutter behandelt hat. Auch für das Geld, das den Grundstock meines Vermögens bildete und mich unabhängig gemacht hat. Ich habe die Sissi gern gespielt – keine Frage. Und trotzdem: ich wollte nicht, daß man mich mit der Rolle identifiziert. Ich fühlte mit abgestempelt. Und nichts ist gefährlicher für eine Schauspielerin, als wenn sie einen Stempel auf der Stirn trägt. Mein Stempel hieß: Sissi.

Keiner wollte es glauben, daß ich auch anders konnte. Ich sollte in diesem Film eine Prinzessin spielen und dann in jenem. Sissi eins und Sissi zwei und schließlich Sissi drei. Ich wehrte mich schon gegen die zweite Sissi – und spielte trotzdem die dritte.

Warum?

Ich werde später versuchen, das zu erklären.

Auf jeden Fall: Ich wußte einfach nicht, wie ich mich aus all den persönlichen und beruflichen Verstrickungen befreien sollte. Ich war ziemlich verzweifelt.

Und dann kam Alain Delon.

Ich erinnere mich an jede Einzelheit. Wir hatten bei einer französischen Produktion den Vertrag für den Film *Liebelei (Christine)* unterschrieben, während ich in München mit Hans Albers den Film *Der letzte Mann* drehte.

Im Nachbaratelier arbeitete Max Ophüls an *Lola Montez*. Mit Ophüls hatte meine Mutter zwanzig Jahre vorher den ersten *Liebelei*-Film gedreht.

Sie fragte ihn: »Würden Sie den Film noch mal drehen, Max?« »Niemals«, antwortete er, »denn ich könnte ihn heute nicht besser machen.«

Das gab mir den nächsten Schock: Ich durfte also wieder einmal ein süßes Wiener Mädel spielen – und hatte nicht einmal die Chance, etwas Besseres als meine Mutter auf die Beine zu stellen – was schwer gewesen wäre: Sie war eine wunderbare Christine! Ich würde bei den Filmkennern und Kritikern wieder nur ein Lächeln hervorrufen: Die Mutter hatte Format.

Dann flogen wir nach Paris.

Die Filmproduktion hatte auf dem Flughafen für die Presse ein Treffen mit meinem Partner Alain Delon arrangiert.

Ich haßte diese Flughafen-Empfänge. Die Tür wird geöffnet, man tritt auf die Rolltreppe, Mammi steht hinter einem und flüstert ins Ohr: »Jetzt lächeln, lächle ...«

So war es auch dieses Mal.

Lächeln. Blitzlichter. Starrende Augen.

Unten vor der Rolltreppe stand ein zu schöner, zu wohlfrisierter, zu junger Bursche, ganz als Gentleman verkleidet, mit Schlips und Kragen und einem übertrieben modischen Anzug: Alain Delon.

Der Strauß roter Rosen in seiner Hand war auch zu rot.

Ich fand das Ganze geschmacklos und den Knaben uninteressant.

Auch er fand mich zum Kotzen – so drückte er sich später aus.

Ein angeberisches, dummes, süßes Wiener Mädchen, ohne Pfiff. Und so was wird in Deutschland Star! Und mit diesem Typ mußte er jetzt sechs Wochen lang drehen.

Er sprach nicht englisch, ich sprach nicht französisch. Wir unterhielten uns in einer Sprachen-Melange.

Am Abend trafen wir uns im »Lido« und tanzten für die Fotografen. Er hatte den Satz »Isch liebe disch« gelernt und fand es offenbar wahnsinnig komisch, ihn mir dauernd zu sagen.

Es war alles schrecklich banal und gar nicht komisch, und wir waren es auch nicht. Wir mochten uns nicht.

Am nächsten Tag flog ich nach Ibiza, wo ich ein Grundstück besaß. Dort las ich das Drehbuch.

Alain schrieb mir einen formvollendeten, stinklangweiligen Brief nach Ibiza, ich antwortete ihm ebenso korrekt wie fad.

In Paris erst lernte ich den wahren Alain kennen. Einen Verrückten. Einen blutjungen Burschen in Blue jeans und Sporthemd, einen ungekämmten, schnellsprechenden, wilden Knaben, der immer zu spät ins Atelier kam, mit einem Rennauto durch Paris raste, rote Ampeln überfuhr – einen Alain, von dem man sich die ungeheuerlichsten Geschichten erzählte.

Ich mochte ihn immer noch nicht.

Unser Partner Jean-Claude Brialy – nach wie vor einer meiner sehr guten Freunde – mußte unter unserer Feindschaft leiden. Es herrschte ständig Kriegszustand zwischen Alain und mir. Wir stritten uns, daß die Fetzen flogen – und Jean-Claude stand dazwischen, vergeblich bemüht, zu vermitteln.

In diese Zeit fiel der Filmball in Brüssel. Mein Stiefvater besitzt ein Restaurant in Brüssel (an dem ich übrigens finanziell nie beteiligt war, wie man behauptet hat). Ich sollte mich mit den Eltern dort treffen.

Zusammen mit Alain fuhr ich im Zug von Paris nach Brüssel. Und zum erstenmal stritten wir uns nicht. Wir flirteten. Als ich in Brüssel aus dem Zug stieg, sah mich meine Mutter nur kurz und forschend an:»O je – dich hat's erwischt...«

Es war schließlich nicht das erste Mal. Mit fast allen Partnern meiner Filme hatte ich auf Teufel komm raus geflirtet. Immer hatte ich mich recht schnell verliebt. So was ändert sich – das Tempo, meine ich –, aber ich werde mich immer wieder verlieben: hoffentlich. Und trotzdem ärgerte mich die Bemerkung meiner Mutter. Dieses Mal ärgerte sie mich – es war mein Flirt, es ging niemanden etwas an.

»Was du nur immer hast...«, sagte ich schnippisch.

An diesem Abend kam es zur offenen Auseinandersetzung mit meiner Familie. In der Öffentlichkeit ist dieser Konflikt später leider in einer Weise hochgespielt und entstellt wiedergegeben worden, die eine Versöhnung fast unmöglich gemacht hätte. Ich bedauerte das. Leute, die keine Ahnung haben, wollten für mich Partei ergreifen und machten meine Familie schlecht.

Heute weiß ich, daß dieser Konflikt notwendigerweise zu dem »Loslösungsprozeß« gehörte – und meine Familie weiß es auch. Ich akzeptiere die Familie, wie die Familie mich akzeptiert. So wie ich bin.

Nun, das erste Donnergrollen hatte sich während des Films *Monpti* bei meinem Flirt mit Horst Buchholz entladen. Damals hatte Daddy so dramatische Sätze hervorgebracht wie:»Wähle zwischen ihm und mir.«

Aber ich konnte nicht wählen. Ich war viel zu dumm und jung und viel zu stark an die Familie gebunden. Ich konnte mir ein Leben außerhalb dieser Gemeinschaft überhaupt nicht vorstellen. Ich wählte nicht. Ich kuschte, mehr oder weniger.

Jetzt in Brüssel kam also das zweite Donnergrollen, aber schon viel mächtiger.

Alain saß auf dem Ball am französischen Tisch, ich bei meinen Eltern am deutschen.

Alain forderte mich zum Tanzen auf. Während des Tanzes bat er mich, doch an seinen Tisch zu kommen. Aber ich fühlte mich noch ganz als braves Töchterchen: Ich ließ mich von ihm zurück an den Tisch bringen.

Ich trank einen Schluck Champagner und dachte nach. Plötzlich begriff ich, daß die Bevormundung ein Ende haben müsse. Irgend etwas in mir revoltierte.

Ich stand auf und sagte: »Ich gehe jetzt rüber zu Alains Tisch, ich will da sitzen.«

Hätte ich mit einem Feuerlöscher auf den Tisch gespritzt, die Reaktion hätte nicht schlimmer sein können: Empörung auf der ganzen Linie.

»Das kannst du unmöglich machen. Du gehörst hierher. Du kannst nicht zu einem Mann an den Tisch gehen. Was sollen die Leute denken.«

An diesem Abend ließ ich mich wieder überreden. Es kriselte. Aber noch kam es nicht zum offenen Ausbruch.

Wir drehten die Außenaufnahmen von *Liebelei* in Wien. Meine Mutter und ich wohnten im Hotel Sacher. Auch Alain wohnte dort. Nach dem letzten Drehtag brachte ich Alain zum Flughafen Schwechat. Ich bekam eine Sondergenehmigung und durfte ihn bis zum Flugzeug begleiten.

Ich stand auf dem Rollfeld. Er küßte mich zum Abschied, dann drehte er sich um und ging die Treppe hinauf.

Ich sah ihn da hinaufgehen, die Tür wurde hinter ihm geschlossen, ich sah sein Gesicht noch einmal hinter einer Scheibe – dann rollte die Maschine an den Start. Ich sah sie nicht mehr abfliegen. Ich konnte nichts sehen: zuviel Wasser in den Augen.

Im Hotel warf ich mich meiner Mutter in die Arme und heulte. Alain hatte meiner Mutter einen Brief für mich hinterlassen. Sie gab ihn mir. Aber ich konnte ihn nicht lesen. Mir verschwammen die Buchstaben vor den Augen.

Am nächsten Tag sollte ich nach Köln fliegen, nach Hause,

mich dort erholen bis zum nächsten Film, ein ganz normales bürgerliches Leben führen, ausruhen, spazierengehen, Autogrammkarten unterschreiben, Drehbücher lesen...

Ich konnte es nicht.

Ich flog nicht nach Köln.

Ich kaufte mir eine Flugkarte Wien–Paris. Ich landete in Paris und rief Alain von Orly aus an.

Erst als ich den Hörer auf die Gabel gelegt hatte, begriff ich, was mit mir geschehen war. Ein Film war zu Ende – nur ein Film. Ich war frei.

Ich war ausgebrochen.

Ich hatte das Band, das mich bisher an mein Elternhaus gefesselt hatte, endgültig durchgeschnitten.

Ich war glücklich, denn in einem Punkt hatte ich mich nicht getäuscht: Meine Liebe zu Alain Delon beruhte auf Gegenseitigkeit. In Paris erfuhr ich, daß es ihm genauso ergangen war wie mir. Während ich im Wiener Hotel Sacher heulend in den Armen meiner Mutter gelegen hatte, schüttete Alain seinem Freund Georges Beaume das Herz aus. Heulend wie ich.

Die Trennung ertrugen wir beide nicht. Wir gehörten zusammen – und jetzt waren wir zusammen. Beide jung, beide überschwenglich. In den ersten Monaten lebte ich mit Alain in der Wohnung von Georges Beaume. Eine Tatsache, die alle Gerüchte-Fabrikanten zu Überstunden zwang.

Bestand nicht zwischen Alain und Georges mehr als Freundschaft? Und die arme gequälte Romy, dieses unschuldige Wiener Mädel mußte sich das mit ansehen.

Lauter Lügen!

Es war von Anfang an eine Freundschaft zwischen uns dreien, die sich über Jahre erhalten hat und auch nach Alains Heirat weiterbesteht. Sonst nichts.

Dies war die eine Seite der Medaille: Liebe, Leidenschaft und ein unbändiges Freiheitsgefühl.

Die andere Seite entdeckte ich später. Als der erste Rausch vorüber war.

Ich hatte meine Kraft überschätzt. Äußerlich war ich zwar frei, natürlich. Ich hatte ja die Brücken hinter mir abgebrochen, war gegen den Willen meiner Mutter und meines Stiefvaters nach Paris gefahren und lebte mit einem Mann zusammen, mit dem ich nicht verheiratet war. Aber innerlich?

Es sagt sich allzu leicht: Ich pfeife auf die Familie. Ich lebe endlich ein eigenes Leben.

In mir stritten sich zwei Welten.

Hier die Welt, aus der ich komme: bürgerlich im besten Sinn, wohlhabend, geordnet; eine Welt, in der alles überschaubar ist, beherrscht von Konventionen, Verträgen, Terminen, Zahlen – und der ständigen Besorgnis um mich und mein Wohlergehen.

»Kind«, sagte mein Stiefvater, den ich »Daddy« getauft habe, »auch wenn dir der Stoff nicht paßt, auch wenn dir die Prinzessinnen zum Hals raushängen, du wirst doch die Katja noch spielen, du wirst doch nicht so verrückt sein und siebenhundertfünfzigtausend Mark ausschlagen...«

Aber dann gab es auch eine andere Welt, eine Welt, die ich erobern wollte: Paris, das Theater, künstlerische Filme, große Regisseure mit phantastischen Plänen und junge Menschen, die sich den Teufel um Geld scheren. Eine Welt, die nicht überschaubar ist – verwirrend und überwältigend zugleich.

Und es gab die Liebe.

Während der ersten Monate in Paris war ich ein Nervenbündel. Verkrampft, verzweifelt, ein Schiff ohne Steuer im Sturm. Jeden Tag wurde ich mit Anrufen bombardiert. Meine Mutter, mein Stiefvater, sogar mein Bruder Wolfi. Gerade er hatte immer soviel Verständnis für meine Probleme gehabt – jetzt schien mich auch er nicht mehr zu verstehen. In diesen Wochen kam ich fast übers Kreuz mit ihm.

Sie alle lehnten Alain ab, warnten mich vor ihm, fütterten mich mit unangenehmen Informationen über ihn, um mich endlich von ihm abzubringen.

Aber wenn dann ein paar Tage lang keiner anrief, war ich auch verzweifelt.

Ich merkte plötzlich: Mein eigenes Gewissen spielte nicht mit. Das Gesetz der Familie, in der ich aufgewachsen war, lebte in mir. Ich fragte mich unwillkürlich: Vielleicht haben sie recht, vielleicht machst du wirklich einen Riesen-Blödsinn, vielleicht wirst du wirklich todunglücklich, wie sie es dir immer prophezeien.

Laß dich nicht schwach machen, sagte ich mir dann, und versuchte, fröhlich zu sein.

Zwischen den Anrufen befetzten wir uns mit Briefen. Alles, was ich schreiend am Telefon nicht unterbringen konnte, legte ich in diese Briefe.

Furchtbare Briefe, die ich heute bedauere.

Aber aus Deutschland kamen genauso schreckliche Briefe. Heute lachen wir gemeinsam darüber, damals war es tödlicher Ernst. Wie ein Familiendrama aus der Elisabethanischen Zeit: Zum Schluß liegen lauter Leichen auf der Bühne.

Vor der großen Pause dieses Dramas waren wir auch alle tot. In der Pause versöhnten wir uns – vorübergehend. Für eine kurze Zeitspanne wurde die Tragödie zur Komödie.

Das kam so:

Im März 1959 traf ich mich mit meiner Mutter und meinem Stiefvater in unserem Haus in Morcote bei Lugano. Hans-Herbert Blatzheim hatte sich offenbar mit meiner Beziehung zu Alain Delon abgefunden.

Vielleicht hatte er sich auch nicht abgefunden, sondern sah nur ein, daß er mich nicht »loseisen« konnte. Wenn es schon nicht zu ändern war, sollte das Ganze wenigstens eine Form bekommen.

Ich verstehe Daddys Standpunkt heute. Nach seiner Herkunft,

seiner Lebensart mußte er so denken und so handeln. Eine Tochter aus gutem Hause, seine Stieftochter, konnte nicht ohne öffentliche Willenserklärung mit einem Mann zusammenleben.

Also beschloß Hans-Herbert Blatzheim, eine »Verlobung« zu arrangieren.

Ich reiste von Paris nach Lugano und erfuhr dort von Daddy: »Morgen findet eure Verlobung statt. Ich habe die Presse schon informiert. Alain wird hierher kommen.«

Ich begreife heute noch nicht, wie Daddy es fertig gebracht hat, Alain zu dieser Verlobung zu überreden.

Weshalb gab sich dieser unbürgerliche Franzose zu einer solchen Farce her?

Ich kannte ihn – und ich zweifelte an diesem 22. März 1959 in Lugano bis zur letzten Minute daran, ob er wirklich auftauchen würde. Alain kam tatsächlich.

Wir »feierten« Verlobung, die Familie stellte sich vereint den Fotografen, jeder gab ein paar markige Sätze von sich. Mammi zum Beispiel sagte: »An Heirat ist vorläufig nicht zu denken. Die Kinder sollen sich erst einmal richtig kennenlernen.«

Die Kinder kannten sich schon ganz gut. Sie kannten besonders die Kluft, die sie trennte. Zwischen Alain und mir lag eine Welt.

Alain drückt das in seinem Buch so aus:

»Sie stammt aus der Gesellschaftsschicht, die ich auf der ganzen Welt am meisten hasse. Sie kann nichts dafür, aber sie ist unglücklicherweise von ihr geprägt.

Ich konnte nicht in fünf Jahren das auslöschen, was ihr zwanzig Jahre lang eingetrichtert worden war.

Ebenso wie es in mir zwei, drei, ja vier Alain Delons gibt, gab es in ihr immer zwei Romy Schneiders.

Das weiß sie auch.

Die eine Romy liebte ich mehr als alles auf der Welt, die andere Romy haßte ich ebenso stark.«

So ähnlich sehe ich auch die Dinge.

Niemand kann aus seiner Haut. Niemand kann alle Einflüsse einfach abschütteln, die ihn von Kindheit an geprägt haben. Alain konnte es nicht, ich konnte es nicht.

Und deshalb war schon am Anfang unserer Beziehung das Ende unausbleiblich.

Nur wußten wir das damals noch nicht.

Oder wollten es nicht wahrhaben – ich jedenfalls nicht.

Wir bezogen Alains Haus in der Avenue Messine. Von Heirat war nicht die Rede. Das schien uns beiden nicht wichtig. Eine Formalität, nicht mehr. Er war mein Mann, ich war seine Frau, wir brauchten keine Papiere.

Noch nicht.

Zuerst ging alles gut. Mit der Familie war ich einigermaßen versöhnt, in Paris fand ich mich zurecht, ich lernte die Sprache, ich fand Freunde. Außerdem hatte ich zu tun: Ich erfüllte die Verträge, die ich vorher noch abgeschlossen hatte, die Filme *Katja, Die schöne Lügnerin* und *Ein Engel auf Erden*.

Und dann kam nichts mehr.

In Deutschland war ich abgeschrieben, in Frankreich war ich noch nicht »angeschrieben«.

Als Schauspielerin gab es mich nicht. Ich war bekannt als lebenslustige Begleiterin des kommenden Weltstars Alain Delon.

Alain raste von einem großen Film zum anderen. Ich saß zu Hause. Das Blatt hatte sich gewendet: Als ich Alain kennenlernte, war er der Anfänger mit einigen Hoffnungen. Ich war bereits eine erfolgreiche Schauspielerin. Oder sagen wir: Ich hatte mehr berufliche Erfahrung als er. Schauspielerin war ich wahrscheinlich noch nicht, eine wirkliche, ernsthafte Schauspielerin, wie ich es – ich wage das zu behaupten – heute bin.

Jetzt trafen wir abends im Künstlerlokal Elysées Matignon die großen Regisseure – sie unterhielten sich mit Alain über die nächsten Projekte. Für mich hatten sie ein paar freundliche Worte übrig.

Ich war deprimiert. Gereizt reagierte ich auf jede neue Erfolgsnachricht, auf jede Mitteilung über einen schönen Vertrag, den Alain erhielt.

Ich lebte mit ihm. Aber ich war schließlich keine Mutter, die ein Typ wie er vielleicht gebraucht hätte, keine Frau, die ihm seine Strümpfe stopft, das Essen kocht und zu Hause auf ihn wartet.

Ich war eine Schauspielerin und wollte arbeiten. Zum erstenmal in meinem Leben wurde ich eifersüchtig auf den Erfolg.

Ich sagte mir: Ich könnte etwas leisten, wenn man mir eine Chance gäbe. Weshalb gibt man mir denn keine Chance? Bin ich wirklich so abgestempelt als Sissi?

Im Sommer 1960 besuchte ich Alain an einem Wochenende auf Ischia.

Er drehte dort mit René Clement den Film *Plein Soleil (Nur die Sonne war Zeuge)*. Ich erinnere mich so genau an dieses Wochenende, weil damals die Wende in meinem beruflichen Leben begann.

Alain und ich saßen in einem Bistro am Hafen. Wir unterhielten uns. Genauer gesagt: Wir unterhielten uns nicht, sondern Alain sprach. Alain redete und redete und redete. Über ein Thema, über einen Mann, über einen Regisseur: Luchino Visconti.

Ich hatte über diesen Wundermann schon in Paris so viel Wunderdinge gehört, daß es mir langsam zuviel wurde. Und Alain brachte in zweieinhalb Stunden am Hafen von Ischia das Faß zum Überlaufen. Welch ein Mann, welch ein Regisseur, welch ein Grandseigneur, und wie er dieses macht und jenes, wie er die Schauspieler führt und was für hinreißende Ideen er hat ...

Ich konnte es nicht mehr hören.

Ich war sauer, wenn ich nur den Namen hörte. »Jetzt hör'
schon auf mit deinem Visconti!« sagte ich.
»Du mußt ihn kennenlernen, dann wirst du anders spre-
chen...«
»Ich verzichte. Ich will ihn nicht kennenlernen...«
Wir hatten einen sauberen Krach. Er endete damit, daß wir
beide nach verschiedenen Seiten abgingen.
Ich flog erbittert nach Paris zurück.

Als Alain die Außenaufnahmen auf Ischia abgedreht hatte, fuhr
er nach Rom. Von Rom aus rief er mich versöhnlich an: »Bitte
komm nach Rom. Du mußt Luchino kennenlernen. Es ist mir
so wichtig.«
Mein Leben lang werde ich nicht vergessen, wie ich Luchino
kennenlernte. Dieser Mann hat mehr für mich getan als
irgendein anderer nach der sauren Zeit.
Ich sehe mich noch in der Halle seines prächtigen Hauses in
der Via Salaria stehen, behaftet mit einer ganz dummen,
kleinmädchenhaften Schüchternheit.
Ich gehe neben Alain auf Luchino zu. Er sitzt im Salon in einem
riesigen Ledersessel neben dem Kamin und sieht mich an, als
wollte er sagen: Aha, die Kleine von Alain, ich werde ihr den
Zahn schon ziehen...
Er ist einer der bestaussehenden Männer, die ich je kennengelernt habe. In der ersten Viertelstunde, während des unver-
bindlichen Vorgeplänkels, bin ich schon hingerissen von ihm.
Aber er zeigt seinen Widerstand gegen mich ziemlich deutlich. Ich registriere: Wahrscheinlich ist er eifersüchtig auf
mich. Alain ist sein Schützling, er will etwas aus ihm machen,
er duldet niemand neben sich, der Alain ablenken könnte.
Damals wie heute haben die Leute viel über die Beziehung
zwischen Alain und Visconti geredet. Aber ich glaube, daß in
dieser Beziehung nie etwas anderes zu sehen war als dies:
Luchino liebte Alain, weil er in ihm das Rohmaterial zum

großen Schauspieler witterte. Tyrannisch und mit einem Aus-
schließlichkeits-Anspruch wollte er das Material formen.

Damals plante er, in Paris ein Stück für und mit Alain zu
produzieren.

Wir trafen uns drei oder vier Abende hintereinander bei
Visconti. Luchino schien seinen Widerstand gegen mich aufzugeben. Ich war sehr glücklich darüber, ich fand ihn jetzt
genauso faszinierend, wie er mir beschrieben worden war.

Am vierten Abend gab es wie immer ein königliches Essen.
Dieser Mann aus fürstlichem Geblüt liebt den Luxus über
alles.

Wir sprachen über das Stück, das Luchino inszenieren wollte:
Schade, daß sie eine Dirne ist von John Ford.

Ich trug damals lange, dunkle Haare mit einem Mittelscheitel.
Das wirkte ein bißchen altertümlich. Vielleicht war es diese
Frisur, die Luchino auf die Idee brachte. Denn das Stück
spielte im England der Renaissance.

Visconti sah mich prüfend an: »Wie wär's denn, Romina, wenn
du die Partnerin von Alain in dem Stück spielen würdest? Du
wärst die ideale Besetzung.«

Ich lachte. »Du lieber Himmel – ich habe noch nie in meinem
Leben auf der Bühne gestanden.«

Alain grinste frech. Ich nahm an, er hätte diese Sache eingefä-
delt, um mich auf den Arm zu nehmen. Bald aber stellte sich
heraus, daß Visconti mit ihm nie darüber gesprochen hatte.

Eine absurde Idee. Ich versuchte, Visconti klarzumachen, wie
absurd sie war. Ein Mädchen ohne jede Bühnenerfahrung soll
ausgerechnet in einem englischen Stück in französischer
Sprache mit einem italienischen Regisseur auftreten?

Die Kritiker würden mich in der Luft zerreißen.

Und überhaupt ...

Luchino ließ sich nicht beirren. Er fragte, ob es terminmäßig
ginge, ob wir die Sache in der nächsten Saison auf die Beine
stellen könnten.

Meine Antwort: »Termine hin, Termine her – sind Sie denn wahnsinnig geworden? Ich kann nicht französisch, ich kann mich auf der Bühne nicht bewegen – das wäre doch künstlerischer Selbstmord!«

»Du hast also keinen Mut, Romina?«

Er hatte meinen wunden Punkt berührt. Ich bin nicht ängstlich. Mutlosigkeit halte ich für ein Gebrechen.

»Am Mut liegt es nicht«, sagte ich, »ich weiß nur, daß ich es nicht kann.«

Er hatte mich, wo er mich haben wollte.

»Ich werde dich nach Paris schicken, Romina, damit du die Bühnensprache lernst. Das ist das erste. Wenn du die Sprache beherrschst, fangen wir mit den Proben an. Und ich verspreche dir: Stellt sich nach zwei Wochen heraus, daß es gar nicht geht, dann lasse ich dich aus dem Vertrag raus und gebe die Rolle einer anderen.«

Ich sagte ihm noch mindestens hundertmal: Es geht nicht. Visconti aber blieb hartnäckig.

Mir zitterten die Knie bei dem Gedanken – und trotzdem begann ich mit der Arbeit.

Bei Mademoiselle Guyot in Paris nahm ich Stunden in Phonetik und Diktion. Sie fing ganz von vorne an, als hätte ich nie ein Wort Französisch gesprochen. Tag und Nacht übte sie mit mir. Wir arbeiteten mit einem Tonband, ich sprach Fabeln von La Fontaine auf Band. (Viel später, nach der Premiere, hörte ich mir meine Stimme aus der Anfangszeit wieder an – und erkannte sie kaum wieder.)

Zur gleichen Zeit arbeitete ich mit dem Schauspieler und Regisseur Raymond Jerome an meinem Französisch. Mit ihm studierte ich auch schon die Dialoge des Stücks, das unser Freund Georges Beaume ins Französische übersetzt hatte.

Visconti hatte mir ausdrücklich verboten, die Dialoge zu sprechen. Niemand sollte ihm ins Handwerk pfuschen. Aber ich fühlte mich so doch sicherer.

Und dann erfuhr meine Mutter von dem »verrückten Plan«.
Sie war außer sich.
Die Pause im Familiendrama war vorüber. Klingel zum nächsten Akt. Von ihrer Warte aus hatte Mammi völlig recht. Sie hatte mir schon Jahre vorher gesagt: »Bevor du einmal auf eine große Bühne gehst, solltest du erst Schauspielunterricht haben und dich irgendwo in der Provinz bewähren.«
Jetzt hatte ich ihre Ratschläge in den Wind gepustet – und startete ausgerechnet auf einer Pariser Bühne unter der Regie eines großen Regisseurs.
Wahnsinn.
»Du ruinierst dich – ich kann das nicht zulassen«, schrieb sie.
Ich schrieb empört zurück, ich sei mein eigener Herr, die Bevormundung habe ein Ende, ich könne mich ruinieren, wo, wann und wie immer ich wollte.
Wieder begann das nervenzermürbende Spiel mit Telegrammen, Briefen, Telefongesprächen, die sehr laut wurden.
Und zwischen uns stand nicht nur das Theaterstück, sondern auch der Mann: Alain, der außer Visconti der einzige war, der an mich glaubte. Er hatte eigenes Geld in das Stück gesteckt.
Kein Mensch sonst glaubte an mich und meine Chance. In Paris wurde gemunkelt: Natürlich hat sie das nur Alain zu verdanken. Wie käme Visconti sonst dazu, so eine kleine blöde Wienerin ohne Theatererfahrung ausgerechnet für diese herrliche Frauenrolle zu nehmen?
Alle hatten recht – nur ich nicht.
Das mußte ich nach den ersten Probentagen annehmen. Ich hatte mich offenbar wirklich auf ein Unternehmen eingelassen, für das meine Begabung nicht ausreichte.
Entsetzlich die Erinnerung an den ersten Probenabend im Théâtre de Paris.
Alain und ich rasten in seinem Ferrari durch Paris. Überall rote Ampeln. Zehn Minuten zu spät betraten wir das Theater. Alle waren schon da – und warteten. Alle: die Crème de la crème

der Pariser Theaterschauspieler, dreizehn an der Zahl. Valentine Tessier, Daniel Sorano, Pierre Asso und wie sie alle hießen.

Keiner sagte ein Wort. Sie empfingen uns mit eisigem Schweigen. Aha, die jungen Leute vom Film, die es nicht nötig haben, zu einer großen, wichtigen Arbeit pünktlich zu erscheinen. Man kennt das ja. Starfimmel. Frechheit.

Auch Visconti blickte uns grimmig an. Stumm.

Visconti probt vier Wochen lang nur am Tisch. Die Schauspieler sitzen rundherum (Alain und mich setzte er möglichst weit auseinander) und lesen ihre Rollen laut. Als die Reihe an mich kam, brachte ich kein Wort heraus.

Es wurde nur ein heiseres Krächzen, ein Gestammel. Ich fühlte mich wie ein Schulkind, das sein Gedicht nicht gelernt hat und gleich von der Schule gewiesen wird. Etwas Ähnliches hatte ich noch nie erlebt.

Ich war zu Tode blamiert. Die anderen gingen mit einem Schweigen über diese Sache hinweg, als hätten sie nichts anderes erwartet.

Am nächsten Tag erschienen Alain und ich eine Stunde vor Probenbeginn. Wir probten allein mit Visconti.

Und wir entschuldigten uns für die Verspätung.

»Gut«, sagte er knapp, »das ist passiert. Wir wollen es vergessen. Aber merkt euch eines: Nie, nie, nie wieder!«

Der Schauspieler Pierre Asso – heute einer meiner besten Kollegen – behandelte mich besonders ablehnend. Ich war Luft für ihn. Aber nach zehn Probentagen steckte er mir unter dem Tisch Zettel zu, auf denen Bemerkungen standen wie: »Geht schon besser.« Oder: »Das war gut.«

Ich fand das rührend – aber ich glaubte kein Wort.

Ich merkte, daß ich es nicht schaffen würde. Vor Verzweiflung über die kommende Niederlage konnte ich nicht mehr schlafen. Tag und Nacht dachte ich an die zweite Besetzung, an das Mädchen, das Visconti längst als Ersatz für mich vorgesehen hatte. Ich dachte: Irgendwo sitzt eine wirklich begabte junge Schauspielerin und wartet auf das Klingeln des Telefons, wartet auf die Stimme Viscontis, die sagt: »Kommen Sie, Mademoiselle! Wie erwartet hat Romy versagt...«

Und dann würden sie tatsächlich alle recht haben, die mich gewarnt hatten. Alle. Meine Mutter und Daddy und Wolfi, die Journalisten und die Kollegen. Tout Paris.

Nie im Leben werde ich den Tag vergessen, an dem ich zum erstenmal das große Abenteuer erlebte, das Gefühl, eine Schauspielerin zu sein.

Der Weg bis zu diesem Augenblick war ganz schön hart. Noch in der Erinnerung überrieselt es mich heiß und kalt: Meine versagende Stimme bei den Leseproben, die piepsige, fremde Stimme eines dummen kleinen Mädchens.

Unten im Parkett des riesigen Théâtre de Paris 1350 leere Sitzplätze – nur ein Platz in der fünften Reihe ist in diesen Wochen zu Beginn des Jahres 1961 besetzt. Am Regiepult Luchino Visconti, jetzt kein Freund mehr, sondern ein kalter, sachlicher Beobachter, dessen Schweigen alles ausdrücken kann: Verachtung – Enttäuschung – Wut...

Ich weiß es nicht. Er sagt kein Wort.

Und ich getraue mich nicht, ihn zu fragen, wie er mich findet. Ich fühle mich als Versager. Und dieses Gefühl steigert sich von Tag zu Tag wie ein Alptraum.

Alain kann mir nicht helfen. Niemand kann das außer Luchino. Alain ist ein Filmmensch; es reizt ihn zwar, auch die Bühne zu erobern – aber das Theater braucht er nicht so wie ich. Ich fühle mich beladen mit Tradition – und diese Tradition verpflichtet. Ich denke an meine Großmutter, die herrliche, unvergessene Burgschauspielerin Rosa Albach-Retty, die noch mit 85 Jahren stolz und würdig ihr Publikum fesselt. Sie wollte immer, daß ich Theater spiele. Sie hat mir immer zugeraten, aber ich hatte nicht den Mut gehabt.

52 Oben: Romy im Frühjahr 1967

back at home – Mutter posiert × neue Photos × man ist wieder schön schlank

53 Mit David Christopher, 1968

54 Im September 1968 dreht Romy mit Alain Delon den Film »Der Swimmingpool«

55 »Die Dinge des Lebens«, 1969, mit Michel Piccoli.
Er ist ihr Partner in sechs Filmen, in fünf führt Claude Sautet Regie.

56 »Die Geliebte des anderen«, 1970, mit Maurice Ronet

57 »La Califfa«, 1970, mit Robert Bisacco

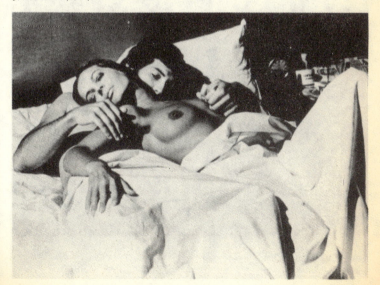

58 »Das Mädchen und der Kommissar«, 1970

Jetzt muß ich ihn haben – ich muß Theater spielen und noch dazu in einer fremden Sprache.

Ich denke an meinen Vater Wolf Albach-Retty und an meine Mutter.

Ich denke: Du darfst ihnen keine Schande machen.

Und denke: Es ist gar nicht mehr zu verhindern. Zu spät. Du hast dich auf ein Unternehmen eingelassen, mit dem du untergehen wirst ...

Zur ersten richtigen Probe – vier Wochen lang haben wir ja nur am Tisch gelesen – komme ich in Hosen. Luchino Visconti aber besteht darauf, daß ich einen Reifrock überziehe. Der Reifrock soll mir helfen, mich als Annabella zu fühlen. Nach all den Reifröcken in meinen früheren Kostümfilmen ist das kein Problem. Ich habe mich immer als die Figur gefühlt, deren Kostüm ich trug. Die »richtigen« Bewegungen kamen dann von ganz allein.

Aber jetzt – jetzt nutzte mir das alles nichts. Ich tapste über die Bühne – war sie kilometerlang? Ich wußte nicht, was ich mit meinen Armen, meinen Händen anfangen sollte. Sie hingen nutzlos an mir herunter, lästig und linkisch. Ich trug hohe Schuhe und sollte ein paar graziöse Tanzschritte über die Bühne machen.

Das konnte ich doch? Diese Technik beherrschte ich!

Keine Spur. Ich kam mir vor wie ein Elefantenbaby. Und die anderen müssen sich an den Kopf gefaßt haben.

Im zweiten Akt trug ich einen roten Morgenrock aus schwerem Samt. Visconti liebt es, wenn auf der Bühne alles Dekor echt ist: Er ist ein Fanatiker der Authentizität. Allein für die Kostüme hat Visconti ein Vermögen ausgegeben. Deswegen war mein Morgenrock aus rotem Samt sehr schwer. Ich hatte jeden Abend rote Striemen auf den Schultern.

In diesem Morgenrock mußte ich eine der schwierigsten, eine fast artistische Szene spielen: Annabella, die aus einem blut-schänderischen Verhältnis mit ihrem Bruder Giovanni – Alain spielt den Bruder – ein Kind erwartet, wird von ihrem Ehemann gepeinigt: Sie soll den Namen des Vaters ihres Kindes preisgeben. Mein Partner Jean François Calvé muß mich auf dem Höhepunkt der Szene an den Haaren packen und von einer Ecke der Bühne in die andere schleudern. Das heißt, es sollte so aussehen als ob.

Ich schaffte aber den Sprung nicht. Ich brachte es nicht fertig, mich oft genug zu drehen. Jedesmal landete ich in der Mitte der Bühne auf dem Boden. Nach unzähligen Versuchen war mein Körper grün und blau.

Und dabei wußte ich die ganze Zeit: Du könntest es schaffen, du bist trainiert genug.

Irgend etwas hemmte mich.

Visconti hatte sich während der Proben bei einem Sturz auf der Treppe schwer am Knie verletzt. Von da an mußte er während der ganzen Proben am Stock gehen.

Nun saß er unten, die Hände um den Stockknauf gelegt, und beobachtete mich. In der großen Wahnsinnsszene des Stücks wurde mein irres Gelächter zu einem blöden Wimmern – ich kam nicht über die Rampe.

Visconti sagte wenig, nur hin und wieder: »Ich höre dich nicht...«

Ich weiß inzwischen, daß er mich gehört hat. Es war seine Taktik. Er wollte mich quälen, mich fertigmachen – um das Letzte herauszuholen.

Er ging sehr weit. Nach einem langen Satz, den ich in italienisch zu sprechen hatte, lehnte er sich in seinem Stuhl zurück und lachte. Visconti lachte über mich!

Mir schien es der Abgrund zu sein.

Aber es sollte noch schlimmer kommen.

Ich mußte ein italienisches Lied singen, das ich bei einem Komponisten einstudiert hatte. Tagelang hatte Visconti die Probe immer kurz vor dem Lied abgebrochen. Am 62. Tag der Proben sagte er plötzlich: »Weiter...«

Mich muß der Teufel geritten haben. Ich sah ihn erstaunt an.
»Wieso?« fragte ich. »Das hast du nicht gesagt vorher.«
Ein Stockschlag auf den Boden. »Weiter, habe ich gesagt!«
Ich konnte das Lied singen, es saß – und trotzdem sagte ich:
»Können wir das nicht morgen machen? Ich kann das Lied
noch nicht.«
Einen Augenblick lang lähmendes Schweigen. Dann brach das
Gewitter los: »Wenn du das Lied nicht sofort singst, sofort,
dann brauchst du es nie zu singen. Nie mehr in deinem Leben.
Du kannst nach Hause gehen!«
»Aber...«
«Geh nach Hause und komm nie wieder!« Sein Stock wies
unmißverständlich zur Tür. »Au revoir, Mademoiselle...«
Ich kann jedem Menschen in die Augen sehen – aber Viscontis
Blick konnte ich in diesem Moment nicht standhalten. Ich
sang. Ich sang mit einer ganz dünnen, flatternden Stimme –
ein gescholtenes Kind mit Gänsehaut.
Und Visconti befahl nur: »Weiter, weiter!«
In der üblichen Pause schickte er alle anderen Schauspieler
nach Hause. Nur mein zweiter Partner Daniel Sorano und ich
mußten bleiben. Ich war so fertig, daß ich nicht einmal
Champagner trinken konnte, der mich sonst immer aufmun-
tert. Dieses entsetzliche Gefühl der Minderwertigkeit...
Am Nachmittag arbeitete ich allein mit Visconti, dem Regieassistenten Jerry Mack und Daniel. Ich fing immer wieder von
vorne an. Visconti schwieg. Zehnmal, zwanzigmal hörte er sich
mein Gestammel an.
Auf einmal löste sich etwas in mir. Ich kann diese Empfindung
heute noch, in der Erinnerung, genau registrieren.
Der Druck in meinem Kopf schwand, ich pumpte die Lungen
voll Luft, ich veränderte mich innerlich und äußerlich. Von
einer Sekunde auf die andere war ich nicht mehr Romy
Schneider. Ich war Annabella. Nur Annabella, überhaupt nicht
mehr Romy Schneider.

Ich schreie den Satz heraus, ich singe das Lied mit voller Stimme, ich bewege mich, wie sich Annabella bewegt, ich spreche nach dem Lied weiter, ich breche nicht mehr ab, spreche den ganzen Dialog, bin allein auf der Welt, interessiere mich nicht für den Regisseur, den Partner, das Theater. Ich bin frei.

Und dann ist es zu Ende.

Ich setze mich mitten auf der Bühne auf den Boden, lasse mich fallen und flenne hemmungslos.

»Wir hören auf«, sagt Visconti.

Er humpelt über die Bühne, beugt sich zu mir, legt mir die Hand auf die Schulter. »Nicht schlecht, Romina...«

Ein großes Kompliment von einem Mann, der nie lobt, schon gar nicht die Jungen, die Anfänger.

Ich ging in das kleine Bistro neben dem Theater, »Chez Pied«, in der Rue Blanche.

Während ich auf Alain wartete, der Kostüme probierte, ließ ich mich vollaufen. Keine Ahnung mehr, was ich getrunken habe, Champagner, Rotwein, Whisky? Ich war sehr glücklich und sehr beschwipst. Ich wußte: Dies ist dein Beruf. So schön manche Aufgaben vorher auch gewesen waren, die wirkliche Erfüllung ist das Theater. Jetzt war mir klar: Dort habe ich einen Platz, der mir gehört. Wenn jetzt noch nicht, dann werde ich ihn mir erarbeiten.

Ich wollte noch einmal zurück auf die Bühne, allein weiter proben, aber der Portier war schon gegangen. So mußte ich ungeduldig auf Alain warten, um ihm zu sagen, was mit mir geschehen war.

Von diesem Tag an dachte ich nicht mehr an eine Umbesetzung, dachte nicht mehr an das Mädchen, das irgendwo in Paris darauf wartete, bis Romy Schneider endlich versagen würde.

Erst nach der Premiere gestand mir Luchino Visconti: »Es hat nie eine zweite Besetzung für dich gegeben. Kein Gedanke daran . . .«

Es ist später viel Falsches über die »dramatischen« Ereignisse vor der Premiere des Stücks geschrieben worden, die üblichen Gerüchte. Sie reichten von der »diplomatischen Blinddarmentzündung der Romy Schneider« bis zur Fehlgeburt. Ich will berichten, was sich wirklich zugetragen hat.

In Paris spielt man zuerst an drei Tagen vor geladenem Publikum – Künstlern, Schriftstellern, Professoren. Dann kommt die öffentliche Generalprobe, dann erst die Premiere, le gala.

Die drei ersten Vorstellungen liefen einigermaßen. Visconti saß in der Loge. Ich spürte sein Vertrauen und seine Kraft, die sich auf mich übertrug.

Bei der Generalprobe fühlte ich mich allerdings elend und krank. Ich hielt es für Lampenfieber.

In der letzten Szene kam es zu einer typischen Generalproben-Katastrophe.

Bei einem dramatischen Gespräch zwischen Annabella und ihrem Bruder Giovanni kniete ich auf einem Bett. Alain neben mir. Ich merkte die ganze Zeit, daß er auf meinen Haaren saß, aber ich konnte ihm kein Zeichen geben. Er stach mit einem Messer wild auf mich ein, ich mußte aufspringen und das Ende der Szene sterbend auf einem Betschemel knien.

Als ich aufsprang, merkte ich, daß die Perücke auf dem Bett liegengeblieben war. Unter der Perücke hatte ich einen Seidenstrumpf über den Kopf gezogen.

Ich muß einen sehr komischen Eindruck gemacht haben: ein nackter Eierkopf mit Haarnadeln. Und dann stirb mal schön, ohne daß die Leute da unten lachen!

Aber sie benahmen sich fabelhaft. Offenbar hatten wir das Publikum wirklich gewonnen. Kein Lacher, nichts.

Nur ich – ich fühlte mich wie ausgezogen.

Kaum war der Vorhang gefallen, rannte ich in die Garderobe, feuerte die Perücke in die Ecke – und in diesem Augenblick kam der Schmerz zum erstenmal. Ein sonderbares Gefühl im Bauch.

Visconti kam und sagte: »Laß mal, Romina – nicht schlimm.« Simone Signoret und Jean Marais trösteten mich über das Mißgeschick in der letzten Szene.

Während ich mich dann abschminkte, überkam mich der Schmerz zum zweitenmal. Es war ein Gefühl, als hätte ich Nägel geschluckt. Ich lief gebückt in der Garderobe herum.

Meine Mutter, die zur Generalprobe nach Paris gekommen war, malte den Teufel an die Wand: »Hoffentlich ist es nicht der Blinddarm.«

»Ach was«, sagte ich, »das macht nur die Aufregung!«

Dann fuhren wir alle zusammen auf einen Schluck in den Künstlerclub Elysées Matignon.

Unterwegs hielten wir bei einer Apotheke. Man besorgte mir ein Schmerzmittel. Es nützte nichts.

Im Club konnte ich die Treppen nicht mehr hinuntergehen. Die Beine sackten mir unter dem Körper weg. Eine Freundin brachte mich zu einem Arzt.

Er gab mir eine Spritze, konnte aber keine Diagnose stellen. »Wahrscheinlich sind es Leberkrämpfe. Die Aufregung, die Anstrengung, Sie wissen ... Am besten, Sie trinken nur Orangensaft!«

Kaum hatten wir uns im Club niedergelassen, wurden die Schmerzen teuflisch und absolut unerträglich. Alain brachte mich nach Hause. Er mußte mich die sechs Treppen zu unserer Wohnung am Quai Malaquais hinauftragen.

Ich fiel ins Bett. Um acht Uhr früh wurde ich geweckt – von einem irren Schrei. Ich hatte selber geschrien. Mein Körper brennt, dachte ich, innen, außen, überall!

Und dabei der Gedanke: Du darfst nicht krank werden. Auf dem Spiel steht die teuerste Premiere, die Paris erleben soll.

600 000 Mark (60 Millionen alte Francs) hatte die Inszenierung bisher verschlungen.

Alain rief Professor Millet an, der sofort erschien.

Verdacht auf Blinddarmentzündung. Also doch . . .

Als die Sanitäter mich auf einer Trage nach unten brachten, kam ich mir wie tot vor.

Wir rasten im Krankenwagen durch die Stadt. Alain saß neben mir, ich sehe noch sein Gesicht über mir, abwechselnd grün und weiß. Durch die Scheiben sah ich ein Stück blauen Himmels und vorüberrasende Häuserfronten. Erinnerungsfetzen. Eine Schwester im Krankenhaus will mir eine Spritze geben. Ich wehre mich. Ich kann die Schwester nicht leiden.

An diesem Nachmittag, während Professor Millet mir den Blinddarm herausnahm, wurde die Premiere über Rundfunk und Fernsehen abgesagt.

In den Tagen nach der Operation lernte ich Paris und meine Freunde von einer neuen Seite kennen, die ich nach der Katastrophe nicht vermutet hätte: Ich wurde mit Blumen überschüttet, man tröstete mich, obwohl ich doch eher Grund gehabt hätte, die anderen zu trösten – denn meine Krankheit kostete das Theater 120 000 Mark.

Die schönste Erinnerung: Jean Cocteau schickte mir eine Zeichnung ins Krankenzimmer.

Fünf Tage Krankenhaus, zehn Tage Urlaub – dann setzten wir die Premiere an: für den 29. März 1961. Mein Gesicht schillerte noch in vielen Farben, mein Bauch war vorsichtshalber bandagiert, ich mußte mich ja schließlich über die Bühne schleudern lassen!

Ich war nervös wie noch nie. Obwohl ich ausdrücklich gebeten hatte, mir nicht zu sagen, wer bei der Premiere dabei sein würde, brach ein Kollege das Schweigen. Es machte mich wahnsinnig. Sie waren alle gekommen: Ingrid Bergman, Anna Magnani, Jean Marais, Jean Cocteau, Curd Jürgens, die berühmtesten Regisseure in Frankreich und viele Kollegen.

In den letzten Minuten vor dem Auftritt geschah etwas Seltsames: Ich begann plötzlich wieder in meiner Muttersprache zu denken, was ich während der ganzen siebzig Probentage nie getan hatte.

Im Zuschauerraum saßen auch meine Mutter und mein Bruder Wolfi. Es war eine versöhnliche Geste nach den unendlichen Streitereien, die wir zuerst wegen Alain und dann wegen des Stücks ausgefochten hatten. Ich war ihnen sehr dankbar, daß sie mich an diesem Tag nicht im Stich ließen.

Mammi war noch aufgeregter als ich. Sie erlebte die Premiere mit, als sei es ihre eigene erste Premiere. Man hatte sie ausgerechnet neben dem gefürchteten Kritiker Jean-Jacques Gauthier plaziert, der sich den ganzen Abend lang demonstrativ langweilte und ankündigte, er wolle während der Pause gehen.

Tatsächlich schrieb er eine vernichtende Kritik über das Stück, über die Inszenierung, er zerfetzte Alain Delon in der Luft – aber mir gestand er wenigstens Begabung zu. Eine Begabung allerdings, die nicht unbedingt auf einer französischen Bühne demonstriert werden sollte.

Andere Kritiken waren viel positiver. »Paris Presse L'Intransigeant« schrieb nach einer Ablehnung des Stücks in der Inszenierung:

»Lediglich Romy Schneider mit ihrem aparten leichten Akzent gelingt es, uns die groteske Leere der Phrasen vergessen zu lassen. Sie ist zierlich und bleich, aber in ihren Adern pulst frisches Blut. Ihre helle Stimme hat mehr Ausdruckskraft, als die Worte es haben, die sie spricht. Sie ist eine ausgezeichnete Schauspielerin.«

Ein anderer Kritiker zog das Resümee dieses Abends: »Man jubelte Romy Schneider zu, die – kaum den Messern des

Chirurgen entronnen – hier höchst anmutig durch das Messer ihres geliebten Bruders stirbt. Sie war die entfesselte Schamlosigkeit selbst und gleichzeitig die Verkörperung rührendster Reinheit, jung, schön, zärtlich . . .«

Ich erinnere mich: Man konnte auch Buhrufe aus dem Jubel hören, aber im ganzen war es ein großer Erfolg. Der Kampf dieser Wochen, die Verzweiflung hatten sich gelohnt.

Ich war sehr stolz an diesem Abend, an dem sich alle Schwierigkeiten beruflicher und persönlicher Art auf so glückliche Weise lösten.

Ingrid Bergman besuchte mich in der Garderobe. »Sie waren wunderbar«, sagte sie. »Und ich weiß, was Sie vorher ausgestanden haben müssen. Ich habe als junges Mädchen in Schweden Theater gespielt und dann viele Jahre später hier in diesem Theater wieder angefangen. Ich kenne die Angst . . .«

Ich war so schrecklich durcheinander. Ich lachte und weinte abwechselnd. Gemeinsam mit meiner Mutter. Mütter müssen doch mitweinen.

Dann kam Alain in die Garderobe – Alain, der sich mit meiner Mutter nicht verstanden hatte. Er war klatschnaß nach der anstrengenden Fechtszene. Aber so wie er war, rannte er auf Mammi zu und nahm sie in die Arme. Mit einer Hand deutete er stolz auf mich: »Heute ist sie die Königin von Paris – meine Königin!«

Ich war glücklich, glücklich.

Das war einer der ganz großen Augenblicke in meinem Beruf. Denn es war mir, als hätte der Herrgott mir alles, aber auch alles geschenkt. An einem einzigen Abend!

Was ich über mich selber weiß, ist dies: Ich bin sehr ehrgeizig. Im März 1961 wurde mein künstlerischer Ehrgeiz zum erstenmal befriedigt. Zum erstenmal nach der langen Pause hatte ich wieder gewonnen. Ich kippte trotzdem nicht aus den Pantinen und glaubte nicht einen Augenblick lang, daß ich es »geschafft« hätte. Ich spürte nur, daß ich endlich auf dem richtigen Weg war.

Am Tag nach der Premiere hagelte es Telegramme aus Rom und New York, London und Berlin. Aus allen Telegrammen und vielen Briefen ging hervor, daß ich stolz sein durfte auf meine Leistung.

Ich gebe es gern zu: Es ist die einzige Leistung, auf die ich bisher wirklich stolz bin.

Ich hatte geglaubt, vielleicht vier Wochen im »Théâtre de Paris« aufzutreten, länger würden wir uns in Paris wohl nicht halten können – es wurden 120 Vorstellungen daraus.

Es war eine schöne Zeit, eine sehr schöne Zeit.

Endlich fühlte ich mich wieder gut aufgehoben. Ich hatte einen Mann, der mich liebte. Alain. Ich war beruflich nicht mehr kaltgestellt. Man sprach wieder über mich als Schauspielerin. Und zwar in den Kreisen, auf die ich Wert legte.

Es kamen Angebote. Auch aus Deutschland. Ich weiß, wie viele Gemeinheiten über mich verbreitet wurden, weil ich keines dieser Angebote annahm.

Romy ist größenwahnsinnig geworden, hieß es, sie lehnt es ab, mit deutschen Produzenten zu verhandeln (und spricht mit Unterhändlern natürlich nur französisch!). Romy verleugnet das Land, in dem sie groß geworden ist...

Es war das alte Lied mit einer neuen Melodie!

Die Wahrheit ist viel einfacher: Keines der Angebote behagte mir, denn die deutschen Produzenten und Verleiher konnten damals nicht umschalten: Sie wollten nicht begreifen, daß ich nach meiner ersten ernsthaften Rolle auf der Bühne um keinen Preis mehr pausbäckige Jungmädchen spielen konnte. Es gab kein Zurück für mich, nur noch ein Vorwärts.

Andere begriffen das besser...

Ende März feierten wir Abschied von Regisseur Luchino Visconti. Alain und ich aßen mit ihm im Hotel Berkley in Paris. Luchino erzählte uns von einem neuen Filmplan: Er wollte

nach einer Novelle von Maupassant (»Am Rande des Bettes«)
einen modernen Sketch für den Episodenfilm *Boccaccio '70*
drehen. Titel: »Der Job«.

Inhalt: Eine junge Gräfin niederer Herkunft entdeckt, daß sich
ihr Mann, Graf Ottavio, als Chef eines Call-Girl-Rings gelegentlich auch selber mit seinen Mädchen vergnügt – und sich von
ihnen ausnutzen läßt. Von nun an kassiert die junge Gräfin von
ihrem Mann für jede eheliche Hingabe einen hohen Scheck ...
Die Story gefiel mir.

»Wer soll die Hauptrolle spielen?« fragte ich Luchino.

An einem Tisch gegenüber saß das ehemalige Star-Mannequin
Bettina, die Verlobte von Ali Khan.

Luchino deutete auf sie. »So stelle ich mir die Gräfin vor: kühl,
damenhaft, beherrscht, nicht zu jung...«

Dann versandete das Gespräch. Mit Floskeln verabschiedeten
wir uns. Ruf mal an, wenn du in Paris bist ...

Was man halt so sagt.

Bereits eine Woche später erhielt ich ein Telegramm:

»Willst du für mich die Rolle in *Boccaccio* spielen? Luchino.«

Ich hielt das für den Irrtum einer Sekretärin. Ich wußte ja, daß
Visconti die Rolle ganz anders besetzen wollte. Ich war nicht
der Typ.

Also antwortete ich überhaupt nicht. Man soll manche Irrtü-
mer auf sich beruhen lassen.

Aber zwei Tage später rief Luchino aus Rom an. Erbittert. Böse.

»Du kannst gefälligst antworten, wenn du ein Telegramm von
mir bekommst, Romina.«

Ich erklärte ihm, daß ich das Ganze für einen Irrtum oder
einen Scherz gehalten hätte.

»Kein Scherz, kein Irrtum!'« sagte er. »Ich habe mir die Sache
überlegt. Es ist viel appetitlicher, wenn die Rolle von einer
jungen Frau gespielt wird...«

Natürlich sagte ich zu. Es war meine Chance, nun auch im Film
zu neuen Fronten durchzustoßen.

Der Film wurde während der Pariser Theaterferien gedreht. Im Atelier herrschte die gediegene Atmosphäre, die Luchino so liegt. Er hatte aus seinem Haus die schönsten Bilder und Teppiche für die Dekoration genommen. Er hatte extra weiß-goldene antike Türen aus Florenz kommen lassen, um seiner »Gräfin« den rechten Rahmen zu geben.

In diesen Rahmen stellte er mich. In kostbaren Kleidern und auch ohne. Und sah und fotografierte mich so, wie mich noch kein anderer Regisseur vorher gesehen und fotografiert hatte.

Der amerikanische Produzent Walter Wanger telegrafierte an Visconti, nachdem er *Boccaccio '70* gesehen hatte:

»Noch nie ist eine Schauspielerin so serviert worden wie Romy in diesem Film, nie bisher wurde eine Schauspielerin so zärtlich angefaßt und beleuchtet.«

Aber das alles hinderte uns nicht daran, den obligaten Krach zu inszenieren. Wahrscheinlich sagt dieser Krach mehr über mein Verhältnis zu Männern als alle psychologischen Betrachtungen.

Ich will berichten, wie es dazu kam.

In einer Szene des Films muß ich dem Butler sehr bissig sagen: »Sie langweilen sich doch bei mir, nein? Haben Sie vielleicht nicht genug Geld?«

Visconti erschien der Satz in meiner Aussprache nicht bissig genug. Ich war anderer Meinung. Wir diskutierten darüber.

Plötzlich brüllte er los: »Du machst genau, was ich dir sage – und nichts anderes . . .«

Alain Delon drehte zu dieser Zeit in Rom mit Antonioni und besuchte mich während der Arbeit. Er war (gemeinsam mit unserem Produzenten Carlo Ponti) Zeuge dieser Szene.

Ich sprach den Satz also noch bissiger – und in diesem Moment sah ich, wie Visconti sich zu Alain umdrehte und ihm zuzwinkerte. Das genügte mir!

Jede Frau wird das verstehen. Es war, als ob er Alain sagen

wollte: Siehst du, mein Lieber, so muß man das Mädchen anpacken, dann spurt sie.

Ich heulte vor Zorn. Drei Tage lang sprach ich mit ihm nur, was unbedingt nötig war.

Luchino mußte genau begriffen haben, was in mir vorging. Als der Film zu Ende war, lud er mich in sein Haus ein. Und nach dem Essen steckte er mir mit einer unendlich zarten Geste einen wertvollen Ring an den Finger, ein Erbstück von seiner Mutter.

Ich selber bin ein Typ, der Geschenke oft nicht richtig servieren kann. Ich schmeiße sie hin und schau dann weg.

Luchino kann schenken.

Wir haben nie über diesen Vorfall gesprochen, aber er wußte nur zu gut, womit er mich verletzt hatte.

Visconti ist einer von den ebenso genialen wie gefürchteten Regisseuren, vor denen die Kollegen warnen! »Laß die Finger davon! Der macht dich fertig. Wenn der Film zu Ende ist, bist auch du am Ende ...«

Sie haben mich vor Visconti gewarnt und vor Fritz Kortner, bevor ich im Deutschen Fernsehen mit ihm *Lysistrata* machte. Sie haben mich auch gewarnt vor Henri-Georges Clouzot, gegen den Visconti geradezu ein sanfter, gutmütiger Mann ist; und sie haben mich schließlich gewarnt vor Orson Welles.

Trotzdem: Ich habe mich mit jedem dieser Regisseure wunderbar verstanden – keiner von ihnen hat mich »fertiggemacht«, im Gegenteil: Sie haben mich zu dem gemacht, was ich heute bin – zu einer Schauspielerin, nicht nur dem Paß nach.

Paris, 26. 5. 1961

Sehr lieber Herr Kortner,

haben Sie mich schon ganz und gar in Grund und Boden verdammt – und auf den großen Haufen aller übrigen »treulosen Seelen« geworfen? Oder kann ich's doch noch »wagen«, Ihnen ein paar Worte zu schicken? Ich bin ein Optimist, wie Sie wissen – das hat sich übrigens auch ausgezahlt – nicht nur der Optimismus, nein – das wär' dann doch zu einfach (und die gar so einfachen Dinge mag und such' ich auch nicht!) – aber ich mein', a bißl optimistisch sein, das hilft oft, ich hab's Ihnen ja immer gesagt, in Hamburg: »Sie Pessimist?« Nein, im Gegenüber waren Sie weiß Gott einer der Wenigen, der nicht negativ von mir dachte – das war mein Sprungbrett! Mehr als das – unnötig zu sagen –

Mein Gott, es hat sich einiges getan in der Zwischenzeit. Wenn ich Ihnen alles jetzt erzählen würde, dann versäume ich womöglich meinen Auftritt und würde sicher letzten Endes deutsch sprechen auf der Bühne – wär' wirklich komisch –

Meine Angst, meine Nervosität, mein Lampenfieber – mein blödsinniger Blinddarm – die Premiere – alles hat die Schneiderin recht gut überstanden. Jetzt haben wir schon 60mal gespielt, den Leuten gefällt's immer noch und sie kommen wirklich jeden Abend. Mein Lampenfieber ist immer noch da – das muß wohl so sein, aber es wirft mich nicht mehr um – oder besser, »ins Krankenhaus«!

Ich hab' oft, oft an Sie gedacht – während der Probenzeit – später – und immer, jeden Abend, wenn ich auf meinem Spiegel vor dem Schminktisch Ihr Telegramm sehe – dankeschön dafür!

Ah ja, es ist schon wunderschön, Theaterspielen, und nicht um viel würd' ich's aufgeben. »Das Blatt« hat sich schön und günstig für mich gedreht, und ich muß sagen, ich bin schon sehr glücklich über alles! Ich mache auch wieder Filme – und Theater – und alles in einer neuen Linie, so, wie ich es mir so sehr ersehnte! Sinnvoller – wertvoller – künstlerischer – reizvoller! Soviel befriedigender!

Ich wollte nach dem 17. Juni ein paar Tage nach (München), Wien, Berchtesgaden und Salzburg fahren – weiß noch nicht, ob ich es schaffe. Wären Sie um diese Zeit in München? Wenn nicht, dann fahre ich nämlich nicht nach München, gleich nach Berchtesgaden, wirklich Sehnsucht hab' ich nur nach Wien, Salzburg und dem Haus meiner Mutter in Berchtesgaden – komisch, nach München usw. zieht's mich nicht mehr so sehr, ich weiß nicht warum!? Ich habe einen Grund nach München zu fahren, das sind Sie, weil ich mich ehrlich von Herzen freuen würde, Sie und Ihre Frau wiederzusehen. Wie gesagt, ich bin noch nicht sicher, ob's mir gelingen wird zeitmäßig, ich muß mich auch a bißl ausruhen, denn diese Rolle ist fürchterlich anstrengend, und ich bin langsam schon recht müde und nehme am laufenden Band ab – statt zu! Na, am 17. Juni schließt das Theater bis September. Dann übernehmen wir das Stück wieder – bis was weiß ich wie lang – aber zwischen Juli und September mache ich einen Sketch mit Visconti in Rom und einen Film mit Alain hier, deshalb ist's a bißl schwierig mit meinem Wegfahren. Wenn's zu knapp wird, fahre ich mit Alain gleich nach dem 17. 6. nach Monte Carlo – wir haben eine kleine Wohnung dort – um uns auszuruhen. – Ich gebe Ihnen Nachricht – und Sie mir auch wieder, ja? Bitte! – Jetzt muß ich Ihnen leider adieu sagen, ich hoffe auf bald – nicht mehr böse sein über die späte Antwort, bitte! Beste, liebe Grüße an Ihre Frau. Seien Sie herzlich umarmt – von Ihrer Schneiderin

Vielleicht können Sie im September einmal nach Paris kommen? Nein? Wär' schön.

Wenn Orson Welles heute telegrafieren würde: Willst Du bei mir eine Rolle ohne Gage oder eine Rolle von lumpigen drei Tagen spielen? – ich würde alles stehen und liegen lassen und es einfach machen. Sein Angebot erreichte mich nach der monatelangen Theatertournee mit Tschechows *Möwe*.

Ich war Orson nie begegnet, als er mir telegrafisch eine Rolle in dem Film *Der Prozeß* (nach Kafka) offerierte. Ich dachte gleich an die Leni, erfuhr aber später, daß Elsa Martinelli diese Rolle spielen wollte.

Orson war sich wohl über die Besetzung noch nicht klar.

Drei Tage vor Drehbeginn saß ich mit Freunden im Künstlerclub Elysées Matignon, als plötzlich ein Berg die Treppe herunterstieg, ein gewaltiger Mensch. Neben ihm, schlank, zierlich und unglaublich jung wirkend, Marlene Dietrich. Sie setzten sich an einen Tisch gegenüber.

Mir puckerte das Herz, ich hatte zuviel Wildes über diesen Mann gehört, ich wollte sofort gehen. Die anderen lachten mich aus: »Du bist doch idiotisch – drei Tage vor Drehbeginn. Geh hin zu ihm, stelle dich vor, sag, wer du bist ...«

Ich traute mich nicht. Eine alberne Situation.

Statt dessen ging ich, wie ein Backfisch, der einen jungen Mann auf sich aufmerksam machen will, betont langsam zur Toilette. Auf dem Rückweg bemerkte Orson mich offenbar.

Von jetzt an starrte er dauernd zu mir herüber, mit finsterem Blick. Ganz offensichtlich. Er flirtete. Und ebenso offensichtlich: Marlene Dietrich paßte das nicht.

Wie er mir später sagte, hatte sie ihm mehrfach »befohlen«: »Stop looking at that child!« – Hör auf, dieses Kind da anzustarren!

Schon am nächsten Tag trafen wir uns bei der Kostümprobe. Der Berg kam auf mich zu und sprach: »Hallo, Leni ...«

Von Anfang an nannte er mich nicht Romy, immer nur Leni. »You are Leni – vergiß es nie: Du bist Leni, niemand anders ...«

Orson sprach mich gleich auf den Vorabend an. Es war ihm genauso ergangen wie mir. Er sagte: »Ich habe dich sehr wohl erkannt, aber ich wußte auch nicht, was ich tun sollte.«

Wir waren uns vom ersten Augenblick an sympathisch.

Anthony Perkins spielte im Film den Josef K., Akim Tamiroff

den Kaufmann Block, für die Rolle des Staatsanwalts hatte Orson noch keinen Schauspieler gefunden.

Er selbst hatte geschworen, nie wieder als Schauspieler aufzutreten. Aber während der Leseproben sprach er die Rolle des Staatsanwalts. Ich las meine Rolle – und hörte zwischendrin zweimal auf, um zu fragen, ob ich gut sei. Das konnte Orson nicht ertragen. Er wurde sehr böse: »Don't you stop. I stop!«

Während er die Rolle las, dachte ich: Eigentlich wäre er die ideale Besetzung für den Staatsanwalt. Es gibt keinen besseren Schauspieler dafür. Sag es ihm doch einfach, dachte ich mir, auch wenn er dich schon zweimal angeschrien hat.

Dann las ich wieder – und plötzlich brach es aus mir heraus: »Orson, es gibt nur einen Mann, der die Rolle spielen kann – Sie!«

»Halt den Mund!« schrie er, »lies weiter!«

Ich blieb hartnäckig. »Ich möchte, daß Sie die Rolle spielen, Orson ...«

Akim und Tony sagten kein Wort. Nur aus ihren Blicken las ich ihre Gedanken: Die Kleine muß verrückt geworden sein. Man spricht nicht so mit Orson Welles.

Orson erklärte mir mit der bärbeißigen Sanftmut einer Krankenschwester, die einen Verrückten beruhigen will, er werde keine Rolle spielen, er habe genug Verantwortung für den ganzen Film zu tragen: »Und nun Schluß mit dem Unsinn, Leni, lies weiter!«

Wir lasen das ganze Stück an diesem Nachmittag noch zweimal durch. Als ich dran war, sah er mich groß an, stoppte mich plötzlich: »Allright, Leni, I'll do it.« – Ich werde spielen.

Einen Augenblick lang war ich fassungslos, dann sprang ich auf und schrie: »Ich habe gewonnen. Er spielt ...«

Für meine Idee schenkte er mir einen Dollar. Es war das schönste Geld, das ich je verdient habe. Ich war sehr stolz, daß ich ein bißchen Einfluß auf diesen großen Mann hatte.

Der Produzent des Films allerdings brach bei der Nachricht

zusammen, daß Orson nun auch noch eine Rolle übernehmen würde. »O Gott«, stöhnte er, »jetzt wird es ganz furchtbar...«

Er hatte ohnehin genug Sorgen mit Orson, denn Orson ist
zwar ein Genie, aber völlig undiszipliniert. Er kommt und
geht, wann er will, Termine sind ihm ein Greuel. Kostenvor-
anschläge ein Buch mit sieben Siegeln.

Als Regisseur machte Orson Welles aus mir wieder etwas
ganz Neues. Ich spielte völlig ungeschminkt, oft häßlich. Bei
einer Großaufnahme habe ich mich in der Vorführung zum
erstenmal auf der Leinwand nicht erkannt – und das war für
mich als Schauspielerin eine enorme Befriedigung und Be-
stätigung. Ich war Leni! Ich war also richtig!

Ich weiß nicht, ob ich klargemacht habe, was in dieser Zeit in
mir vorging: Ich fand mich plötzlich auf einer neuen Stufe
der Leiter, einer Stufe, die man mich in Deutschland nicht
betreten lassen wollte. Aus Mangel an Gelegenheit, aus
Furcht vor dem Risiko oder weil niemand an mich glaubte?

Ich dachte an Fritz Kortner, der mir während der Arbeit zu
Lysistrata den schönen, ermunternden Satz gesagt hatte: »Der
Teufel soll Sie holen, wenn Sie nichts aus Ihrem Talent
machen...«

1962 habe ich auf einer deutschen Bühne gespielt. In Baden-
Baden. In einem russischen Stück in französischer Sprache.
Es war die Vier-Monate-Tournee mit Tschechows melancholi-
scher Komödie *Die Möwe* unter der Regie von Sacha Pitoëff.

Ich freute mich auf die Tournee und auf die Rolle der Nina.
Ich wollte damals mit aller Gewalt das Sissi-Bild von mir
zerstören, wollte endlich und ganz und gar den Stempel
abwaschen, den man mir aufgedrückt hatte.

Inzwischen habe ich längst gelernt, mit Sissi zu leben. Ich
habe mich sogar sehr gefreut, als ich jetzt beim Karneval in
Rio de Janeiro von den Zeitungen und vom Publikum nicht

nur wegen meiner Rolle in *Boccaccio '70* gefeiert wurde, sondern auch noch als »Heldin« der drei *Sissi*-Filme.

Zu Beginn meiner ernsthaften Karriere dachte ich da anders. Vielleicht war es ein Fehler – auf jeden Fall war es eine nützliche Erfahrung: Es stellte sich nämlich heraus, daß das Publikum in der französischen Provinz ausschließlich wegen der Sissi kam, und mit Romy Schneider natürlich auch ein Sissi-Stück erwartete.

Statt dessen wurde den Leuten mit Tschechows *Möwe* ein versponnenes, schwieriges russisches Stück vorgeführt.

Wir fuhren mit Bahn und Autobus durch das Land, spielten zuerst in einem winzigen Nest bei Lyon und dann fast jeden Tag in einem anderen Ort, in kleinen Theatersälen, Kinos oder ähnlichem.

Oft hatten wir alle das Gefühl, vor schlafenden Kühen zu spielen. Die Leute saßen auf ihren Händen, betrachteten uns voller Erstaunen – nur manchmal flackerte etwas auf, manchmal packten wir das Publikum – und dann waren wir unbändig stolz.

Kurz vor dem Auftritt in Nizza hatte ich »wieder einmal« eine »Fehlgeburt«. So deuteten es jedenfalls die Gazetten in feinen Anspielungen an. Offenbar können sich manche phantasielose Journalisten keine andere Ursache für den plötzlichen Krankenhausaufenthalt einer jungen Schauspielerin vorstellen.

In Wirklichkeit geschah folgendes:

Vor der Aufführung in Avignon hatten wir drei freie Tage. In einem Anfall von Maßlosigkeit benutzte ich die Atempause, um drei Tage lang jeden Tag sechs Stunden durch die Gegend zu reiten. Was zuviel war, war zuviel. Ich war lange nicht mehr geritten – und jetzt diese Gewalttour!

In Avignon konnte ich vor Schmerzen bereits den dritten Akt nicht mehr durchhalten. Die Vorstellung mußte abgebrochen werden.

Wie sich herausstellte, hatte ich mich beim Reiten verletzt. Eine kleine Operation war notwendig, ich kam ins Krankenhaus.

Die Behauptung, ich würde nicht gern deutsch sprechen, ist eine dumme und rufmörderische Unterstellung. Alle meine Freunde wissen, daß sie nicht stimmt. Wenn ich in Deutschland oder Österreich bin, spreche ich nur deutsch.

Wenn ich in meiner Pariser Wohnung das Telefon abnehme, melde ich mich natürlich französisch – ist ja normal, nicht wahr? Während ich mit David Swift 1963 in Hollywood den Film *Leih mir deinen Mann* mit Jack Lemmon und Edward G. Robinson drehte, sprach ich nur englisch.

Einmal gab mir David eine Regie-Anweisung in deutscher Sprache. Ich bat ihn: »Bitte, sprich englisch mit mir, David...« Ein Journalist schnappte diesen Satz auf und konstruierte daraus wieder einmal meine »deutschfeindliche Haltung«. Natürlich: Romy will von dem Land nichts mehr wissen, in dem sie groß geworden ist.

Diese Narren!

Tatsache ist: Wenn ich in einem englischen Film spiele, bemühe ich mich, den typischen Tonfall der Sprache genau zu treffen. Das ist nicht nur mein Ehrgeiz, dafür werde ich auch bezahlt. Und je mehr ich dabei in der fremden Sprache fühle und denke, desto besser für die Rolle und die Aussprache. Während der Arbeit irritiert mich das Umschalten von einer Sprachmelodie in die andere. Deshalb meine Bitte an David Swift.

Ein paar Monate später drehte ich mit Otto Preminger den Film *Der Kardinal*. Die Dreharbeiten begannen in Boston. Preminger, ein Freund aufwendiger Publicity, holte auf seine Kosten eine Anzahl europäischer Journalisten nach Amerika. Auf dem Flug von Paris nach New York wurde ich von einem Wiener Journalisten interviewt. Dieser Mann erzählte mir von allerlei sonderbaren Gerüchten, die über mich in Wien umgehen sollten. Alberne Gerüchte.

Ich sagte: »Leute, die solche Gerüchte verbreiten – das sind doch lauter Blöde!«

Der Erfolg: dieser Journalist fabrizierte eine Schlagzeile, die halb Wien verständlicherweise gegen mich aufbrachte:

Romy Schneider:
»Die Wiener sind blöde!«

Als ich dann, aus Paris kommend, in Wien eintraf, wurde ich kühl empfangen. Ich landete ganz normal mit drei oder vier Koffern in meiner Heimatstadt, aber der Haß war schon geschürt: In den Zeitungen wurde ich als verrückter Superstar hingestellt, der Wagenladungen voll Gepäck mit sich führt und überhaupt absolut »spinnert« ist.

Diese Geschichte hatte noch ein Nachspiel. Auf einer großen Pressekonferenz in Wien forderte Otto Preminger den Journalisten auf, sich zu entschuldigen. Er weigerte sich: »Ich bin hier als Journalist«, sagte er, »nicht als Privatmann.«

Preminger: »Gut, Sie sind hier als Journalist, aber Sie sind doch ein Gentleman.«

Wahrscheinlich hatte der Pressemann das Wort noch nicht gehört, jedenfalls reagierte er nicht darauf. Dann wandte er sich an mich.

Ich war zu verärgert, um ihn mir anzuhören. »Sie sind weder ein Mann noch ein Gentleman«, sagte ich. »Auf Wiedersehen.«

Ich mußte es ihm dreimal sagen, bis er begriff, daß ich auf seine privaten Erklärungen »pfeifen« konnte.

Während meines Krankenhausaufenthaltes 1962 in Avignon besuchte mich ein Mann, den ich schon immer sehr bewundert und auch ein bißchen gefürchtet hatte: Regisseur Henri-Georges Clouzot. Mit Clouzot erging es mir wie mit Visconti: Auf eine ganz und gar unerotische Weise war ich sofort verliebt in diesen temperamentvollen, diktatorischen Intellektuellen, der alles fordert und alles aus einem Schauspieler herausholt.

Im Sommer 1963 trafen wir uns bei einem Karajan-Konzert in Paris.

»Ich schreibe an einem Drehbuch«, sagte Clouzot knapp, »der Film heißt *Die Hölle*.

Im Frühjahr 1964 sollten die Dreharbeiten beginnen. Ich freute mich auf die Arbeit. Vorher sollte ich noch meinen ersten Film in Hollywood drehen, *Leih mir deinen Mann*.

Und dann begann das scheußlichste Jahr meines Lebens, das Jahr zwischen Herbst 1963 und Herbst 1964...

Ich erinnere mich genau, wie es anfing.

Vor dem Hollywood-Film verbrachte ich zusammen mit Wolfi, der in Basel Medizin studierte, ein paar Wochen in Monte Carlo.

Wir waren sehr glücklich zusammen, denn wir verstehen uns wunderbar.

Nur ein Schatten trübte die Zeit: Alain drehte einen Film in Madrid – und ich sah in allen Zeitungen das gleiche Bild: Alain in seinem Klappstuhl mit der Aufschrift »Alain Delon« und auf seinen Knien ein Mädchen, das einen großen Hut trug. Über die beiden wurde im Text entsprechend geklatscht. Ein Flirt? Eine Liebesgeschichte? Ich weiß es nicht mehr. Ich war in dieser Beziehung einiges gewöhnt, aber langsam wurde es mir doch zu bunt.

Wenn Alain und ich telefonierten – und wir telefonierten nach wie vor fast jeden Tag –, dann lachte er alles weg. Eines Abends wartete ich gerade auf die Verbindung mit Madrid – da trat er selbst plötzlich ins Zimmer und erschreckte mich. Er hatte viel Sinn für solche Überraschungen.

Es war unsere vorletzte Begegnung vor der Trennung – und ich kann eines noch heute nicht begreifen: Er war wie immer, er benahm sich, als sei nichts geschehen.

Aber vielleicht endet an diesem Punkt überhaupt das Verständnis zwischen Frauen und Männern.

Die letzte Begegnung fand in Rom statt. Und immer noch schien sich nichts zwischen uns geändert zu haben. Alain brachte mich an das Flugzeug nach Hollywood.

Während der ersten Tage in Hollywood telefonierten wir wie üblich miteinander. Wieder das gleiche. Nichts schien sich geändert zu haben. Nur eines: In den Zeitungen häuften sich die Gerüchte. Es war von einer Verlobung mit Nathalie Barthélemy die Rede – dem Mädchen mit dem Hut.

Ich glaubte von den Gerüchten höchstens die Hälfte. Schließlich hatte ich selber meine Erfahrungen mit dem Zeitungsklatsch gemacht. Ich wußte, wie viele Meldungen aus der Luft gegriffen waren.

Aber auch die Hälfte war mir schon ein bißchen zuviel. Ich mußte irgend etwas unternehmen. Ich schrieb ironische Briefe, wie man sie wohl nicht schreiben soll. In einem stand: »Ich hoffe, ich amüsiere mich in Amerika genauso wie du dich in Madrid.«

Dabei amüsierte ich mich gar nicht. Ich war den ganzen Tag eingespannt in die harte Hollywood-Disziplin, mein Terminkalender ließ mir keine Luft zu irgendwelchen Eskapaden.

Dann kam unser gemeinsamer Freund und Agent Georges Beaume nach Hollywood. Er wohnte wie Sandra, meine Freundin und Sekretärin, in dem Haus, das ich gemietet hatte. Eines Morgens vor Drehbeginn hörte ich in meinem Schlafzimmer, wie Georges mit Alain in Paris telefonierte. Ich hatte die Hand schon auf dem Hörer und wartete darauf, daß mir Georges das Telefongespräch übergeben würde.

Ich wartete vergebens.

Plötzlich legte er den Hörer auf. Die Verbindung mit Paris war abgebrochen.

Ich war wütend und rannte hinüber ins Wohnzimmer: »Georges, warum geben Sie mir denn das Gespräch nicht?«

Er sagte kein Wort.

»Hat er denn nicht verlangt, mit mir zu sprechen?« fragte ich. Georges antwortete nicht, er schüttelte nur den Kopf, dann sagte er übergangslos: »Ich bringe Sie jetzt ins Atelier, Romy – Sie müssen sofort gehen...«

Im Auto schwieg er.

Ich fragte: »Warum wollte er nicht mit mir sprechen? Verstehen Sie das?«

Er drehte sich zu mir herum. »Sie müssen sich jetzt sehr zusammennehmen, Romy.«

Er würgte es heraus. Es muß ihm sehr nahegegangen sein. Er war unser beider Freund, er hatte mit uns das Landhaus in der Nähe von Paris ausgesucht, in dem Alain und ich später wohnen wollten, er hatte mit seinem sicheren Geschmack in monatelanger Arbeit die Einrichtung zusammengestellt, er sah uns bereits in diesem Haus wohnen.

Und jetzt dies.

Ich hatte immer mit dem Ende gerechnet, aber ich hatte nicht damit gerechnet, daß es so überraschend kommen würde.

Georges sagte: »Ich habe einen Brief für Sie, Romy. Alain hat ihn mir vor meiner Abreise zwischen meine Papiere gesteckt. Ich wußte nichts von diesem Brief. Alain hat es mir erst eben gesagt...«

Erst abends wollte er mir den Brief geben, damit ich den Tag über in Ruhe arbeiten könnte. Aber ich wußte natürlich alles. Ich wußte schon, daß es zu Ende war. Den ganzen Tag lang war ich blind und taub und verzweifelt. Und spielte trotzdem Komödie.

Was blieb mir anderes übrig?

Abends gab Georges mir den Brief. Er war zwölf oder fünfzehn Seiten lang, und die letzten Seiten waren ein bißchen verwischt. Ich las und begriff und begriff einfach nicht.

Ich habe den Brief nicht beantwortet.

Es blieb nichts mehr zu sagen.

Niemand soll daraus falsche Schlüsse ziehen. Ich gebe zu, daß ich sehr gelitten habe. Ich glaube nicht, daß ich mich deshalb schämen muß.

Ich brauchte viele Monate. Aber dann wußte ich: Kein bitterer Nachgeschmack bleibt. Alain kann heute zu mir kommen, wann immer er will. Er wird ein guter Freund sein. Mehr allerdings nicht...

Während ich in der Arbeit aufging, wurde über mein Privatleben geklatscht. In all diesen Jahren vermied ich jede Stellungnahme zu Gerüchten. Ich hatte mir einen Standardsatz zurechtgelegt, der etwa so aussah:

»Wenn es um mein Privatleben geht, bin ich stumm. Ich glaube, daß die vielen Gerüchte um Alain und mich die Leute allmählich langweilen. Mich langweilen sie schon lange. Es geht niemanden etwas an, wie zwei Menschen ihr Privatleben gestalten...«

Anscheinend war ich im Irrtum. Die Leute langweilten sich nicht – zumindest glaubten das die Redakteure der Wochenblätter. Jede Auseinandersetzung zwischen Alain und mir wurde aufgebauscht, jeder noch so harmlose Flirt von Alain stempelte mich sofort zur verlassenen Braut.

Nicht jeder Flirt war harmlos. Das weiß ich. Alain ist ein junger Hund – und wird immer ein junger Hund bleiben. Immer auf der Suche, oft selbstzerstörerisch. Je öfter wir durch unsere Arbeit getrennt waren, um so gefährlicher wurde die Situation für uns beide. Wir hatten beschlossen zu heiraten, irgendwann. Wir legten einen Termin fest – und dann gaben wir den Plan wieder auf. Es war zu früh.

Manchmal spürte ich voller Verzweiflung, daß unsere Beziehung in Quälerei ausartete – und wollte Schluß machen, einen Strich darunter ziehen.

Ich konnte es nicht. Wenn Alain von einer Reise zurückkehrte, stand ich doch wieder am Flughafen und erwartete ihn. Gut, ich war schwach, ich liebte ihn, ich verzieh ihm immer wieder. Mehr will ich über diese Zeit nicht sagen.

Nur noch eines: Ich bereue nichts. Nichts. Ich möchte das Ganze nicht noch einmal erleben, ich könnte es nicht ertragen.

Aber bereuen?

Nein.

Ich behalte für mich nur das Schönste und Beste von diesen sechs Jahren und stelle fest, daß ich damit ein absoluter Lebenskünstler bin. Das liegt bei uns aber in der Familie...

Heute kann ich ohne Bitterkeit über das Ende berichten. Heute – über ein Jahr nach der Trennung, die trotz allem Vorhergegangenen überraschend kam.

Heute weiß ich auch: Ich habe einen Geliebten verloren und einen Freund gewonnen. Wahrscheinlich ist diese Freundschaft mehr als die Liebe vorher...

»Romy Schneider ist unglücklich – Ein Geständnis der Künstlerin...« Unter dieser Überschrift bringen zur Zeit Zeitungen in aller Welt einen Bericht über mich. Ein Ausschnittdienst versorgt mich regelmäßig mit den Fortsetzungen. Ich erfahre daraus, daß ich von dem Mann träume, der mir endlich hilft, mein eigenes Ich zu finden. Zu diesem Thema soll ich gesagt haben:

»Tatsächlich fällt es mir schwer, mich in der Gesellschaft eines Mannes entspannt und natürlich zu geben. Ich muß immer eine Rolle spielen, um mein wahres Ich zu verstecken. Das kommt daher, weil ich furchtbar schüchtern bin. Wenn es der Mann ebenfalls ist, dann wird aus allem ein langweiliger Flirt; ist der Mann aber ein Draufgänger, ziehe ich mich in meine Schale zurück wie ein kleines Kind...«

Albernes, pseudopsychologisches Geschwätz!

Wer legt mir solche dummen Äußerungen in den Mund?

Ich weiß es nicht. Nachforschungen sind viel zu mühsam. Manche Artikel entstehen offenbar wie Unkraut.

Mein wahres Wesen? Mein wirkliches Ich? Bin ich glücklich oder unglücklich?

Ich meditiere weniger darüber, als die Schnulzenschreiber glauben.

Lassen Sie mich noch zwei Beispiele geben von publizistischen Meisterleistungen, die mich getroffen haben – und vielleicht auch treffen sollten. Ich weiß es nicht. Ich weiß nur, daß die Öffentlichkeit durch solche Berichte ein absurdes Bild von mir bekommt. Ein Bild, das nichts mit mir zu tun hat. Die Menschen, die mich kennen, wissen das. Die Menschen, die mich kennenlernen, sagen es mir oft – und ich freue mich darüber: »Nach allem, was wir gelesen haben, haben wir uns Romy Schneider ganz anders vorgestellt...«

Aber die Menschen, die mich nicht kennen, müssen glauben, ich sei so verrückt, wie mich eine deutsche Illustrierte vor kurzem dargestellt hat. Die Mitarbeiter dieses Blattes riefen mich in Paris an. Es war während der anstrengenden und zeitlich sehr verzögerten Dreharbeiten zu meinem letzten Film *Was gibt's Neues, Pussy?*

Ich hatte wenig Zeit – aber ich ließ mich schließlich doch überreden, einige Fotos zu machen.

Sie kamen in meine Wohnung in der Avenue Hoche. Mit Blumen, Geschenken, mit freundlichen Gesichtern und vielen Versprechungen. Sie baten mich, verschiedene Kleider anzuziehen – wegen der Abwechslung.

Ich sagte: »Gut... Aber fotografiert werden ist ziemlich langweilig. Laßt uns einen Spaß daraus machen, wenn es schon sein muß...«

Ich ließ Champagner kommen, legte Schallplatten auf – und dann fingen wir an.

Anziehen, umziehen, Champagner trinken, posieren, ein paar Tanzschritte für den Fotografen. Er war offenbar zufrieden.

Als ich bald darauf den Anfang des Berichtes las, traute ich meinen Augen nicht.

Es war unfaßbar.

Die Herren von der Illustrierten schienen noch immer geschockt zu sein von der Begegnung mit einer Irren. Eine Irre, die sich während eines dreistündigen Treffens zehnmal umzieht, am Nachmittag Champagner trinkt, zwischendurch auf dem Teppich tanzt und unvermittelt in schrilles Gelächter ausbricht. Der Fotograf hatte seine Besorgnis auch noch anders ausgedrückt: Ich erinnerte ihn demnach an ein Mädchen, mit dem er einen Tag vor ihrem Selbstmordversuch zusammen war.

Kein Wort mehr darüber!

Ich habe meinen Humor in dieser Affäre längst wiedergefunden. Über die zweite bösartige Geschichte wird so schnell kein Gras wachsen. Da wird mein Anwalt sprechen. Diese Lügengeschichte ist übrigens der Anlaß, weshalb ich mich bereit gefunden habe, die Geschehnisse so zu schildern, wie ich sie sehe, das heißt, wie sie sind.

Nach all diesen Lügen ...

Im August 1964 verlebte ich ein paar Ferientage in unserem Haus in Berchtesgaden. Ich hatte diesen Urlaub daheim sehr nötig: 1964 war für mich ein bitteres Jahr. Das wird jeder verstehen. Ich hatte fast sechs Jahre lang mit Alain Delon gelebt. Nun war es zu Ende.

In Berchtesgaden lebte ich ganz abgeschieden, las keine Zeitung, erfuhr nichts von der Welt.

Am 13. August erhielt ich ein Telegramm von meinem französischen Agenten und guten Freund Georges Beaume:

ICH DENKE AN SIE, BESONDERS HEUTE.

Ich verstand den Telegrammtext nicht. Weshalb dachte er gerade heute an mich?

Ich zeigte das Telegramm meiner Sekretärin Sandra. Sie warf

nur einen Blick darauf, dann sagte sie: »I think, that's the marriage.« – Ich denke, das bedeutet die Heirat.

Jetzt wußte ich es.

Alain Delon hatte geheiratet.

Ein paar Tage später wollte ich nach Monte Carlo fliegen, um dort zu einer Mittelmeer-Kreuzfahrt auf der Jacht des Produzenten Sam Spiegel zu starten.

Am Vorabend meiner Abreise rief mich um zehn Uhr abends ein Reporter an. Er behauptete, für eine amerikanische Zeitung zu schreiben, später stellte sich heraus, daß er bei der Pariser Wochenzeitung »France Dimanche« war. »Ich habe hier einen Brief von Alain Delon für Sie. Darf ich Ihnen den Brief vorlesen?«

Nicht eine Sekunde lang glaubte ich, daß es sich wirklich um einen Brief von Alain handeln könne. Es war nicht seine Art, mir Briefe durch einen Reporter vorlesen zu lassen.

Aber ich konnte das jetzt nicht klären. Und trotz allem interessierte mich, was in diesem Brief stehen konnte.

»Bitte, lesen Sie vor ...«

Inzwischen weiß ich genau, was es mit diesem angeblichen Brief auf sich hat.

Alain hat ein Buch über sich geschrieben, sein Leben, seine Erlebnisse, seine Karriere. Ein Kapitel in diesem Buch trägt die Überschrift »Romy«.

Das Manuskript wurde von unserem gemeinsamen Freund Georges Beaume verwahrt. Auf bisher ungeklärte Weise verschwand das Kapitel »Romy« aus seinem Büro und geriet in die Hände der »France Dimanche«-Redakteure. Sie hatten das Kapitel abgedruckt und wollten nun in der nächsten Nummer der Zeitung meine Stellungnahme dazu.

Ich hörte schweigend zu, während der Reporter las. Ich hörte Sätze wie diese:

»Wie kann man nur von einem Abenteuer zwischen Romy und mir sprechen? Wir haben eine ganz außergewöhnliche Liebe erlebt. Und wenn wir uns getrennt haben, dann geschah es nicht, weil wir uns nicht mehr liebten, sondern weil wir uns zu sehr liebten.«

Oder diesen:

»Ich weiß, daß meine Liebe zu Romy verknüpft war mit einer grenzenlosen Bewunderung, die nicht der Schauspielerin galt, sondern der Frau. Für mich ist und bleibt Romy die ideale Frau. Die Frau, von der ich mir Söhne gewünscht hätte.«

Oder schließlich das hier:

»Ich werde von keiner Frau so sprechen wie von ihr, von keiner anderen Frau werde ich je sagen: Sie liebte mich so sehr – denn das wäre zu anmaßend. Aber ich habe das Recht, dies von ihr zu sagen, denn meine Liebe war ebenso groß wie ihre. Das einzige, was ich heute wünsche: Sie soll wissen, wie sehr ich sie geliebt habe – und immer lieben werde.«

In diesem ganzen Buchkapitel findet sich kein Satz, der nicht schmeichelhaft für mich wäre, kein Satz, gegen den ich protestieren würde.

Was sollte ich also dazu sagen?

Ich bedankte mich bei dem Reporter und bat ihn, keine Fragen zu stellen – das war alles.

Und dann kam das dicke Ende. In jedem Hafen, den wir während unserer Kreuzfahrt ansteuerten, leuchteten mir von den Kiosken die Schlagzeilen entgegen:

»Ich liebe ihn immer noch!«

Und dann hieß es weiter:

»Bis zum letzten Augenblick habe ich geglaubt, daß er sich nicht verheiraten wird.«

Es war komisch, als meine Freunde dauernd versuchten, sich mit breiten Rücken vor die Kioske zu stellen oder meine Blicke abzulenken.

Die Sache selbst war keineswegs erheiternd. In dem Bericht wurde ich wieder einmal als ein dummes, sentimentales, tränenseliges Mädchen hingestellt – eine deutsche Jungfrau, die von einem bösen Franzosen schmählich verlassen worden ist und nun des Jammerns kein Ende findet.

»Ich flehe Sie an, lesen Sie mir den Brief vor«, soll ich gesagt haben. Und: »Fahren Sie fort, ich verstehe zu leiden.« Oder schließlich der Gipfel der Verlogenheit: »Ich werde Alain niemals vergessen. Er hat mein Leben gezeichnet. Ich hätte in ein Kloster eintreten können, aber das wäre eine zu große Genugtuung für ihn gewesen – und so habe ich es vorgezogen, so zu tun, als sei nichts passiert.«

Ähnliche Berichte häuften sich seit meiner Trennung von Alain. Sie haben mit der Wirklichkeit wenig gemein. Sie machen aus einer zweifellos komplizierten Beziehung zwischen zwei Menschen verschiedener Herkunft eine Schnulze – und aus den Menschen selber machen sie Schießbudenfiguren, auf die man dann lustig knallen kann.

In der Öffentlichkeit habe ich bisher keinen Kommentar zu der Trennung von Alain gegeben. Die Folge davon war, daß unendlich viele erlogene Kommentare erschienen, die meisten tränenselig und weltschmerzlich.

Seit einem Jahr hat sich das geändert. Jetzt dichtet man mir unentwegt neue Liebesgeschichten an. Wie grenzenlos ist die Phantasie der »Dichter«!

Drei Tänze mit meinem Agenten und Freund Eugene Lerner – und schon ist die neue Romanze fertig.

Der Besuch eines Nachtlokals mit dem Kollegen Maximilian Schell: Romy spannt Soraya ihren Verlobten aus!

Ein Wiedersehens-Essen mit meinem *Monpti*-Partner und Jugendflirt Horst Buchholz: Schon ist Horsts Ehe in Gefahr.

Und vor drei Wochen verkündete eine Pariser Zeitung: Romy hat sich mit Claude Terrail verlobt!

Ich habe Claude, den Besitzer des Drei-Sterne-Restaurants Tour d'Argent, sofort angerufen – und wir lachten gemeinsam über die Ente.

Gerade am Beispiel Claude Terrails kann ich gut erklären, wie sich die Sache wirklich verhält.

Ich kannte Claude seit Jahren flüchtig von verschiedenen gesellschaftlichen Anlässen her und mochte ihn nicht sehr. Wir hatten nichts miteinander zu schaffen. Erst jetzt, im März, trafen wir uns zufällig in Rio de Janeiro beim Karneval, verstanden uns, konnten miteinander lachen: Ich merkte, daß Claude genau das ist, was man in Paris einen »copain« nennt, einen guten Kumpel. Es ist gut, in Paris einen copain zu haben, mit dem man ausgehen kann, zusammen Sport treibt. Es muß ja nicht immer gleich Liebe sein, was einen Mann und eine Frau verbindet. Liebe ist eben sehr selten, und das ist vielleicht auch gut so.

Für mich ist bis jetzt das wichtigste die Arbeit, aber das wird sich ändern. Ich will nicht eines Tages nur meinen Beruf haben; ich bin sowieso schon zu selbständig geworden – und das ist gefährlich für eine Frau.

Das einzige Trostpflaster im Jahr 1964: Ich hatte mit meinem ersten Hollywood-Film *Leih mir deinen Mann* großen Erfolg. Der Film war ein Kassenschlager, öffnete mir den amerikanischen Markt und brachte mir positive Kritiken in Amerika ein. Es ging aufwärts.

Nach der Rückkehr aus Hollywood erholte ich mich ein paar Wochen lang im Haus meines Freundes Curd Jürgens an der Cote d'Azur, um für den Clouzot-Film *Die Hölle* fit zu sein. Hin und wieder kam Henri-Georges Clouzot, der in Saint-Paul de Vence wohnte, zu mir herüber, um über das Projekt zu sprechen. Als er schon mit den Proben beginnen wollte, stellte sich plötzlich heraus, daß ihn mein leichter deutscher Akzent störte. Er wollte mich unbedingt innerhalb von ein paar Wochen zu einer perfekt akzentfrei französisch sprechenden Schauspielerin machen. Das war beim besten Willen nicht zu schaffen.

Nach langen Diskussionen einigten wir uns schließlich darauf,

59 Romy privat, 1971

60 »Ludwig II.«, 1972, der Film, in dem sie noch einmal die Elisabeth von Österreich spielt

61 »Cesar und Rosalie«, 1972, mit Yves Montand und Sami Frey

62 »Le Train – Nur ein Hauch von Glück«, 1973, mit Jean-Louis Trintignant

63 »Das wilde Schaf«, 1973

64 »Nachtblende«, 1974, mit Fabio Testi

65 »Die Unschuldigen mit den schmutzigen Händen«, 1974, mit Paolo Giusti und Rod Steiger

daß ich im Film die Rolle einer Elsässerin spielen sollte. Wir drehten dann in den Ateliers von Nizza einen ersten Test mit Raf Vallone und Yves Montand.

Bei diesen Proben merkte ich schon, daß Clouzot wirklich der schwierigste Regisseur war, dem ich bisher begegnet bin. Schwierig nicht im negativen Sinn! Dieser Mann gibt sich nie zufrieden, er ist ein Perfektionist, der jeden Ton, jede Beleuchtung, jede Geste bis auf die kleinste Nuance genauso haben will, wie er sie sich vorher in seiner Phantasie vorgestellt hat.

Ich fragte mich: Wie wirst du achtzehn Wochen Drehzeit mit Henri-Georges durchstehen?

Ich brauchte sie nicht durchzustehen. Leider, leider.

Das Pech fing schon damit an, daß Serge Reggiani schwer erkrankte, was alle Dispositionen über den Haufen warf. Mit meiner Gesundheit war es auch nicht weit her. Und dann, nach drei Wochen Dreharbeit, kam die Katastrophe: Henri-Georges Clouzot brach zusammen, Herzinfarkt! Der Film mußte abgebrochen werden. Keine Chance, auf Clouzots Genesung zu warten. Die Ärzte erklärten gleich, daß er mindestens ein Jahr lang pausieren mußte.

Ich merkte plötzlich, daß ich in der Luft hing. Der Abbruch der Dreharbeiten bedeutete für mich mehr als nur ein »geplatzter Film«. Ich hatte mich mit Haut und Haaren auf diesen Film konzentriert. Nun war er zu Ende, ehe er richtig angefangen hatte – und ich wußte nicht, was ich tun sollte ...

Damals im Herbst 1964 begriff ich zum erstenmal wieder, daß ich mir ein Leben außerhalb des Films und der Bühne aufbauen mußte. Ich wollte wieder lernen zu leben – ein privates Leben mit Freunden zu führen, Urlaub zu machen.

Ich versuchte, Arbeit und Leben wieder in ein richtiges Verhältnis zueinander zu bringen. Und es ging ...

Ich bin in der glücklichen Lage, mir wegen Geld keine Sorgen machen zu müssen. Schon als junges Mädchen habe ich sehr gut verdient – mein Stiefvater hat das Geld ausgezeichnet angelegt und sorgt heute noch dafür, daß finanzielle Erwägungen in meinen Plänen keine Rolle spielen müssen. Ich bin ihm für dies und vieles andere dankbar.

Ein großer Vorteil für eine Schauspielerin: Um des Geldes willen brauche ich keine Rolle anzunehmen, die ich nicht spielen will. Ich kann so lange pausieren, wie ich will – und in den Pausen weiter hart an meiner Ausbildung arbeiten.

Ich nehme Tanzunterricht und Gesangstunden, damit ich gewappnet bin, wenn eines Tages beispielsweise ein interessantes Musical lockt. Ich hoffe sehr, bald eine erste Langspielplatte mit Chansons in deutsch, französisch und englisch machen zu können.

Im Herbst drehe ich unter der Regie von Jules Dassin den Film *Halb elf in einer Sommernacht* nach dem Roman von Marguerite Duras mit Melina Mercouri und Peter Finch. Ein weiterer Film in Hollywood steht im Januar 1965 auf dem Programm, anschließend kommt *Die Tarnowska* nach dem Roman von Hans Habe, dann wieder Theater.

Neulich hatte ich ein amüsantes Erlebnis. Ich traf den französischen Dichter Jean Anouilh bei einem Empfang und fragte ihn, woran er im Augenblick arbeite. Er sagte, er sei gerade gar nicht in Arbeitsstimmung, er wisse nicht, welches Stück er schreiben solle.

»Aber wenn Sie wieder anfangen«, frage ich ihn, »schreiben Sie dann ein Stück für mich?«

»Das liebe ich«, antwortete er, »ein Stück auf Bestellung! D'accord!« – Einverstanden . . .

Und beim Abschied im Taxi versicherte er: »Ich denke an Ihre Bestellung.«

Ich hoffe, daß aus diesem Plan etwas wird. Solche Begegnungen sind typisch für die schöpferische Atmosphäre in Paris. Deshalb liebe ich Paris, deshalb lebe ich in Paris. Aber nicht nur aus diesem Grund . . .

Paris hat mich frei gemacht. Paris hat mir etwas gegeben, was ich vorher nicht hatte. In Paris habe ich gelernt, frei zu denken. Ich habe jetzt auch keine Angst mehr, frei zu sagen, was ich denke. Und ich habe keine Angst mehr, auch danach zu handeln.

1965–1967
Mein bürgerlicher Traum

Schornstein Nr. 4 – Spion zwischen zwei Fronten

*Romy ist nach der Trennung von Delon verstört und traurig,
sie befindet sich in einem Zustand der Erschöpfung. Berufliche
Pläne scheitern, Frankreich ist ihr verleidet, gern würde sie
wieder auf der Bühne stehen. In Frankreich ist sie trotz aller
Schwierigkeiten glücklich gewesen, hier hat sie sich ihre Karriere aufgebaut. Sie spürt, daß sich ihr ganzes Leben verändern wird. 1965 fährt sie zu den Salzburger Festspielen, nach
Berchtesgaden zu ihrer Mutter und nach Berlin. Hier lernt sie
am 2. April bei der Eröffnung eines Restaurants im Europa
Center, das Blatzheim gehört, den Schauspieler und Regisseur
Harry Meyen kennen, dessen bürgerlicher Name Harry Haubenstock ist. Er ist jüdischer Herkunft, vierzehn Jahre älter und
wirkt auf Romy beruhigend und sicher. Die Theaterwelt, in der
er lebt und die er für viel bedeutender hält als die des Films,
wirkt auf sie anziehend. Sie bewundert ihn. Sobald er von
Anneliese Römer geschieden ist, wollen sie heiraten. Beide
träumen von gemeinsamen Theaterplänen. Romy will Paris
verlassen und endgültig nach Berlin übersiedeln. Nach Abschluß der Dreharbeiten von* Halb elf in einer Sommernacht
*1965 in Spanien beginnt sie 1966 mit Michel Piccoli als
Partner den Film* Schornstein Nr. 4. *Am 15. Juli 1966 heiraten*

*Romy Schneider und Harry Haubenstock auf dem Bürgermei-
steramt von Saint-Jean-Cap-Ferrat während der Dreharbeiten
des Films* Spion zwischen zwei Fronten, *in dem auch Harry
Meyen eine kleine Rolle erhält. Romy nimmt Abschied von
Frankreich. Am 3. Dezember 1966 wird ihr Sohn David
Christopher Haubenstock im Berliner Rudolf-Virchow-Kran-
kenhaus geboren. Sie leben in einer Wohnung im Grunewald.
Eine friedliche, harmonische Zeit beginnt, ein Ruhezustand.
Keine Höhepunkte und keine Langeweile. Am 21. Februar
1967 stirbt Romys Vater Wolf Albach-Retty in Wien.*

*Die Notizen dieser Jahre zeigen eine innere Zerrissenheit und
eine Unentschiedenheit zwischen Film und Bühne, Pläne und
Vorhaben zwischen Frankreich und Deutschland. Gedanken
und Briefe zeigen aber auch das Glück ihres Familienlebens,
den Stolz auf ihren Sohn.*

Januar 1965

Ich bin müde. Mein Leben ist die Hölle. Nur abends bin ich manchmal glücklich. Hoffentlich kehrt »sie« mit der Nacht nicht zurück.

Sie ist immer da. Sie, das ist die andere. Mit ihren Augen starrt sie in die Nacht. Sie beschimpft mich, sie lacht, sie weint. Sie hat immer eine Hand auf meiner Schulter. Sie paßt immer auf mich auf. Sie wirft mir alle Fehler vor, einmal, zweimal, dreimal. Ich werde sie nie los. Aber ich hasse sie. Der Mann, den ich liebte, sagte immer: »Laß dich doch einmal gehen, gib dich ganz, spring ins Wasser...« Er hatte so recht. Alles kotzte mich an. Wenn ich die andere doch nur töten könnte. Eines Tages werde ich es schaffen.

Ich weiß noch, wie es begann: Vor sehr, sehr langer Zeit. Es war im Winter in der Schule in Salzburg. Ich betete, ich war vielleicht acht Jahre alt. Lieber Gott, gib, daß ich Schauspielerin werde. Ich war glücklich, wenn ich betete. Ich fand mich irgendwie erhaben. Ich lag auf den Knien und sah mich so selbst. Das Gesicht in die Hände vergraben, die weiße Wand, das Kruzifix. Doch auf einmal konnte ich nicht mehr beten. Denn sie war schon da, die andere, die alles zerstörte, mein

Gebet, meine acht Jahre, meine Unbefangenheit. Die Ordens-schwestern begriffen nicht. Für sie war ich nur die kleine Albach, wie ich wirklich heiße, ein schwieriges Geschöpf, ein Kind, dessen Eltern geschieden waren, ein kleines, ungezogenes Mädchen mit vielen Fehlern. Eine Lügnerin. Ja, ich log. Ich erfand Geschichten, ich erfand ein ganzes Leben, um vor meinen Schulkameraden aufzuschneiden. Ich sprach von Leuten, die ich nie gesehen hatte. Meine Mutter hatte sich immer geweigert, mich in ein Filmstudio mitzunehmen. Aber das machte mir gar nichts aus. Ich spielte mich auf und erzählte: Gestern haben wir mit Gary Cooper gegessen...

In meinem Privatleben verlangte man immer von mir. Ich will nicht, daß man mir etwas nimmt, was ich nicht geben will. Man bestiehlt mich dann damit. Man hat mich nicht nur bestohlen, man hat mich geplündert! Ich war wie ein Hund. Ich habe »schön« gemacht, bis ich Krämpfe bekam. Dabei bin ich fähig, einen Mann zu lieben, am Morgen, wenn er ganz verschlafen ist. Wenn er auch noch nicht die Zähne geputzt hat und seine Augen noch vom Schlaf verquollen sind. Da ist er echt, so liebe ich ihn. Aber ich brauche Stärke. Einen Mann, der mich gewaltsam in die Knie zwingt. Doch ich bin bisher nur auf Schwäche gestoßen. Wir waren zwei, die kläfften! Mich müßte ein Stärkerer in die Hand nehmen, mich zurechtbiegen, mich bis in die Knochen zerstören. Aber gibt es so einen Mann? Zuerst war es so. Und ich sagte: »Lieber Gott, hoffentlich bleibt es so.« Und ich wußte, daß es nicht so bleiben würde. Ich habe gedacht, halte diesen Augenblick fest, lebe ihn ganz, denn morgen ist alles vorbei und du wirst die Zeche für dein Glück zahlen müssen. Ich habe gezahlt. Den höchsten Preis.

Brief zum Muttertag

Paris, Mai 1965

An meine Mutter.

Ihr Name ist, für Sie alle, Magda Schneider. Wir haben uns vor

26 Jahren kennengelernt, und im Laufe dieser 26 Jahre hat sie von mir »so einige« Namen bekommen. Deshalb beginne ich diesen Brief wohl am besten so:

Meine liebe Mammi (Schulzeit). Mein geliebtes Mütterchen (Schulzeit und sehr schlechtes Gewissen). Liebste Mammi – (bessere Zeiten nach der Schule). Meine liebe »Mom« (Flegeljahre einer Kaiserin). Mamma – liebe Magda – liebe gute Magdalena – liebe Frau Leni – Du! (das wäre so ungefähr die Gegenwart). Also –

Grüß Dich Gott!

Verzeih; ich habe Dich eben mitten in der Nacht – zum zweitenmal – angerufen; aber ich mußte Dir doch diesen herzlichen Brief von der Wiener Großmutter vorlesen. Ich habe hier in meinem Bett Tränen gelacht, und da Du mich ja nicht zu egoistisch haben willst, dachte ich, Du sollst auch im Bett Tränen lachen, man schläft dann so gut! – Also, nun weißt Du's: der Vater hat sich ein neues Auto gekauft und belächelt es schon um 7 Uhr früh, gibt der Rosa »Ein- und Aussteigeanweisungen«, kauft dem Hund Schuhe (Autoschoner); – ich kann den ganzen Zirkus vor mir sehen und find's zu komisch! –

Mein Flug von Berlin zurück war gut – ich habe geschlafen, was ich ja nach 6 Jahren »Berlin-Wiedersehen«, 4 Tage und Nächte lang *nicht tat!* Du, es war herrlich! (Ich weiß, ich soll dich nicht einfach mit »Du« anreden – aber wenn Du mal in mein Alter kommst – also, ich will Dir doch einen »ernsten« Brief schreiben!) Du, – ja *Du* und Berlin – und alles – alles kam zurück! Rückblenden sind sonst immer schlecht und altmodisch. Diese ist wohl die einzig gute und immer »moderne«, die ich kenne.

Unsere Rückblende: vor 12 Jahren – mein erster Film mit Dir zusammen, in Tempelhof – ich war dann lange die »Shirley Tempelhof«, »die letzte deutsche Jungfrau« – und Du warst »der böse Wachhund« –

Aber das konnte uns ja *gar nichts* tun. (Im Gegenteil, wir fanden uns ja sehr lustig als »neues deutsches Liebespaar«.) Es konnte uns überhaupt niemand und nichts was tun; außer so einige größere und kleinere Gewitter und Stürme, die wir uns selbst fabrizierten. Oder es war halt – wie Du immer sagst – »höhere Gewalt«, und gegen die kann man schlecht etwas unternehmen; aber wenn wir es *trotzdem* versucht haben, Du dagegen, ich dagegen – wir zusammen dagegen – gegen uns – gegen alles –, dann – ja, bevor es dann zum ganz großen Donnerwetter kam, kurz davor: – ein Lachkrampf! Weil wir beide wußten, daß *wir* ein »Krampf« waren. Das war so wie die guten »Filmleinwandchen« – ein »Kinostück«.

Aber nicht immer, natürlich nicht. Wenn wir eine ernste Situation oder einen Krach immer mit einem Lachkrampf beendet oder aufgehalten hätten, wäre das ja wohl etwas langweilig geworden auf die Dauer. Da wir uns die letzten sechs Jahre nicht sehr oft sehen konnten, mußte ja für Abwechslung gesorgt werden. Das haben wir auch geschafft. Da sollten sich die Männer einmal ein Beispiel nehmen, – »so viele Variationen« von »Sichzusammenraufen« – »Sichzusammenlieben« –!

Wir haben in Berlin gar nicht viel miteinander gesprochen (»was wir ja sonst ganz gut können, bis 4 Uhr früh!«) – es war nicht *nötig* – es war alles richtig – alles da –, und ich bin über alles glücklich, daß es so ist, wie es ist, daß wir so sind, wie wir sind, – beisammen oder nicht – und daß es so etwas von einer Mutter gibt!

Wir hatten ja immer einen ausgeprägt guten Geschmack, mein Bruder und ich, aber unsere »Mutterwahl« bleibt der Haupttreffer! – Also, wie gesagt, unser Wiedersehen in Berlin *und* Berlin ist mit ein Grund, warum ich Dir das alles sage; so in meiner dummen Art und Weise.

Es war schön – sehr schön, Mammi, und es wird immer schöner werden, weil Du immer jünger wirst, und ich bin langsam eine alte, weise Dame. Verzeih, daß mein Verständnis manchmal etwas spät kam, ich war eben noch jung, damals! – So – und jetzt ist es 5 Uhr früh, ich laß' Dich in Ruh' und ruf Dich dann um 6 Uhr früh an, um Dir einen »guten Morgen« zu wünschen.

Ich hab' zuviel geraucht und belle wie ein Hund, und der Rücken tut mir weh vom täglichen Tanztraining; anderen die Füße, na ja. Ja – ich werde was draufschmieren, auf den Rücken, und Hustentropfen einnehmen. Übrigens, es hat mir gestern jemand Hustentropfen geschickt, aus Berlin – ist das nicht besonders lieb? Mein Frühstück? »Berliner Hustentropfen«. Bitte sehr! Ich sehe eben in meinem zweiten Kalender, daß bei Dir Muttertag ist – morgen. In Paris ist das ja immer ein ganz anderes Datum (jetzt werden meine Blumen zu spät kommen). Ein Jahr ist's 3 Wochen zu früh, und Du weißt nicht, warum ich Dir plötzlich einen Haufen rote Rosen schicke, und diesmal ist's zu spät. Ah – und am Ende sollte das wohl ein sog. »Muttertagsbrief« werden und du müßtest vor Rührung weinen? Also *diesen* »Gefallen« kann ich Dir leider *nicht* tun!

Denn es ist mir völlig *egal,* Muttertag oder nicht (dieses Fest hat wohl jemand erfunden, der von Zeit zu Zeit vergaß, daß er eine Mutter hat!), was? Wenn ich nicht einen kleinen »Nebenberuf« hätte, dann könnte ich Dir jeden Tag so einen Brief schreiben. Also (das wird jetzt ganz »schick«): »Alles Gute! Alles Liebe! Zum Muttertag!« Voilà –

Und ich danke Dir, daß Du mich in und auf diese herrliche – wunderbare (manchmal beschissene!) Welt gesetzt hast – und meinen Bruder und mich beschützt hast und uns Kinder sein hast lassen, so wie wir's eben waren und für *Dich* bleiben werden! Alles Deine Schuld! Ich umarme Dich – Gott schütze Dich!

Deine Romy

P.S.: Wenn Du jetzt hier wärst, bei mir, dann würden wir zusammen »in den Eisschrank gehen«, und Käsebrot mit

Essiggurken essen: allein ist's fad, aber ich hab' Hunger –
werde dabei an Dich denken. Der Köchin sag' ich morgen
früh, Du warst's – komme bald – bitte keinen Lastwagen zum
Flugplatz – nur zwei Koffer!

Sommer 1965

Ich habe gesagt, daß ich in Frankreich leben und lieben,
mich zu bewegen und mich zu kleiden lernte. Ich habe das
Gefühl, ich wurde in Wien geboren, um in Paris zu leben.
Zuviel Wichtiges ist dort für mich passiert. Von meinem
ersten Theaterengagement bis zu meinem ersten Filmdurch-
bruch.
Ich habe einen deutschen Paß, meine Mutter hat einen deutschen Paß, und mein Bruder Wolf hat einen deutschen Paß.
Ich bin eine Deutsche, mein Vater war Österreicher. Ich
wurde in Wien geboren, ich habe in Hamburg, Berlin und
München gelernt, ich lebe in Paris, ich spreche heute englisch und französisch fast genauso gut wie meine Muttersprache.
Ich habe Fehler gemacht, die ich bitter bereue. Aber ich bin
auch mit Steinen beworfen worden, wenn ich mir nichts
habe zuschulden kommen lassen. Meine kluge Mutter hat
mich oft getröstet. Ich freue mich schon auf die nächsten
Wochen mit ihr in Innsbruck und mit meinem Bruder, der in
Basel Medizin studiert. Ich habe leider – leider muß man
wohl sagen – erfahren, daß es ohne Privatleben im Beruf
nicht geht. Gerade jetzt zum Beispiel könnte ich mich über
meine Karriere freuen – der große Hollywood-Vertrag. Aber
ich muß fühlen, daß nichts stimmt. Man muß für alles bezahlen, manches besonders hart. Und Bajazzo lacht ja nicht. Aber
das ist wohl zu versponnen ausgedrückt. Oder zu komisch.
Ich weiß es nicht.

Ich kann mich nicht selbst beschreiben. Dazu habe ich kein Talent. Außerdem kennt man sich selbst immer am wenigsten. In jedem Fall bin ich ein sehr nervöser Mensch und ein bißchen verrückt. Das gehört zu uns Schauspielern.
Ich gefalle mir nicht so sehr. Und ich bin auch nicht in mich verliebt. Aber ich halte mich für einen absolut glücklichen Menschen, und es geht mir sehr gut.
Es stimmt, daß ich schwierig bin. Aber man kann solche Behauptungen auch übertreiben. Wenn man mich angreift, schlage ich zurück. Das tun Hunde und Katzen ja auch. Und wenn man mir dumm kommt, werde ich unangenehm. Das ist doch ganz normal. Oder . . .? Nichts Wichtiges prallt an mir ab. Aber ich bin nicht geboren, ein Leben lang zu weinen. Ich bin ein Mensch, der nur das Gute zurückbehält. Neulich habe ich mit Alain telefoniert.
Wir sind gute Freunde.
Ich könnte niemals aufhören mit der Schauspielerei. Wenn ich wieder unten wäre, würde ich neu anfangen.

Gleichberechtigung? Schön – wenn man kein Kerl dadurch wird, aber eine Frau muß eine Frau bleiben.
Ich würde mich aus Liebe unterordnen, mich den Anforderungen des Mannes fügen, sofern sie nicht in Tyrannei ausarten. Eine Frau, die liebt, kann das.
Ich hatte Tanzunterricht bei Jerome Robbins und auch Gesangunterricht in Paris – und keiner glaubt mir, daß ich das zum Vergnügen gemacht habe.
Ich sag' zu oft, was ich denke, ich bin eine schlechte Schauspielerin im Leben. Das gewöhnt man sich dann ab.
Im Leben bin ich eine ziemlich schlechte Schauspielerin.

Kein Mensch vergißt seine Muttersprache. Und warum sollt' ich nicht deutsch sprechen wollen?
Ich lese ein Manuskript nach dem anderen und täte nichts

lieber als wieder in einem deutschen Film zu spielen, wenn ich nur die richtige Rolle fände. Es ist völlig unverständlich, daß der deutsche Film ins Hintertreffen geraten ist. Was wäre Hollywood ohne deutsche und österreichische Regisseure? Sie haben den amerikanischen Markt groß gemacht: Lubitsch, Wilder, Preminger, Zinnemann, Lang, Koster. Auch die deutschen Nachwuchsregisseure sind gut, nur hatten sie bis jetzt noch nicht die Gelegenheit. Auch unsere Schauspieler sind hervorragend, was fehlt, sind die Stoffe. Es fehlt an Autoren! Wenn wir schon keine Filme exportieren, so exportieren wir doch eine ganze Reihe unserer Stars. Was ist dabei so schlimm? Das ist doch eine Anerkennung der deutschen Leistung! Der Erfolg deutscher Stars im Ausland ist doch ein Vorläufer eines Exports deutscher Filme. Warum die Angriffe, warum immer gleich die Unterstellung, daß man nichts mehr von der Heimat wissen will? Stimmt doch alles nicht! Filmarbeit ist heutzutage international. Wer sich nicht in der ganzen Welt ausbreitet und sich anpaßt, kommt nicht mit. Es gibt nur gute und schlechte Schauspieler, Nationalität spielt dabei keine Rolle. Es gibt leider auch Stars, die keine Schauspieler sind und – leider, leider – gute Schauspieler, die keine Stars werden. Ich möchte weiter an mir arbeiten und möglichst viel auf der Bühne stehen. Das fehlt mir. Nur auf der Bühne lernt man. Ich stand erst zweimal auf der Bühne, in Paris, in französisch. Das ist nicht genug. Man muß als Filmschauspielerin immer wieder zurück zur Bühne. Es kommt nicht so sehr auf die Rollen an, als auf die Fragen »Wie spiele ich die Rolle« und »Wer inszeniert?« Das ist viel wichtiger als alles andere.

Wenn ich doch nur die Willenskraft hätte, das Filmen aufzugeben und eine ernsthafte Bühnenschauspielerin zu werden.

Herbst 1965
Ich möchte wieder in Deutschland arbeiten. Unbedingt! In

Berlin möchte ich Theater spielen. Deutschland hat die besten Regisseure, Schauspieler, auch Schriftsteller, finde ich. Am liebsten würde ich bei Barlog oder Kortner in Berlin eine Komödie spielen. Sie wissen, daß ich mich hier nie geweigert habe, deutsch zu sprechen. Das sind unfaire Lügen. Ich habe auch keinen Zwinger für meine acht Hunde. Ich besitze bloß zwei.

Das einzig Wahre für einen Schauspieler ist die Bühne. Da steht man allein, auf sich angewiesen, da kommt es heraus, was einer kann. Das ist nicht wie beim Film, wo eine Szene eben wiederholt wird, wenn der Schauspieler schlecht war. Mein größter Wunsch ist, bald wieder auf der Bühne zu stehen.

Ich würde auch gern mit allen guten Regisseuren drehen – Clouzot, Welles, Visconti, Kazan, Huston, Tony Richardson, Sir Laurence Olivier, Billy Wilder, in Frankreich mit Clement, Truffaut, Louis Malle.

In Deutschland würde ich ganz gern mal wieder einen Film mit Alfred Weidenmann machen – am liebsten in München. Die herrlichste deutsche Stadt im Moment.

Ja, das ist beinahe grotesk, daß ich noch nie in meiner Muttersprache Theater gespielt habe, aber warten Sie nur ab, es wird nicht mehr allzu lange dauern, bis es soweit ist. Immer, wenn ich in Berlin Barlog treffe oder Kortner in München, klagen wir uns gegenseitig unser Leid. Wie gerne würde ich mit Kortner oder Barlog arbeiten, aber da kommt dann dauernd etwas dazwischen.

Ich habe große Pläne. Jemand ist im Moment dabei, ein Stück für mich zu schreiben. Ich möchte endlich einmal in meiner eigenen Sprache Theater spielen. Dieses Stück allerdings würde ich nicht nur in deutsch, sondern später auch in französischer Fassung in Paris und danach in englisch in einem Theater am Broadway spielen.

London

Mein lieber Herr Kortner,

wenn's auch im Moment so ist – so scheint –

so will ich trotzdem nicht dran glauben, daß wir beide wie »die Königskinder« sind. – Sie haben mich wirklich nicht vergessen – ich danke Ihnen. – Glauben Sie bitte, daß ich sehr glücklich und auch stolz darüber bin. Für *Leonce und Lena* wird's nicht klappen, da ich hier noch drehe und hinterher schon einen Film abgeschlossen habe. Herr Beaume, mein Agent, hat Ihnen, glaube ich, schon geantwortet. Ich bekam hier einen Brief, von Herrn Nagel nachgeschickt.

Ich antworte Ihnen. Vielleicht würden Sie dem das sagen, daß er mich nicht für zu »unhöflich« hält.

Ich komme gegen ca. 10. und 11. 12. nach München – ich rufe Sie an! Bis dahin schicke ich Ihnen und Ihrer Frau – und der ganzen Familie allerbeste Grüße und Wünsche!

Von Herzen Dank und alles Liebe

Ihre alte Schneiderin,

die sehr gut weiß und nie vergißt, was sie bei Kortner gelernt hat!

Frühjahr 1966

In Berlin werde ich zum erstenmal auf einer deutschen Bühne spielen – in der Komödie am Kurfürstendamm. Und zwar noch in diesem Jahr, wenn alles klappt. Ich werde zuerst in einem ernsten Stück, dann in einer Komödie auftreten, und Harry Meyen wird Regie führen.

Ich habe mir schon immer vorgenommen, auf einer Berliner Bühne mein deutsches Theater-Debüt zu geben, auch aus sentimentalen Gründen. In Berlin, in den Tempelhofer Ufa-Ateliers, stand ich vor zwölf Jahren zum erstenmal vor einer Kamera. Eine zitternde, lampenfiebrige Vierzehnjährige in einer Rolle des Films *Wenn der weiße Flieder wieder blüht.*

Und alles ging gut. Diese Stadt wird mir immer Glück bringen.
Ich weiß es.
Und deshalb soll Berlin auch meine erste Station auf einer
deutschen Bühne sein.

In der Zeit nach Alain, als ich todunglücklich war, rannte ich in
Paris von Modenschau zu Modenschau, von Anprobe zu Anprobe. Einmal ging ich zu Chanel, um ein Kostüm zu kaufen,
und kam heraus mit sieben! Meine ganze Zeit verbrachte ich
mit den Fetzen...

Juli 1966
Meyen ist mir so überlegen, er gibt mir eine ganz neue
Sicherheit. Ich brauche einen Mann, der bestimmt, was mir
guttut, und nicht irgendeinen Jungen.

Bei Harry bin ich endlich geborgen. Ich bin ruhiger geworden. Ich habe nicht mehr denselben krankhaften Ehrgeiz wie
früher. Ich habe jetzt neun Monate keinen Film mehr gemacht,
aber ich habe dennoch nicht mehr das Gefühl der Leere wie
sonst in Drehpausen. Ich kann mir sogar vorstellen, irgendwann mal mit dem Filmen aufzuhören.

Herbst 1966
Ehe und Mutterschaft können einen Menschen nur verbessern. Erst sie machen einen zu einer richtigen Frau.

Wir sind für manche bestimmt ein ganz spießiges Ehepaar
geworden, finden es zu Hause am schönsten und sehen viel
fern.

Aber wenn Harry die Knöpfe an dem Fernseher in unserer
Berliner Wohnung drückt und plötzlich ein Fußballspiel erwischt, ziehe ich mich lieber zurück. Er ist sonst ein so ruhiger

Mensch, aber bei solchen Übertragungen höre ich dann meinen Harry »höh« und »huh« schreien.

Eine gemeinsame berufliche Zukunft sehen wir noch nicht.

3. Dezember 1966

Harry hat mich abends ins Krankenhaus gebracht, und als der Professor sagte, es wird lange dauern, hat er zu Hause Schlaftabletten genommen, um in der Aufregung durchzuschlafen.
Im Fahrstuhl im Krankenhaus fiel uns ein, daß wir noch immer keinen Namen hatten für das Kind. Dann nehmen wir eben drei, meinte Harry, einer paßt dann bestimmt. Sechs Stunden später war David da, und Harry verschlief das Ereignis zu Hause auf dem Sofa. Ununterbrochen ließ die Schwester zu Hause das Telefon klingeln.

Ich wollte mein Kind gesund auf die Welt bringen und mich dann auch selbst darum kümmern. Die ersten Monate im Leben eines Babys sind so großartig...
Warum ein Kind? Das ist ein Leben, das für mich den Frieden verkörpert, Familie, Geborgenheit... Die Schwangerschaft, das war schön. Noch zwei Jahre danach habe ich nicht gearbeitet, wir haben in unserer Vierzimmerwohnung im Grunewald gelebt, da ging es mir gut.

Jetzt habe ich endlich einen Mann, der mich bis ans Ende meiner Tage lieben wird.

Mein Sohn wurde in Berlin geboren. Und ich habe dort die schönsten, glücklichsten Jahre meines Lebens verbracht.

Mein Vater
Wolf Albach-Retty
18. 5. 1906 – 21. 2. 1967

Im Alter von 60 Jahren stirbt im Februar 1967 der Vater Romy Schneiders. Er wird auf dem Matzleinsdorfer Evangelischen Friedhof in der Triesterstraße beigesetzt. Als Rosa Albach-Retty, die Großmutter Romys, 1980 im Alter von 105 Jahren stirbt, erhält sie ihre Grabstätte auf dem Zentralfriedhof in Wien. 1984 wird Wolf Albach-Retty dorthin umgebettet und erhält mit ihr eine gemeinsame Grabanlage.
Romy war im Februar nach Wien gefahren und sah ihren Vater auf dem Totenbett in der Klinik.
Ihr Brief von 1964, nach seinem ersten Herzinfarkt und nach ihrer Trennung von Delon; ein anderer Brief, gleich nach der Geburt Davids 1967 geschrieben, sowie ihre folgenden späteren Erinnerungen an ihren Vater zeigen das liebevolle Verhältnis, das sie ihm über die Jahre bewahrt hat.

Brief Romys an ihren Vater 1964, nach seinem ersten Herzinfarkt

Du sollst nur wissen, daß ich an Dich denk'! Bei Dir bin – ganz fest! Und wenn Du etwas brauchst, wenn ich irgend etwas für Dich tun kann – ich bin da! Für Dich, Du weißt es ja! Ich hab' mich die letzte Zeit nicht mehr gemeldet, weil es mir nicht gerade »himmelhochjauchzend« zu Mut' war und ich niemand' mit meinem Schmarrn – oder halt Kummer – belästigen wollte – auch nicht Dich! Jeder muß ja durch die Scheiße allein durch ...

Brief Romys an ihren Vater Januar 1967, einen Monat nach der Geburt ihres Sohnes David

Mein liebster Pappi ... Ich hoffe, wir können Dich bald sehen, vor allem mußt Du Deinen Enkelsohn kennenlernen, denn »das« ist schon sehenswert, ein entzückender Hosenscheißer und komisch! So komisch: Er macht dauernd Grimassen und hat schon seinen Dickkopf und ist sehr hübsch: ... Hab' ich das gut gemacht mit meinem Buam?

Mein wirklicher Vater war wirklich kein Vater. Leider. Heute meine ich aber, er ist zu früh gestorben. Vielleicht wäre er später mehr ein Vater für mich gewesen, als ich ihn brauchte, als immer dieser andere um mich herum war. Mein Vater sagte zu mir damals: Ist doch egal, reg di nit auf, ich finde den auch widerlich, den anderen, reg di nit auf.

Als junges Mädchen saß ich am liebsten im Zimmer von meinem Vater, der ja nicht mehr im Haus war, der meine Mutter verlassen hatte. Da war ich ganz allein. Ich wußte, ich saß im Zimmer von jemand, der mich sehr liebte. Der wohl kein wirklicher Vater war, der schon nach dem Kauf von zwei Paar Schuhen für mich und meinen Bruder total fertig war und sagte, i kann nit mehr. Aber in diesem Raum fühlte ich mich trotzdem nie allein.

Er schickte mir für den Fasching ein Teufelskostüm, als ich bei den Klosterschülern war. Ich fand mich unglaublich schön und sehr sexy. Die waren alle schockiert vom Kostüm. Den Brief, den er dazu geschrieben hat, ach was, es war kein Brief, es war ein Zettel, den habe ich immer noch. Auch die Briefe meines Vaters habe ich alle noch, auch die meiner Mutter.

Der Vater war sehr leger, der wollte zwar auch nie Kinder, der wollte immer nur Frauen. Aber er war ganz anders als Alain. Acht Jahre hat meine Mutter auf ihn gewartet und seine Ufa-Kostüme in den Schränken auf dem Dachboden gepflegt. Sie hat sich die Augen aus dem Kopf geheult. Als Kind habe ich sie gefragt, warum sie denn weine. Sie hat nichts gesagt. Ich habe halt festgestellt, sie war allein, es war niemand da.

Ich habe ihn erst wieder richtig erlebt, als wir zusammen in dem Preminger-Film *Kardinal* spielten. Er hat es vor allem für mich gemacht, denn die Gage war nicht sehr hoch. Wir haben ein einziges Mal zusammen gespielt, und es war ein superber Kontakt. Ich war 25 oder 26. Er spielte wie üblich den Baron mit Smoking, und er war sehr schön. Ich glaube, daß meine Mutter nie einen Mann so geliebt hat. Sie hat umsonst gewartet mit den Koffern auf dem Boden, er kam halt nicht zurück. Er ist an zwei Herzinfarkten gestorben, weil er aus meiner Sicht an diesem merkwürdigen, krankhaften, unentwegten Lampenfieber ein Leben lang gelitten hat. Das habe ich von ihm geerbt. Er hatte seinen ersten Infarkt während einer Aufführung im Wiener Akademie-Theater, und ich saß mit meinem Bruder Wolfi in der ersten Reihe. Aber er hat weitergespielt und ist erst nach der Vorstellung ins Krankenhaus gefahren, der liebe Depperte. Später hat er als erstes mit seinem Hund am Telefon gesprochen. Das letzte Mal habe ich ihn in einem Wiener Krankenhaus gesehen. Ich mußte draußen warten, ich durfte das Zimmer nicht betreten, bis er sich gekämmt hatte. Dann unternahm er eine Riesenanstrengung, mich sitzend zu empfangen.

1968–1969
Es hat alles wieder sehr
gut angefangen

Otley – Der Swimmingpool – Inzest – Die Dinge des Lebens

Romy spielt zwei Jahre die Rolle der Ehefrau und Mutter. Und sie spielt sie gern. Aber die Zeit der Ruhe ist vorbei. Ohne Arbeit kann sie nicht leben. Harry und David – das ist nicht mehr genug. Schwer findet sie sich ab, daß sie fast in Vergessenheit geraten ist. Sie hofft noch immer und vertraut auf eine große Theaterrolle. An das geniale Stück, von Harry inszeniert, glaubt sie nicht mehr. Hier in Berlin ist sie eine »ehemalige« Schauspielerin, eine einfache Ehefrau – die Vergangenheit erscheint ihr strahlend und bedeutend. Die Zwänge des Ruhms sind in der Erinnerung verblaßt. Ihr Traum vom bürgerlichen Glück, der Sehnsucht nach Geborgenheit und Ordnung, ist ausgeträumt. Wirklich funktioniert hat er nur die zwei Jahre, als sie nichts anderes sein wollte als Harry Meyens Ehefrau. 1968 stirbt ihr Stiefvater Hans-Herbert Blatzheim, und sie steht großen Verlusten ihres Vermögens gegenüber. Im Frühjahr 1968 übernimmt Romy eine Rolle in dem Film Otley *in London, und David und Harry sind bei ihr. Mit einem Telefonanruf gelingt es Alain Delon, sie für die Rolle der Marianne in* Swimmingpool *zu gewinnen. Er holt sie damit nach Frankreich zurück. Als Alain sie im August 1968 auf dem Flughafen in Nizza empfängt, ist sie wieder die Schauspielerin voller*

Phantasie und Inspiration. Die Dreharbeiten beginnen am 19. August in Ramatuelle bei Saint-Tropez in harmonischer Atmosphäre. Für die Presse ist die gemeinsame Filmarbeit Anlaß zu Spekulationen. Es folgen in den nächsten achtzehn Monaten sechs Filme. Zunächst im Jahr 1969 noch Inzest *in* London, im Sommer Die Dinge des Lebens *in Paris und Umgebung, ihr erster Film mit Claude Sautet.*

Die Notizen, Aufzeichnungen, skizzierten Gedanken auf losen Blättern, ihre Briefe zeigen kurze Eindrücke von den Dreharbeiten, Momente der Selbstbesinnung, Stolz und Begeisterung über neue Arbeitsaufgaben. Aber zugleich auch die große Beglückung, Familie und Beruf in glückliche Übereinstimmung gebracht zu haben.

London, 31. März 1968

Seit meiner Hochzeit mit dem Regisseur und Schauspieler Harry Meyen und der Geburt meines Wunschkindes David stehe ich zum erstenmal wieder vor der Kamera. Ich spiele die weibliche Hauptrolle in dem englischen Film *Otley*, einer Spannungs-Komödie.

Ich bin in meinen Sohn vernarrt. Ich brauche den Jungen ebenso wie er mich braucht. Bald kommt mein Mann nach London, dann sind wir endlich wieder zu dritt. Ich will in Zukunft nur noch drei Filme pro Jahr drehen. Wenn es geht nur dann, wenn mein Mann uns begleiten kann. Wir haben nicht geheiratet, um fast ständig getrennt zu leben wie andere Schauspieler-Ehepaare, die sich bestenfalls fünfmal im Jahr sehen. Das kommt für uns gar nicht in Frage.

In dem Film muß ich mit einem superschnellen Sportwagen durch ein normales Holzgatter brausen. Ich habe zwar vor vielen Jahren in Deutschland meinen Führerschein gemacht, aber der Prüfer muß mindestens beide Augen zugedrückt haben. Nach der Prüfung habe ich mich nie wieder ans Steuer gesetzt. Und nun soll ausgerechnet ich mit so einem wilden Auto ...

Seit ungefähr zwei Jahren hatte ich kein Wort Englisch mehr gesprochen. Und deshalb hatte ich jeden Tag hundert Fragen, was dieses oder jenes Wort zu bedeuten hätte. Sie waren aber alle sehr nett zu mir.

Zu Friseur Collin und Make-up-Spezialistin Grace sagte ich immer: Mich könnt ihr doch nicht so leicht ummodeln, ich will mir selber auch noch ein bißchen gefallen. Laßt Perücken und falsche Wimpern weg. Ich habe noch nie falsche Wimpern getragen und möchte es auch nicht anfangen, nur weil es modern ist. Mich machen Haarteile nervös.

Als ich damals in Paris lebte, warf ich mein Geld nur so aus dem Fenster. Wahllos kaufte ich Kleider bei Chanel, Balenciaga und Givenchy. Heute habe ich nur eine Berliner Hausschneiderin, die mir die Rocksäume ändert. Jeder glaubt, ich bin eine Millionärin, aber niemand weiß, daß ich in der letzten Zeit sehr viel Geld verloren habe. Kaum achtet man auf sein Geld, ist man gleich als geizig verschrien.
Hoffentlich verliere ich in den nächsten Tagen noch etwas meine Hemmungen vor der Kamera. Ich bin häufig noch viel zu gehemmt. Wenn ich mit diesem Film Erfolg habe, werde ich in Berlin Theater spielen.
Wenn ich mir nichts aufs Gesicht schmiere, sehe ich nach nichts aus.
Von Alain ist außer ein paar zeitweiligen Telefongesprächen gar nichts übrig geblieben. Er war damals sehr gut für mich, aber es kommt auch ein bißchen im Leben darauf an, was man aus sich machen läßt. Eine meiner Freundinnen zeigte Alain kürzlich ein paar Fotos von David, aber er hat nur flüchtig draufgesehen und erklärt: »Mein Sohn ist schöner.«
Mein Mann, mein Kind und die Erkenntnis, bevor es langweilig wird, höre ich lieber auf – das war der Grund für meine lange Filmpause. Ich habe schon zwei neue Angebote. Das

würde bedeuten, drei neue Filme in einem Jahr. Ich weiß nicht, ob ich das verkraften kann. Wissen Sie, für mein heutiges Leben brauche ich eigentlich nur meine Frau Jansen, die auf unser Haus aufpaßt, und Renate, die mein Kind hütet. Ich könnte kein Zirkusleben mehr führen.
Ich wollte immer ein Weltstar werden, aber ich bin es nicht geworden.

1. September 1968
Ich habe ein so schönes Leben und will in Ruhe gelassen werden. Wenn die Leute mir hier was andichten wollen, fahre ich sofort nach Hause.

September 1968
Die Dreharbeiten von *Swimmingpool* verliefen völlig unproblematisch. Ich hatte mit Alain immer das Gefühl, mit einem Schauspieler, einem Partner wie jemand anderem zu arbeiten. Das spielte sich äußerst professionell ab. Im Grunde bedeutete es für mich erstens eine wunderbare Rolle und zweitens acht Wochen harte Arbeit.

Harry sagt immer: Ich komme nicht, wenn du drehst, das langweilt mich zu Tode, ich kann da nicht sitzen und meine Frau anschauen, wenn sie Filme dreht – was ich verstand. Aber er kam dann doch einmal, als ich mit Alain *Swimmingpool* drehte. Ich beklagte mich einerseits, daß er zu wenig da war, und andererseits kann ich es überhaupt nicht ertragen, wenn dauernd einer herumsitzt und glotzt und auf jede Flirterei aufpaßt. Die Lust zum Flirten ist ungebrochen. Das hab' ich vom Vater. Mit Harry gab es zwei lange Jahre, wo ich gar nichts gearbeitet habe und in einer Vier-Zimmer-Wohnung in Berlin lebte.

30. September 1968

Ich fühle mich endlich sicher, ich weiß, was ich will, und ich verliere das nicht mehr. In meiner Arbeit war ich noch nie so frei und so sicher wie jetzt.

Ich bin in den letzten zwei Jahren auch äußerlich viel mehr mein eigener Typ geworden. Von Kleidern fühle ich mich überhaupt nicht mehr abhängig. Ich käme gar nicht mehr auf die Idee, so wie früher von einem Couturier zum anderen zu rasen. Außerdem finde ich, daß die Zeit, wo man richtig angezogen sein muß, vorbei ist. Heute kann man alles tragen, wenn es zu einem paßt. Ich mag keine Kostüme mehr und überhaupt nichts, was umständlich anzuziehen ist. Man sieht mich nur noch in Kleidern oder Hosen-Ensembles. Das Wichtigste: Die Sachen müssen sitzen und praktisch sein. Bei vielen Knöpfen werde ich nervös.

Ich vermisse nichts. Überhaupt nicht. Ich hab' ja alles, einen Mann, ein Kind, einen Beruf.

Für mich spielt Nationalität gar keine Rolle, ich brauche nur meinen Platz mit wenigen Menschen, die ich gern habe. Nachdem ich mich nach Davids Geburt zwei Jahre um nichts gekümmert habe und die Amerikaner schon dachten, ich sei eine deutsche Hausfrau geworden, war ich eigentlich erstaunt, daß ich trotzdem Filme bekomme. Heute muß man schon in Paris oder London leben, um nicht vergessen zu werden. Aber darüber habe ich mir keine Gedanken gemacht. Eine Karriere kann man nie alleine in der Hand haben. Es ist beruhigend und sehr wichtig, wenn man das weiß. Wenn man es nicht weiß, kann es gefährlich werden. Das ist wirklich ein Punkt, das habe ich schon mit 19 begriffen, als man mich nach meinem *Sissi*-Aufstieg wie eine heiße Kartoffel fallen ließ.

Von dem ganzen Gleichberechtigungsgerede halte ich überhaupt nichts. Und bestimmte alltägliche Kleinigkeiten halte ich für sehr wichtig. Harry geht zum Beispiel gern spazieren, ich überhaupt nicht. Aber dann raffe ich mich wenigstens auf und fahre mit dem Fahrrad hinterher. Wenn ich nicht arbeite, versuche ich eigentlich schon ganz automatisch, meinen Tagesablauf nach dem meines Mannes einzurichten.

In meinem Beruf finde ich es fabelhaft, daß man jemand erfinden kann, eine Figur, die man nicht ist, aufbauen kann.

Für David will ich einfach, daß er glücklich wird. Daß ich fähig bin, ihm trotz aller Erziehung die Freiheit zu geben, die er braucht. Damit will ich schon anfangen, wenn er ganz klein ist. Er soll nie das Gefühl haben, er ist mir irgendwie verpflichtet. Er soll später von mir denken, er hat eine Freundin, mit der er reden kann, ganz gleich, ob er mit einem schwarzen oder weißen Mädchen nach Hause kommt. Und dann soll er nie zum Militär. Ich möchte gern, daß er ein fundiertes Wissen bekommt.

Ich halte wenig davon, wenn ein Kind ohne Vater aufgezogen wird. Ich finde, dazu gehören wirklich zwei. Trotzdem finde ich dumm, daß man in Deutschland für ein uneheliches Kind immer noch schief angesehen wird. Statt sich darüber Gedanken zu machen, sollte lieber dafür gesorgt werden, daß bei uns die Pille selbstverständlicher verbreitet ist. Und jetzt hat sie dieser Papst auch noch verboten. Sicher wäre ich dagegen, wenn meine 13jährige Tochter sie nehmen würde, aber für Frauen und reife Mädchen, die sich dazu ganz bewußt entschließen, finde ich sie sehr wichtig.

Ein Beruf ist das, 'rein in den Swimmingpool, 'raus aus dem Pool...

Alain, ich finde ihn nett, manchmal macht er auch nach Liebesszenen Witze, und dann müssen wir wahnsinnig lachen...

Harry kann viel flüssiger antworten, ich kann nicht so gut formulieren. Ich sag' nur dauernd ganz einfach, was ich denke.

11. November 1968

Wenn alle Schauspieler, die einmal zusammengelebt haben, keine Filme mehr zusammen drehen würden, gäbe es bald keine Filme mehr. Ich empfinde nichts mehr, es ist, als ob ich eine Mauer umarme. Absolut!

Einmal eine Szene so spielen, daß ich nicht mehr ich selbst bin, sondern ganz die Rolle, die vollkommene Identifizierung!

Kampen, ich hasse diesen Ort! Alles ist anstrengend! Der kilometerlange Marsch durch die Dünen! Die Schlepperei der Badesachen! Der Wind ist anstrengend! Schwimmen kann man nicht, weil es lebensgefährlich ist! Das Wasser ist eisig! Und in jeder Welle hängt ein nackter Arsch, und aus jeder Düne hopst mir ein nackter Mensch entgegen, den ich auf keinen Fall nackt sehen will. Schrecklich!

16. Dezember 1968

Wenn ich von irgendwoher komme und wieder die Halensee-Brücke sehe, werde ich richtig sentimental. Ich bin ja ein sehr freiwilliger Berliner – aber ich kann kaum erklären, warum ich es gerade hier am gemütlichsten finde.

31. Januar 1969

Premiere von *Swimmingpool*

Harry war mit, thank god! Peter und Carolyn auch – und »le tout Paris« und ca. 80 Fotografen, die Alain und mich »zerblitzten« – na ja – bin am 4. back in Berlino – also nur kurz da – wirklich sehr müde!

Film großer Erfolg – großes Interesse und Spannung – »Mordszene« ohne Reaktionen »abgelaufen«, Alain zitterte – ich übertreibe nicht! Er sieht elend aus und völlig down! Verständlich! Ich glaube, bei aller Bescheidenheit (oder soll

66 »Trio Infernal«, 1973/74

67 In der Fernsehsendung »Star-Gast«, Juni 1971

68/69 Unten: Privataufnahmen aus den Jahren 1972 und 1973

Rechte Seite oben
70 »Das alte Gewehr«, 1975 ▷

Rechte Seite unten
71 »Die Frau am Fenster«, 1976 ▷

72 Am 18. Dezember 1975 heiraten Romy Schneider und Daniel Biasini (geboren 1947) in Berlin, ihre Ehe mit Harry Meyen ist im Juli 1975 geschieden worden. Romy erwartet ein Kind, erleidet aber bei einem Autounfall im Januar 1976 eine Fehlgeburt.

73 Romy Schneider und Daniel Biasini, 1976

ich Skeptik oder Zurückhaltung sagen?) – darf ich sagen, daß ich den größten Erfolg hatte – alle und auch Kritiken sagen es – Kaufe Dir bitte alles (wenn du willst) an french Zeitungen was Du kriegen kannst; aber man schickt mir alle Kritiken anyway. Übernächster »Jour de France«-Titel bin ich.

Man sagt ich wäre grande actrice intelligente, souveraine, splendide et belle comme jamais avant – – – Mensch! ich glaub's lieber nicht! bin ja »leider« zu normal – bin so müde –

1. Februar 1969

Badrutt's Palace Hotel St. Moritz

Kritiken fabelhaft – toll für mich – man steht Schlange – Fotos in »France soir«, »Paris jour«, »Paris presse«, »L'Aurore«. Einspielergebnisse werden die mir in den nächsten Tagen durchgeben. Jedenfalls läuft's bestens an.

Alle sagen, der Film ist ca. 10–15 Min. zu lang. Aber Jacques Deray läßt sich nichts sagen, der Arsch – noch dazu hat er auch gute Presse, also wird er weder für Germany noch für USA schneiden, was nötig wäre!

P. S. Schiß hatten wir alle – denn wer konnte schon so sicher sein, daß nicht doch irgendwo aus dem Hinterhalt – aus der Menge der »Glotzer«, ein irrer Jugoslawe auf Alain schießt, dann hätte er sicher mich erwischt, so ist das ja immer – und ich hatte leider nicht mein »kugelsicheres Paco-Rabanne-dress« an!

Paris, Februar 1969

Was ich nie gehabt habe: ein Haus, das ein Heim ist. Das ist ein Traum, den ich mir bald erfüllen werde.

Paris, 2. März 1969

Ich bin doch noch nicht 60, daß ich ein Comeback nötig hätte. Ich fühle mich nicht wohl in der Großstadt, ich würde am liebsten auf dem Lande wohnen. Kennen Sie Gstaad? Ich möchte mir in Gstaad ein Haus kaufen. Ah, wenn mein Mann das hören würde. Ich versuche schon so lange, ihn fürs Landleben zu begeistern. Aber er ist ein unverbesserlicher Stadtmensch. Er ist 14 Jahre älter als ich und ich ordne mich ihm vollkommen unter. Ich bin nicht für Gleichberechtigung. Ich brauche die Ruhe und die Geborgenheit meines eigenen Heimes, in die ich mich zurückziehen und von der Außenwelt abschirmen kann.

Ich weiß nicht, wie ich bin. Vielleicht etwas bürgerlich, aber nicht spießig, kleinlich, engstirnig.

Mit meinem Privatleben Schlagzeilen zu machen, das habe ich nie gemocht – wirklich nicht. Und auch nicht, als ich jung war und es eine große Reklame bedeutete. Der Rummel machte mich oft ganz krank.

Daß es einem schmeichelt, wenn man in aller Mund ist? Schmeicheln ist für mich ein ganz falscher Ausdruck. Es ist oberflächlich und eitel. Wie kann einem etwas schmeicheln, wenn es eben gerade unschmeichelhaft ist?

Die anderthalb Jahre Pause waren Absicht. Ich habe sie genossen. Ich brauche sogar regelmäßig diese Ruhe und Abgeschiedenheit, um mich wieder aufzupumpen.

Ich betreibe ein produktives Nichtstun. Ich kümmere mich um den Haushalt und meinen Sohn. Ich richte das Haus ein. Ich gehe mit meinem Mann ins Theater. Wir bekommen Besuch von Freunden – das brauchen wir, den Kontakt, das Gespräch – aber wir leben sehr zurückgezogen, gar nicht aufregend.

Ein schöner, gepflegter Haushalt, ein gut eingespieltes Heim ist eine Befriedigung für jede Frau. Es ist ein Irrtum, das zu unterschätzen. Ich koche nicht selbst. Nein, so weit geht es nicht. Aber ich gebe Anleitungen, ich lebe nach einem Plan. Ich bin ein rationeller Typ, alles muß seinen Sinn haben. Ich kann nicht blind in den Tag leben, ich kann auch nicht blind Geld ausgeben – vielleicht ist das meine Bürgerlichkeit. Viele große Schauspieler und schöpferische Menschen waren privat entsetzlich bürgerlich – denn um an sich zu arbeiten, braucht es Zeit.

Ob ich den Beruf aufgeben könnte? Ja und nein.

Ich bin ja nie ein junges Mädchen gewesen, das nur vom Film träumt. Ich bin mit Theater im Blut aufgewachsen. Meine Großmutter, meine Mutter, mein Vater – es war für mich von klein auf selbstverständlich, daß ich Schauspielerin werden würde. Aber ich könnte mich gut zurückziehen, wenn Sie das meinen, und zu Hause bleiben. Davor hätte ich keine Angst, weil ich mich nie langweile.

Den Film mit Alain Delon habe ich gemacht, weil das Drehbuch glänzend war. Ich habe es gelesen und zugesagt. Allerdings würde ich nie ein Drehbuch annehmen, das mein Mann ablehnt. Aber auch er war begeistert. Die Rolle war ja Delon auf den Leib geschrieben.

Man geht bei diesen Dingen immer von sich selber aus. Für mich war es keine Sensation. Also erwartete ich auch von außen keine. Ich liebe es nun einmal nicht, wenn man sich in meine Privatangelegenheit einmischt. Wenn etwas vorbei ist, ist es mir egal.

17. März 1969

Es gibt verschiedene Filme, die in Frankreich Erfolge waren, aber in Deutschland überhaupt nicht ankamen. Es gab Filme von Visconti und Orson Welles, die in England, Frankreich und Italien Geld gemacht haben, nicht aber in Deutschland. Warum, ist für mich ganz klar. Die französische, englische und italienische Presse unterscheidet sich von der deutschen sehr wesentlich. Diese Leute sind viel intelligenter als die deutschen Journalisten, weil dort meine schauspielerische Leistung gewürdigt wird.

Als ich zum erstenmal in Paris auf einer Bühne aufgetreten bin, da hat man mich schon vor der Premiere in Deutschland verrissen. Alle Zeitungen schrieben von einer »diplomatischen Blinddarmentzündung«, weil die Presse glaubte, ich würde auf einer Bühne nicht bestehen. Das ist nur ein Beispiel. Immer wird von mir die herzige Sissi erwartet, und jetzt kann man diese Sissi in »scheußlich gewagten« Liebesszenen sehen.

Ich bin längst darüber hinaus, was das deutsche Publikum von mir erwartet – ein sauberes, entzückendes, naives, reines deutsches Mädchen zu sein. Die Deutschen wollen mich nicht als Femme fatale, sie wollen mich nicht so sexy, wie ich etwa in einer Episode des *Boccaccio*-Films gewesen bin. Die Sissi-Generation, die einst die Kinos gefüllt hat, gibt es nicht mehr – es sei denn vor dem Fernsehschirm. Leute, die das heute noch mögen, gehören nicht zur intelligenten Schicht der Jugend. Ich bin sicher, daß die APO mich nie als Sissi akzeptieren würde, aber im Film *Der Swimmingpool* werden sie mich mögen, denn das ist eine sehr erotische Rolle. Die gesamte französische Presse hat mich allein unter den Mitwirkenden »überragend« gefunden.

Mich interessieren nur künstlerische Filme. Der Geschmack im Ausland ist einfach viel besser als bei uns.

Aus den Filmen von Godard gehe ich meistens raus. Die begreife ich nicht. Da können Sie ruhig sagen, ich bin dumm. Richtig ist, daß ich unpolitisch und nicht intellektuell denke. Mich interessiert überhaupt nicht, was in Deutschland über mich geschrieben wird. Und mit Dilettanten wie Schamoni und Kluge würde ich nie zusammenarbeiten.

Ich habe von ihnen nie ein Buch bekommen, das mich interessiert hat. Dem Alexander Kluge würde ich nicht in den Reisepaß schreiben »Regisseur«, sondern nur »Monteur«. Und die Schamonis sind für mich Dilettanten. Wenn Jungfilm, dann kommt für mich nur ein französischer in Frage. Ich werde gern die Hauptrolle im ersten Spielfilm von François Reichenbach übernehmen.

Wenn zum Beispiel im »Stern« was Gutes über mich steht, dann kommt bestimmt der Artur Brauner mit einer Rolle in *Kampf um Rom*, und dann sage ich sicher nein. Das kommt mir so vor wie all diese Telefonanrufe, die mich rund fünf Stunden pro Tag belästigen mit Fragen wie: Was ich vom Horoskop halte, ob ich eine Wärmflasche nehme, ob Harry und ich eine glückliche Ehe führen.

Wenn jemand kommt und fragt, ob ich Bratkartoffeln mache, dann sage ich nichts.

Ob ich mich als internationalen Star betrachte? Nicht, wenn Sie diesen Begriff im Zusammenhang mit Elke Sommer und Willy Millowitsch sehen. Die Loren und die Hepburn, das sind Stars, denn dieser Begriff ist undenkbar ohne Erfolg in Amerika.

Delon? Nichts ist kälter als eine tote Liebe.

21. Juni 1969

Ich möchte in Berlin etwas gemeinsam mit meinem Mann machen.

Jemand, der kein Talent, keine Persönlichkeit und nicht eine gewisse Portion Intelligenz besitzt, kann auch beim Film auf die Dauer nichts werden. Es gibt einige wenige, die Stars und Schauspieler sind. Es gibt welche, die es weit bringen, weil sie starke Persönlichkeiten sind. Es gibt dumme Schauspieler. Auch sie können Persönlichkeiten sein. Ach ja, darüber könnte man lange diskutieren.

Als nächstes mache ich einen Film in Frankreich, *Les choses de la vie*. Michel Piccoli ist mein Partner. Claude Sautet führt Regie. Es ist ein dramatischer Stoff.

Juli 1969

Ich fühle mich gut wie eh und je. Ich fühle mich wohl bei der Arbeit, wohl in meiner Haut! Ich habe den Ehrgeiz entdeckt, den wahren. Ich will in diesem Jahr drei Filme drehen, im nächsten Jahr zwei.

Ich fühle mich so wohl und glücklich wie nie zuvor.

London, 1. Oktober 1969

Ich arbeite zuviel, drei Filme hintereinander, ohne Pause. Aber das kann man sich leider nicht aussuchen.

Gedreht wird *Inzest* am Grosvenor Square. Eben hat man mir ein paar Dialogänderungen in die Hand gedrückt, die muß ich während der Mittagspause lernen. Es ist kein Krimi, oh, nein, nennen wir es ein psychologisches Drama zwischen drei Personen. Es ist auch kein Sexfilm – die sind ja im Abflauen.

Es ist keine Mutterrolle, diese Frau hat keinerlei Muttergefühle ihrem Sohn gegenüber, sonst hätte ich die Rolle nie akzeptiert, denn dazu bin ich wirklich noch zu jung. Die Rolle ist aber faszinierend, vielleicht die beste, die mir je angeboten wurde. Es handelt sich um eine krankhaft veranlagte junge Frau – nennen wir es ruhig eine Liebhaberinnen-Rolle.

Ich denke nur vorwärts, ich lebe jetzt, heute und morgen, aber nicht vorgestern. Das Morgen ist interessanter als das Gestern. Ich bin auf dem besten Wege, das zu spielen, was ich immer wollte. Man bekommt seine Idealrolle nie, wenn man ihr nachläuft. Sie muß von selber kommen und kommt auch immer dann, wenn man sie nicht erwartet. Außerdem ist sie immer anders, als man sie sich vorgestellt hat.

Man muß alles an sich herankommen lassen. Und die Gefahr, nunmehr auf »Mutterrollen« typisiert zu werden, besteht nicht.

Wenn Sie den Film erst gesehen haben, werden Sie wissen warum.

…Ach was, es wird schon werden, ich habe mir vielleicht

zuviel auf einmal zugemutet. Drei Filme im Jahr ist schon möglich, aber mit Pausen dazwischen. Ich mußte sozusagen aufholen, denn ich habe wegen des Babys eineinhalb Jahre gestoppt, und dann hatte ich die Chance, wieder »reinzukommen«, wie ich es mir gewünscht hatte, da darf ich mich also nicht beklagen.

Herbst 1969

Claude Sautet ist ein Freund der Schauspieler. Überhaupt ein Freund aller Mitwirkenden bis zum Elektriker und Atelierarbeiter. Er steht Ideen und Anregungen offen gegenüber. Man darf richtig mitschöpfen. Das macht Freude.

Die Dinge des Lebens ist einer meiner liebsten Filme, er berührt mich immer wieder, ohne in seiner Wirkung nachzulassen ... weil er nicht veralten kann. Ich singe hier mit Michel Piccoli ein Chanson von Jean-Loup Dabadie.

Claude Sautet und ich, wir haben zueinander absolutes Vertrauen, und seit *Die Dinge des Lebens* mögen wir uns immer mehr. Ich habe mit sehr berühmten Regisseuren gedreht, doch am tiefsten empfand ich das Vertrauen zu ihm und die Dinge des Lebens, die man miteinander teilt. Ich möchte, daß unsere Freundschaft so bleibt, daß sie nicht anders wird und daß auch ich nicht anders werde. Er hat mich die Dinge des Lebens gelehrt – er hat mir etwas über mich selbst beigebracht.

1970–1974

Filmen – das ist für mich
das wahre Leben

Die Geliebte des anderen – Bloomfield – La Califfa – Das Mädchen
und der Kommissar – Die Ermordung Trotzkis – Ludwig II. – Cesar
und Rosalie – Le Train - Nur ein Hauch von Glück – Sommerliebelei
– Das wilde Schaf – Trio Infernal – Nachtblende – Die Unschuldigen
mit den schmutzigen Händen

*Beruf und Familie geben Romys Leben einen Sinn. 1970 dreht
sie vier Filme:* Die Geliebte des anderen *in Paris und in der
Bretagne,* Bloomfield *in Israel,* La Califfa *in Rom und Turin,*
Das Mädchen und der Kommissar *in Paris. In Claude Sautet
hat sie ihren Regisseur gefunden – und sie inspiriert ihn. 1971
folgt* Die Ermordung Trotzkis *in Mexiko, 1972* Ludwig II. *in
Bayern und Österreich,* Cesar und Rosalie *in Sêtel und in der
Vendée. Doch lange hält sie es während der kurzen Wochen
zwischen den Dreharbeiten in den verschiedenen Ländern in
der Wohnung in Berlin-Grunewald nicht aus. Sie sucht das
wirkliche Leben und nicht das Intellektuellenmilieu mit gescheiterten Plänen. Sie will ihre Pläne allein durchsetzen, mit
eigenem Willen und mit Energie. Eine Schulter zum Ausruhen*

braucht sie nicht mehr. Die endgültige Entscheidung, wieder in Frankreich zu leben, faßt sie schon während der Dreharbeiten zu Die Dinge des Lebens, *als sie die völlige künstlerische Übereinstimmung mit Claude Sautet erkennt. Noch hat Romy mit ihrer Familie eine gemeinsame Wohnung in Hamburg. 1973 und 1974 folgen fünf Filme in zehn Monaten:* Le Train, Sommerliebelei, Das wilde Schaf, Trio Infernal, Nachtblende. *1973 beschließen Romy und Harry Meyen sich zu trennen. Harry will in Hamburg leben und Romy mit David in Paris. Am 6. Juni vereinbaren sie einen Gütertrennungsvertrag. Harry Meyen besteht auf der Hälfte des Vermögens und erhält 1,4 Millionen Mark. Romy richtet sich eine Wohnung, später ein Haus, in Paris ein. Ihr Privatleben ist zerbrochen, doch steht sie künstlerisch auf der Höhe ihres Erfolgs. Sie arbeitet in diesen Jahren mit bedeutenden Regisseuren: mit Claude Sautet, mit Visconti und Zulawski, ihre Partner sind Michel Piccoli, Alain Delon, Richard Burton, Yves Montand, Jean-Louis Trintignant und Rod Steiger. Ende 1974 spielt sie in* Die Unschuldigen mit den schmutzigen Händen. *Wie immer ist ihr eigenartig zumute am Ende eines Films. Mit jedem Film, der ihr etwas bedeutet, scheint ein Stück ihres Lebens unwiederbringlich dahin zu sein, eine Zäsur gesetzt. Denn Arbeit heißt für sie in der Zeit eines Films nichts anderes als »Leben«. Daneben existiert für sie so gut wie nichts. Nach sieben Jahren Ehe lassen sich Spannungen nicht nur mit Toleranz und Verstehen aus der Welt räumen.*

Bei der Fülle der Aufgaben bleibt Romy wenig Zeit, zu schreiben, zu berichten, zu sich selbst zu kommen. So sind Zettel an Regisseure, Arbeitsbemerkungen, kurze Interviews die einzigen Texte aus dieser Zeit. Sie zeigen das Flüchtige, das Gehetzte, aber auch das völlige Aufgehen in der Arbeit.

Januar 1970

Ich führe von morgens bis abends ein sehr ruhiges Leben mit meinem Mann und meinem Sohn. Ich lebe so wie alle Leute. Ich treffe meine Freunde, ich sehe mir Filme an, viele Filme, ich gehe ins Theater. All das füllt die Tage aus, die Wochen, das ist sehr einfach. Ich versuche, immer weniger unnütze Dinge zu tun, man verschwendet oft seine Zeit mit unnützen Kleinigkeiten, Nichtigkeiten. Sobald man verheiratet ist, eine Familie, ein Kind hat, nehmen die Dinge eine andere Dimension an.

Januar 1970

Die Geliebte des anderen

Die Mühelosigkeit macht mir keinen Spaß und hat mir nie Spaß gemacht. Ich habe immer gegen die Dinge angekämpft. Das habe ich getan, als ich mein Land verließ, und das habe ich getan, als ich auf der Bühne stand.

17. Mai 1970

Ich jedenfalls glaube, daß ich durch meine Arbeit mit großen und intelligenten Regisseuren viel hinzugelernt habe – auch manches, was nicht nur mit Film und Theater zu tun hat.

Was wollen die Leute eigentlich von mir. Ich bin eine Schauspielerin. Mehr nicht.

In Frankreich sind die Ansprüche höher. Da wird ein guter Film noch erkannt und geschätzt.

Was ich auch mache, in Deutschland wird man es mir ankreiden. Ich finde das zum Kotzen.

Sommer 1970

Kaum hatten die Dreharbeiten zu *La Califfa* begonnen, war ich schon splitternackt für eine Liebesszene. Ich habe mich gefragt, ob das ein Trick der italienischen Regisseure ist, um ihren Schauspielerinnen von Anfang an die Befangenheit zu nehmen.

Es interessiert mich, jemanden zu spielen, der ganz anders ist als ich.

Bevilacqua, der Script-Autor, hatte vom Filmen nicht die blasseste Ahnung. Wir alle schwammen, sogar Ugo Tognazzi.

Ich habe die Skrupel einer professionellen Schauspielerin.

2. August 1970

Theaterspielen ist das, was ich am liebsten in Deutschland machen würde, aber wir finden kein Stück.

September 1970

Ich habe meine Blütezeit hinter mir, das meine ich gar nicht ironisch, weil ich wirklich glaube, daß eine Filmschauspielerin mit 25 Jahren ihren Höhepunkt erreicht. In ein paar Jahren bin ich eine Mittdreißigerin, ich weiß schon jetzt, was dann passiert. Dann gehe ich zur Bühne. Wahrscheinlich werde ich erst dann eine richtige Schauspielerin.

Herbst 1970

Ich wollte nicht an diese Szene in *Das Mädchen und der Kommissar* denken. Claude und ich sprachen nie darüber. Am

Abend vor der Aufnahme, nachts, habe ich den inneren Monolog von Lilli während der Enthüllungen von Max umgeschrieben, am Morgen habe ich Claude meinen Text gezeigt. Er zog ein Blatt Papier aus der Tasche und sagte: »Seltsam, ich habe dieselbe Idee gehabt.«

5. Mai 1971

Ich synchronisiere alle meine Filme selbst. So jetzt eben *Max et les ferailleurs*, der in den nächsten Wochen hier anläuft unter dem Titel *Das Mädchen und der Kommissar*. Auch ins Englische übertrage ich meine Rollen selbst.

An Theater trau' ich mich vorläufig nicht heran. Schon Gründgens, Kortner boten mir Rollen: Lulu, Fräulein Julie, Viola; Noelte wollte mit mir die Heilige Johanna machen, aber: Ich hab' Angst . . ., mit dem Film kann es vorbei sein, von heute auf morgen. Ich will filmen, solange ich kann. Theater vielleicht später.

Im deutschen Film würde ich unter Schlöndorff arbeiten, eventuell. Die anderen Jungfilmer halte ich für Monteure, zuviel Statements, Inserts, Philosophie in die Filme eingebaut, nicht von »professionels« gemacht.

21. Mai 1971

Nein, ich habe nichts gegen die Deutschen. Wenn man mir ein gutes Drehbuch anbietet, dreh' ich auch in der Bundesrepublik. Es gibt keine pauschale Ablehnung meinerseits. Wenn ich etwas mache, dann mache ich es mit meinem Mann. Es gibt Pläne, doch nichts Konkretes.

Sautet ist zwar ein cholerischer Mann, aber er steckt den Schauspieler nicht in eine Zwangsjacke.

Ich fühle mich am wohlsten, wenn ich drehe. Meine gesundheitlichen Mängel machen sich immer bemerkbar, wenn die Arbeit vorbei ist. In den Pausen. Dann spüre ich meinen niedrigen Blutdruck.

Noelte wollte mit mir in Hamburg die *Heilige Johanna* machen. Und in London sollte ich eine Neufassung der *Anna Karenina* spielen. Aber in London oder auch in Paris müßte ich mich für ein Jahr verpflichten, und dann würde unser Familienleben leiden.

Aber höchstwahrscheinlich steigt zuerst ein Film unter Joseph Losey – *Die Ermordung Trotzkis*. Ich habe in Frankreich Rollen spielen dürfen, die man mir anderweitig nicht anbot. *Swimmingpool* zum Beispiel kam im richtigen Augenblick für mich. Man muß eben auch sehr viel Glück haben!

28. Mai 1971

Wissen Sie, ich bin bereits so unsicher geworden, daß ich zunächst einmal hinter jedem Interview mit deutschen Journalisten so etwas wie eine Falle vermute.

Haben Sie schon *Tod in Venedig* von Visconti gesehen? Das ist ein hinreißender Film, Sie dürfen ihn auf keinen Fall versäumen. Wie Visconti Thomas Mann respektiert hat, das ist grandios.

Nach der Vorführung in Rom habe ich sofort die Erzählung noch einmal gelesen und sie in all ihrer dichterischen und menschlichen Kraft, in ihrer Schönheit im Grunde erst jetzt richtig begriffen.

5. Juni 1971

Die neue Frisur habe ich mir zugelegt, weil ich drei Jahre lang denselben Kopf hatte. Und den hatte ich satt. Ich war natürlich unglücklich, als die Haare ab waren, habe fast geheult. Aber mein Mann mag sie – und nun finde ich sie auch schön.

Ich habe eine Art Platzangst. Ja, Tatsache, deswegen habe ich eigentlich meinen Beruf verfehlt. Jedenfalls, wenn man das ganze Drumherum mit dazu rechnet. Ich liebe meinen Beruf, er ist meine große Passion. Aber ich kann nun mal nicht viele Menschen ertragen, Menschen, die mir auf die Schulter klopfen oder mich ausfragen wollen.

So eine Figur wie in *Das Mädchen und der Kommissar* ist auch von mir selbst sehr weit entfernt. Daher reizte es mich, so ein Milieu einmal nachzuerleben.

Die Kritiker haben meine Wandlung schon verstanden, aber beim Publikum bezweifle ich's.

Ich bin ja Deutsche, habe einen deutschen Paß. Obwohl Nationalität völlig egal ist. Es dürfte überhaupt keine Grenzen geben. Ich spiele nur mit meinem Mann. Das erste Stück hier – wo auch immer – möchte ich nur mit ihm machen. Nur das erste – danach könnte man ja sehen ...

Wenn ich David was verbieten will, macht er mich nach, und dann kann ich nur noch über ihn lachen ...

Ehe Harry protestiert, sag' ich es schnell: Er ist sehr froh, wenn ich manchmal nicht da bin!

6. Juni 1971

Es wäre schön, wenn man nicht immer mißtrauisch sein müßte, aber ich werde es immer mehr. Was auch immer ich sage – es ist falsch oder wird falsch zitiert. Vielleicht sollte ich überhaupt den Mund halten, das wäre das beste. Meistens habe ich bei Journalisten das Gefühl, sie haben irgendwo zwanzig Revolver versteckt und machen dich mit ihrer Zeitung zur Schnecke ... Aber ich kann nun mal privat nicht spielen, das tue ich vor der Kamera genug, privat lege ich mir nichts zurecht.

Ich finde es völlig richtig, daß die Studenten beispielsweise diesen ganzen Starrummel ablehnen. Das ist weiß Gott vorbei. Ich habe ja auch gar nichts damit zu tun. Ich arbeite, und ich tue mein Bestes, das ist alles.

Ich kriege immer noch massenweise Briefe auf die *Sissi*-Filme. Ich kann mir das beim besten Willen nicht erklären – vielleicht, weil immer wieder Weihnachten ist... Und dann kommt natürlich noch der Faktor hinzu, daß sich die Leute diese alten Filme gemütlich im Bett oder in Pantoffeln ansehen können. Das Zuhause lullt ein. Neulich sind wir mit einem älteren Taxichauffeur gefahren, der sagte auch: »Ich habe da kürzlich die *Sissi* gesehen, das waren doch noch Filme damals, der ganze Scheiß, den es heute gibt, das ist doch nichts mehr.« Ich hänge mich deshalb heute nacht nicht auf, aber es macht mich traurig. Sicher hängt es damit zusammen, daß die Leute hier sauer sind, daß ich Deutschland abtrünnig geworden bin. Wahrscheinlich hätte ich die alte, klapprige Sissi weiterspielen sollen, bis ich 35 bin! Na ja, es ist doch so.

Ende Juli beginnen in Spanien die Außenaufnahmen zu dem amerikanischen Film *Die Ermordung Trotzkis*, mein Partner ist Alain Delon. Was soll's – zwei Kollegen machen einen Film miteinander, das ist alles, selbst wenn man mal zusammengelebt hat. Aber hier meint man so schnell: Es muß doch irgendeinen privaten Grund dafür geben, daß die zwei wieder filmen. Es ist primitiv, aber es ist so!

23. September 1971

Manchmal muß man einfach nach seiner Nase gehen. Auch wenn man sie sich dabei mal einschlägt.

Telefongespräch von Mexiko, 24. September 1971

Die Arbeit mit Losey bei *Trotzki* ist sehr anstrengend und aufregend – im positiven Sinne. Er ist einer der wenigen ganz großen Regisseure und ein ungewöhnlicher Mensch.

Wir kommen sehr gut voran. Es geht sehr gut, nur heute haben wir Schwierigkeiten mit dem Wetter.

Richard Burton ist in den Szenen hier noch nicht dabei. Wir treffen erst im Oktober in Rom zusammen.

Alain Delon spielt den Mörder Trotzkis, ich bin die Geliebte dieses Mannes.

Die Historie ist nur ein Hintergrund, vor dem sich psychologische, menschliche Konflikte abspielen. Wesentlich ist auch meine Bindung zum Attentäter.

Mir ist nicht angst. Nein, gar nicht. Jeder Schauspieler hat eine bestimmte Zeit, einen Lebensabschnitt, den er nützen muß. Natürlich möglichst ohne sich zu übernehmen.

Natürlich freue ich mich über meinen neuen großen Erfolg in Deutschland. Ansonsten möchte ich in Abwandlung eines Sprichwortes sagen, daß es der Prophet im eigenen Land immer etwas schwerer hat. Wenn das nicht mehr stimmen sollte, um so besser.

September 1971

Ich habe keine Angst mehr vor der Einsamkeit.

Ich fürchte mich nicht mehr davor, mit mir selbst allein zu sein.

23. Oktober 1971

Mein kleiner David, von Tag zu Tag wird der Junge frecher, er tanzt nach Beatlesplatten ... immer nach ein und derselben Melodie ... mein Mann und ich können die Musik schon gar nicht mehr hören. Dann sagt das Kind »Nervensäge« zu uns, wie Kinder in dem Alter das aussprechen, ohne »r« und ohne das »s« mit etwas zu langer Zunge.

Vielleicht will ich noch ein Kind haben. Nicht im Moment, der Beruf geht vor. Später ...

Ich esse Diät. Salzlos. Jeden Tag eine Stunde spazierengehen. Viel Schwimmen ... was man so macht, wenn man jung und gesund bleiben will.

23. Januar 1972

Drehbeginn von *Ludwig* in Bad Ischl.

Ich werde diese Rolle, den Charakter dieser Frau zum erstenmal wirklich spielen ...

Visconti hat als einziger die Sissi historisch authentisch porträtiert.

Ich könnte jetzt glatt den ganzen Film lassen und drei Wochen mit dem Pferd Lola durch die Gegend reiten!

Februar 1972

Ich war nie die leibhaftige Verkörperung der süßen, unschuldigen kaiserlichen Hoheit. Ich hab' sie gerne gespielt, aber ich hab' dieser Traumfigur nie geähnelt. Nie wieder wollte ich nach den *Sissi*-Filmen in ein historisches Kostüm steigen. Und nun tat ich es doch.

Es ist mir als Filmstar nie geglückt, mich hundertprozentig dem anzupassen, was man von mir erwartet. Und das ist schlecht, denn die »Marke« Filmstar stellt diese Bedingung. Schließlich bin ich ja noch nicht 60 und mit den Nerven runter...

Und Harry, mein Mann, weiß, wenn ich arbeite, daß ich nur meinen Beruf im Kopf habe. Er ist der erste Mann, der mich auch in der Frage akzeptiert, wie ich bin. Die Zeit mit Delon war verrückt, diese fünf Jahre. Bei Harry fühle ich mich nach sieben Jahren bis heute geborgen.

6. Mai 1972

Ein Interview kommt nicht in Frage. Immer, wenn ich Journalisten sehe, geht es mir wie dem Kaninchen mit der Schlange. Ich bin schon vom Anblick dieser Leute so gelähmt, daß ich keinen vernünftigen Gedanken mehr fassen kann. Ich denke immer nur: Die wollen dir doch nur eins auswischen. Und darum reagiere ich so aggressiv. Ich weiß, daß ich mir damit selber schade. Aber ich kann nun mal nicht aus meiner Haut. Und eine Heuchlerin bin ich auch nicht. Also muß ich mir genau überlegen, was ich sage. Und das geht am besten in einer Fremdsprache, weil ich mich da besser konzentrieren kann.

Zwischen der Sissi von einst und meiner heutigen Rolle gibt es nicht die geringste Gemeinsamkeit!

13. Mai 1972

Ist es denn nicht möglich, abends auszugehen, ohne am nächsten Tag zu lesen, daß ich eine Ehebrecherin bin oder meinen Mann betrogen habe?

14. Juni 1972

Brief an Magda Schneider
Liebste Mammi, es war alles wie früher. Ich bin nachts durch das Haus gegangen und habe mich an meine schöne Kindheit erinnert. Ich habe es bedauert, daß ich nicht noch viel länger bleiben konnte. Vielen, vielen Dank. Deine Romy

30. September 1972

Wir haben schon überlegt, ob wir nicht von Hamburg nach Paris ziehen. Meine Hauptarbeit spielt sich doch in Frankreich ab. Wenn David in die Schule ginge, wären wir nicht soviel getrennt. Und Harry liebt Paris, seine Arbeiten könnte er auch von da aus in Deutschland machen . . .

13. November 1972

Da will doch eine Verleihfirma den *Trotzki*-Film in Deutschland unter dem Titel *Das Mädchen und der Mörder* herausbringen. Ich frage mich, was diese Leute sich dabei denken. Wieso kann man den Film nicht unter demselben Titel zeigen wie in der ganzen Welt, nämlich *Die Ermordung Trotzkis*?
Sehe ich mürrisch und gehetzt aus? Was man über mich sagt, interessiert mich nicht so wahnsinnig. Wenn jemand ein bißchen mehr kann als die Masse, dann hält ihn die Masse gleich für überheblich. Und sehen Sie, das meiste, was über mich geschrieben wurde, sind Lügen – Lügen von unfähigen, dummen Journalisten. Was mich vorantreibt? Vielleicht, weil

275

ich mich immer wieder von neuem bestätigen muß. Alles, was ich tue, mache ich nur unter diesem Gesichtspunkt: Was kann ich, was bin ich wert, kann ich noch besser werden?

Wir suchen uns jetzt in Paris etwas Geeignetes. Unser Sohn kommt ja bald zur Schule. Wir wollen, daß er zweisprachig aufwächst. Ich finde, man hat es später leichter, zweisprachig.

Ich möchte gern den Schwimmer Mark Spitz kennenlernen. Ich mag Sieger. Es ist doch komisch, da gewinnt einer eine Goldmedaille nach der anderen, und man wünscht ihm noch eine und noch eine. Wieso eigentlich? Er hat doch schon genug. Sieger sollen strahlen. Ich bin da genauso beeindruckbar wie alle Menschen.

Du siehst natürlich nicht das Besondere und Einmalige dieser Menschen, Harry. Herr Haubenstock vergißt natürlich wieder einmal, daß seine Frau eine Frau mit Antenne ist.

Schmollst Du noch?

Was wollen Sie, ich bin eine ganz normale Frau. Mein Alltag ist der Alltag einer Frau, die ein Kind und einen Mann hat. Freilich gehe ich nicht Milch holen oder Brötchen einkaufen.

Meine Mutter hat mir keine andere Chance gelassen als die Schauspielerei.

18. November 1972

Ich bin gar nicht scheu. Ich bin nur gern allein, in meinem stillen Winkel, wo immer ich gerade lebe! Aber das hat nichts mit Scheu zu tun! Ich liebe meine Arbeit. Ich brauche Kontakt zu Menschen – allerdings nicht zu sehr vielen! Tut mir leid, ich muß nicht unbedingt in Nightclubs leben! Natürlich geh' ich aus. Auch in Nightclubs! Aber da bin ich immer schnell wieder weg! Weil das Zeitverschwendung ist! Dafür ist das Leben zu kurz. Alles wird schnell aufgebauscht. Selbst hier in Paris. In einer Weltstadt, die weiß Gott nicht provinziell ist. Da steht dann morgens in der Zeitung, die war mit dem und dem da und da! Und daraus wird, flutsch, eine dumme Geschichte. Die müssen ja ihre kleinen leeren Plätze füllen. Ich les' es gar nicht mehr.

Und die Menschen, mit denen ich mich unterhalten kann? Die verstehen mich auch. Aber sonst? Wie gesagt, das Leben ist viel zu kurz. Und mit Zeit bin ich geizig.

Ich weiß, ich bin schrecklich, manchmal sogar mies – aber fotogen. Hat mal meine Mutter gesagt. Und meine Mutter kennt mich ganz gut... Und wenn ich auch 'ne alte sentimentale Wienerin bin, genauso bin ich 'ne alte sentimentale Pariserin! C'est la même chose!

Die Franzosen haben mich zu leben, zu lieben, mich zu kleiden und zu schlafen gelehrt.

Ich weiß genau, wem ich 'nen Gefallen tu. Weil ich genau weiß, wenn ich da 'ne Geste mache, das krieg' ich eines Tages zurück. Ich bin nicht berechnend. Nein. Genaugenommen bin ich eher das Gegenteil! Deswegen hab' ich auch so viele Ohrfeigen bekommen! Aber ich kann heute, mit meinen 34 Jahren, nicht mehr aus meiner Haut. Wenn ich etwas will, dann mach' ich's.

Ich weiß aber auch, wieviel Glück ich hatte. Und wieviel Glück zu diesem Beruf gehört. Aber es gehört noch etwas mehr dazu. Und das hab' ich ganz allein getan! Mit sehr viel Arbeit...

Warum ich nicht in Deutschland filme? Das liegt nicht an mir. Daran, daß mir nicht die Rollen angeboten werden, die ich spielen möchte. Gute Filme, Stücke oder Stoffe, die auch in Deutschland gehen, aber dort nicht produziert werden. Da gibt es -zig Beispiele. Entweder liegt das am Mangel an Phantasie oder Mut – oder sie haben Angst. Machen was – und machen sich in der nächsten Sekunde in die Hosen. Also muß es immer wieder was Spießiges sein oder ein Schulmädchen- oder Hausfrauen- oder Sex-Report. Was mir vorschwebt? Virginia Woolf – 25 Jahre jünger. Das würde ich sofort spielen. Aber so was gibt's ja nicht. Im Fernsehen ist es genau das gleiche.

Wenn mir was Gutes und Gescheites angeboten wird, spielt das Geld keine so große Rolle – sagen wir mal: Dann kommt es an zweiter Stelle. Im Ausland bin ich hoch dotiert, na gut – das gleicht sich aus. Im übrigen muß ein guter Film nicht unbedingt auch teuer sein. Also, was soll's?

Es kann ja nicht so weitergehn! Fast nur noch nackte miese Mädchen auf deutschen Titelblättern. Das ist doch grotesk! Genausowenig kann es weitergehen mit diesem Mist im Film! Wenn eine richtig runde Rolle das erfordert, bin ich nicht prüde.

18. November 1972

Also, bei meinem 34. Geburtstag, kürzlich im September – da dachte ich: Herrgott noch mal, jetzt schon? An meinem Sohn merk' ich's, an meinem Gesicht..., an meinem Beruf, Sie müssen bedenken, ich bin ja nicht im häßlichen Charakterfach! Ich muß also noch ein paar Jahre gut aussehen! Da ich aber nicht der Typ bin, der von früh bis spät aufpaßt, ob er ein oder zwei Falten mehr hat im Gesicht – tut mir leid, kann ich mich darüber auch nicht aufregen. Es wäre aber nötig! Ich kenn' Kolleginnen, die kennen ihr Leben lang nur eins: ihr Gesicht, ihre Figur! Das tu' ich nicht. Noch nicht. Vielleicht. Noch bin ich jung. Aber manchmal denk' ich doch, na, na? Wenn ich mal Tränensäcke unter den Augen habe. Wenn die Leute sagen: Die sieht ja aus wie 'ne Krähe! Da mach' ich mir gar nichts vor! Das kommt ja nicht nur im Unterbewußtsein. Ich seh' mich doch auch im Spiegel. Und das ist dann nicht immer komisch: Vor fünf Jahren sah ich noch anders aus.

Ja, ich habe wirklich über ein Jahr keine Ferien gemacht. Das stimmt schon. Aber ich wollte es ja so. Drei Filme hintereinander (*Cesar und Rosalie*, *Ludwig II.* und *Trotzki*) ist ein bißchen viel. Na, schön. Eines Tages ist es mir vielleicht egal, ob ich

Krähenfüße kriege. Solange ich nicht fett bin… Für den Körper kann man was tun.

Gut, das meine ich auch: Daß es von hier – von Herz und Hirn – kommen muß. Nicht unbedingt nur von einer schönen Visage oder Nase. Aber, wir müssen doch auch an die denken, die uns sehen, die im Kino oder vorm Fernseher sitzen. Ob die uns noch so sehen wollen! Oder ob sie nicht sagen, naja, langsam kommt die doch in die Jahre…

1. Dezember 1972

Cesar und Rosalie
Ich bin sehr glücklich über diesen Film, und dieses Glück macht mir sogar die schreckliche und anstrengende Synchronarbeit daran erträglich.

Was mir über den Erfolg hinaus an *Cesar und Rosalie* so gefiel, war die Arbeit mit Claude Sautet. Er ist mein Lieblingsregisseur, weil er ein Freund der Schauspieler ist.

Er ist der Größte, jedes Zusammensein mit ihm ist etwas Besonderes.

Ich suche mir halt die Rosinen aus, was ich als solche empfinde eben. Rollen, die ich gern spiele, vor allem auch Regisseure, die ich gern mag und die mich mögen.

Dezember 1972

Ich würde furchtbar gern einen deutschen Film machen, aber es müßte halt ein guter sein. Unter den letzten deutschen Angeboten war nichts Rechtes. Die Eva Braun im englischen Hitler-Film mochte ich beispielsweise auch nicht spielen. Weshalb auch? Als nächstes mache ich den französischen Film *Le Train* nach Georges Simenon. Der Titel muß noch geändert werden, weil es einen gleichnamigen amerikanischen Film gibt.

Ohne Arbeit kann ich nicht leben. Ein paar Wochen Urlaub geht, aber sechs Monate ohne Film, das halte ich nicht aus.

28. Dezember 1972

Viele Menschen bringen Langeweile mit, und das ermüdet mich. Ich bin nicht bereit, jemanden etwas zu geben, wenn ich nichts dafür bekomme.

Januar 1973

Ich bin furchtbar egoistisch.

5. April 1973

Im Mai mache ich einen neuen Film. Dann muß Klarheit herrschen. Dann muß ich wissen: Aus, Schluß damit.

Ich möchte mal wieder in einer richtigen Wohnung wohnen und nicht im Luxus. Ich möchte mal wieder normale Menschen um mich haben und nicht diese kaputten Filmtypen, die mich jahrelang begleitet haben.

Anfang Juni 1973

Ich kann das nicht mehr aushalten. Schon früh könnte ich den Kerl an die Wand werfen. Ich glaube, es ist nicht mehr zu reparieren.

Jetzt fährt er nach München. Da hat er sich schon mit allen Kollegen am Residenztheater zerstritten. Genauso wie im Filmatelier, wenn ich arbeite. Da steht er immer rum und versucht, meinen Regisseuren gute Ratschläge zu geben. Und das mögen die nicht. Er macht mich nur nervös. Es ist gar nicht wahr, daß er mir was beibringt.

Ich will nicht ewig unter der Knute von Herrn Meyen leben. Ja, wir lassen uns scheiden. Harry will mein ganzes Geld. Ich habe ja schon viel Geld für Männer ausgegeben. Aber daß einer alles will, ist neu.

Erstens habe ich in den ersten Jahren meiner Ehe ebenfalls viele Angebote ausgeschlagen und mich nie darüber beklagt. Zweitens hätte mein Mann viele Aufträge übernehmen können, ohne daß ich ihn daran gehindert hätte. Deshalb ist es nicht normal, daß ich jetzt für den Unterhalt des Herrn Haubenstock sorgen soll. An sich war ich als seine Frau ja nicht einmal verpflichtet, für meinen eigenen Unterhalt zu sorgen.

Wir einigten uns schließlich auf eine Trennung, aber nicht auf eine Scheidung. Wir wollten unseren Sohn David Christopher nicht traumatisieren.

15. Juni 1973

Ich möchte in Zukunft kürzer treten, weniger arbeiten und ein Haus auf dem Lande kaufen, wo ich mit meinem Sohn David leben will! Und noch ein zweites Kind haben – das ist im Moment mein größter Wunsch.

Ich habe keine Angst vor dem Alter oder einigen Falten im Gesicht. Ich durchlebe gerade eine sehr gute Epoche und nutze sie aus. Vielleicht wird man mir eines Tages vorwerfen, daß ich zuviel drehe. Niemals aber wird man mir nachsagen können, daß ich es mir leicht mache und uninteressante Rollen spiele.

25. Juni 1973

Ich fühle mich wieder frei.

28. Juni 1973

Ich werde wieder Pariserin. In Frankreich begannen alle neuen Abschnitte meines Lebens. Ich beginne wieder beim Punkt Null und bin froh darüber.

An jeder Wende meines Lebens ging ich zurück nach Frankreich. Ich habe noch nie früheren Geschichten nachgeweint. Paris ist ein neuer Anfang.

Heute fange ich an, mich zu verstehen, nicht mehr vor mir wegzulaufen.

16. Juli 1973

Wir wollen uns viel sehen, am besten, der eine hat bei dem anderen jeweils ein Zimmer.

Harry, denk nicht immer so logisch, in allem bist du immer so entsetzlich logisch, nimm mich nicht als Deppen, oder meinst du, ich kann nicht allein entscheiden?

Daß man sich über unsere finanzielle Trennung den Mund zerreißt, ist logisch. Ich finde, wenn man so gelebt hat wie wir, dann wird geteilt, wer da mehr verdient, ist völlig egal. Mehr habe ich zu dem Thema nicht zu sagen. Und deswegen werfe ich so eine Bindung wie die mit Harry nicht einfach hin. Mal sehen, wie weit ich komme. Aber verändern müssen wir uns beide.

24. Juli 1973

Wenn wir es noch einmal zusammen schaffen wollen, muß jeder von uns beiden lernen, sich als selbständige Person zu entwickeln und zu begreifen.

Juli 1973

In Wirklichkeit war ich meiner Zeit einfach voraus. In einer Epoche, in der noch nirgends von der Befreiung der Frau die Rede war, nahm ich meine eigene Befreiung vor. Ich habe mein Schicksal selbst geschmiedet, und ich bereue nichts.

Mitte August 1973

Sommerliebelei

Jean-Claude Brialy ist ein alter Freund, wir wußten beide, daß wir nicht *Lady Macbeth* drehten, aber es ist ein sehr hübscher Film, der mir wegen seiner Poesie und der Feinfühligkeit von Jean-Claude sehr gefällt.

30. Oktober 1973

Das wilde Schaf

Mit Jean-Louis Trintignant kann man viel lachen, das ist nicht mit jedem Partner der Fall. Er ist ein fabelhafter Kollege und Freund.

24. November 1973

Das wilde Schaf ist mein dritter Film innerhalb von vier Monaten.

Niemals zuvor in meinem Leben habe ich soviel gearbeitet, doch ich finde das sehr gut! Ich habe nicht einmal drei Tage Pause zwischen den einzelnen Dreharbeiten eingelegt. Ich fühle mich keineswegs überanstrengt. Ich amüsiere mich bei der Arbeit. Ich lebe vor der Kamera. Jetzt endlich habe ich die Chance, Rollen zu spielen, die mir gefallen. Ich verkörpere die verschiedensten Frauentypen und spiele eine schöne Liebesgeschichte nach der anderen. Ich möchte nur noch Liebesfilme drehen. Wenn ich an das nächste Jahr denke, wird mir ganz schwindlig. Ich werde nicht eine Woche Urlaub in den nächsten zwölf Monaten machen können.

Anfang Dezember schon beginnen die Dreharbeiten zu *Trio Infernal* zusammen mit Michel Piccoli.

10. Dezember 1973

Noch nicht einmal eine Woche Ruhe habe ich zwischen den einzelnen Filmen. Aber ich fühle mich überhaupt nicht abgekämpft. Denn ich fühle, daß ich wirklich lebe.

Endlich spiele ich richtige Frauen in meinen Filmen, Frauen, die unterschiedlich vom Charakter her sind, die aber eines verbindet. Sie erleben eine Liebesgeschichte. Und Liebesgeschichten finde ich wunderbar. Am liebsten würde ich nur noch solche Rollen annehmen.

Natürlich gehe ich das Risiko ein, daß sich die Leute an mir übersehen. Aber ich lebe jetzt, was später geschieht, interessiert mich nicht.

Ich fühle mich ziemlich stark.

Ende Dezember 1973

Die Rolle der Philomena Schmidt in *Trio Infernal* hat nichts mit mir zu tun. Ich bin Schauspielerin. Sissi hat auch nichts mit mir zu tun. Ich bin niemals Sissi gewesen und Philomena Schmidt ebensowenig.

8. Januar 1974

Mein guter Ruf dürfte nach diesem Film in Deutschland endgültig dahin sein. *Trio Infernal* wurde eben in Paris abgedreht.

21. Februar 1974

Ich muß immer bis zum Äußersten gehen, selbst wenn es nicht gut ist. Ich liebe es, bis an die Grenzen des Möglichen zu gehen, im Beruf wie im Gefühlsleben. Ich bedaure nichts! Man muß viele Leidenschaften haben in seinem Leben. Es ist zu kurz, als daß man so was nur einmal erleben sollte.

April 1974

Es macht mir ein bißchen angst. Ich habe Angst, das Publikum könnte sich langweilen, wenn es mich zu oft sieht, und manchmal habe ich Angst vor nervöser Erschöpfung. Aber ich habe das Gefühl, daß ich durchhalten und dabei nie vergessen werde, wie Claude Sautet, der mir bei dem Film *Die Dinge des Lebens* mein Selbstvertrauen wiedergegeben hat, einmal zu mir sagte: »Mach weiter, solange du Lust hast, du kannst es.« Ich habe keine Angst davor, daß sich die Jahre oder die Müdigkeit auf meinem Gesicht zeigen, ich habe nur Angst

284

davor, daß ich schlecht spiele. Das Bemühen, seine Sache gut zu machen, ist jedenfalls wichtiger, als vor dem Spiegel nach Falten Ausschau zu halten.

Ende April 1974

Es war sehr schwierig. Diese Rolle der Nadine Chevalier in *Nachtblende*.

In diesem Beruf habe ich immer Angst, nicht alles aus mir herauszuholen. Jeder Film, in dem ich mitwirke, ist für mich wie eine Wette, die ich unbedingt gewinnen muß. Ich muß immer mich selbst übertreffen.

Mai 1974

Dreharbeiten *Nachtblende*

Zulawski, wenn du was von mir willst, dann setz deinen Arsch gefälligst in Bewegung und scheuch nicht deine Assistentin herum. Kannst dich langsam daran gewöhnen, daß Frauen nicht eure Laufburschen sind. Jetzt ist Schluß mit diesem Pascha-Gebaren!

Und Testi, dich küsse ich nicht! Du hast dich nicht rasiert, und ich bin sicher, du hast schwarze Füße. Putz dir erst mal die Zähne, du komischer Vogel.

Wir können drehen.

Du mußt schon entschuldigen, aber manchmal geht mir halt der Gaul durch. Wir drehen stundenlang Filme über die Emanzipation der Frau, und hinter der Kamera herrscht ein Macho-Verhalten wie vor 20 Jahren.

Ich weiß, daß ich unausstehlich sein kann. Aber meine Aggressionen sind nur ein Schutzwall vor der Angst, daß ich vielleicht nicht das Optimale gebe.

Ich habe vier Lehrer: Visconti, Welles, Sautet und Zulawski. Der größte ist Visconti. Er hat mir beigebracht, was er allen beibringt, die mit ihm arbeiten, nämlich seine Art, die Dinge auf die Spitze zu treiben, seine Disziplin.

»Schauspieler müssen sanft behandelt werden, sie sind so leicht zu zerbrechen.« Ein Satz der Nadine Chevalier in *Nachtblende*.

26. Juni 1974

Seit meinem Bruch mit Harry Meyen rangiere ich in Deutschland unter »noch nackter, noch schöner, noch exzentrischer«. Ich entnehme den Zeitungen, daß ich meine zurückgekaufte Freiheit mit Liebhabern fülle. Dieses Zeug lese ich überhaupt nicht mehr. Wenn mein neuer Film *Trio Infernal* in Deutschland erscheint, dann ist für das deutsche *Sissi*-Publikum das Maß bestimmt voll. Da sieht man mich in einer Szene, wie ich mich selbst befriedige. Erst mal kann ich das gar nicht darstellen – dachte ich jedenfalls. Francis Girod, der Regisseur, sagte zu mir: »Stell dir einfach vor, du bist allein in deinem Badezimmer.« Und ich sagte dann: »Na gut, aber schick wenigstens ein paar Leute raus . . .«

Meine neue Freiheit, das ist der Versuch, neue Gedanken zu denken. Das ist meine einzige Möglichkeit, mich zu verändern – wenigstens eine kleine, um aus dieser Sackgasse herauszukommen, in der man als der Markenartikel »Romy Schneider« festsitzt. Verstehen Sie? Ich meine einfach, Idealfiguren fallen eines Tages von der Leiter, und dann ist aus Versehen ein unwirkliches Leben zu Ende gelebt. Ja, darüber mache ich mir erst jetzt Gedanken. Früher habe ich mich immer rasend selbst davon überzeugen wollen, daß ich, Romy Schneider, einen Alltag leben kann wie alle anderen. Solche Sprüche habe ich in Interviews von mir gegeben, behauptet, ich mache Ferien wie du und ich, verbringe einen Alltag wie jeder andere auch. Heute weiß ich, daß ich so einen Alltag gar nicht leben kann.

Ohne Rollen kann ich nicht leben.

Zulawski gehört zu den Leuten, von denen ich lernen kann.

Bei Regisseuren wie Andrzej Zulawski oder Francis Girod gehe ich mit der Gage runter. Dekorative Filme könnte ich immer drehen. Aber diese Leute hier sagen mir, was man gemeinsam leisten kann. Sie nehmen mir meine Allüren gar nicht erst ab, sie lassen sich nicht einschüchtern. Diese Art von Arbeit bringt mich viel weiter als alles andere.

Das Alleinsein zwischen den Filmen fällt mir schwerer als früher. Der Film vermittelt mir die Intensität, die ich brauche, damit es mir gutgeht.

Den Alltag muß ich erst lernen. Die Ehe war ein eingefahrener Alltag, in dem keiner mehr über sich nachdachte. Jeder gab dem anderen nur das Gefühl, diese diffuse Sicherheit, daß er da ist, und das ist zu wenig.

Man muß sich mal wieder verlieben.

9. August 1974

Ich hab' mir einen zwei Zentimeter langen Glassplitter in den Fuß getreten. Beim Tanzen! Ich war im Urlaub in Griechenland, und in Athen war eine lustige Gesellschaft beisammen, viele Deutsche, na, und die Griechen zerteppern, wenn sie richtig in Stimmung sind, jede Menge Teller. Die Scherben werden zwar gleich weggefegt, aber ich war leider so in Schwung, daß ich sofort – barfuß natürlich – weiter getanzt hab'. Aber jetzt, wo alles überstanden ist, muß ich richtig lachen darüber.

Gefällt's Ihnen, mein Parfüm? Das mixe ich mir selber, Geheimrezept.

Auf jeden Fall treffen Harry und ich uns in St. Tropez. Dort machen wir zusammen Ferien, mit unserem jetzt achtjährigen Sohn David. Ich hab' dort ein kleines Haus gemietet.

Nein, Theaterspielen mit meinem Mann würde nicht gehen!

St. Tropez, 21. September 1974

Die arme Brigitte, die Ärmste da unten am Strand. Ich war ein paarmal zum Schwimmen bei ihr; wenn die Boote vorbeifahren und die Neugierigen durchs Fernglas starren, um einmal die Bardot zu sehen, dann steckt sie ihnen manchmal die Zunge raus!

Alle meine Freunde hier haben Gott sei Dank nichts mit meiner Branche zu tun.

Nein, nein, ich habe mir diesen Beruf ja ausgesucht, ich brauche den Erfolg!

Schon von Anfang an wollte ich ganz nach oben. Ich erinnere mich genau, wie ich nach dem ersten Film zu meiner Mutter sagte: Ich will die Größte werden, ich werde nie halbe Sachen machen.

Simpel gesagt: mit 45 möcht' ich 'ne Hundertjährige spielen. Riskieren möchte ich etwas, denn das ist doch der Reiz für jeden Schauspieler.

Trio Infernal unanständig? Soll ich Ihnen sagen, was ich unanständig finde? Wenn ein deutsches Magazin in Fotos Teile von meinem Partner Michel Piccoli hineinkopiert, die im Film gar nicht gezeigt werden! Das schockt nicht nur die Leute, sondern auch mich!

Wahllos herumschlafen – das kann ich gar nicht! Brigitte ist ein sympathischer Mensch, aber ich glaube, ich habe nicht viel mit ihr gemeinsam.

Sie war zu jung und zu unentschieden, als sie Herrn Vadim in die Arme fiel. Nun ist sie 40, aber sie schwimmt noch immer.

Wenn ich zurückblicke: Einiges hat mir eben doch gefehlt. Harry ist ein Mensch, der schwer Gefühle zeigen kann, während ich das brauche. Ich bin ganz das Gegenteil. Aber noch mehr brauch' ich meine Freiheit.

74 Romy privat, im Sommer 1977. Am 21. Juli wird ihre Tochter Sarah Magdalena Biasini geboren.

75 »Gruppenbild mit Dame«, 1976/77, mit Vadim Glowna

76 »Eine einfache Geschichte«, 1978, mit Claude Brasseur

77 »Der gekaufte Tod«, 1979

78 »Die Bankiersfrau«, 1980, mit Jean-Louis Trintignant

79 »Die zwei Gesichter einer Frau«, 1981

September 1974

Meine Moral kann den Leuten doch egal sein. Ich spiele diese Rollen nur, um mich zu profilieren. Ich bereue nichts, was ich getan habe.

Ich bin nur eine 36jährige Frau, die sich die Freiheit herausnimmt, ungezwungener als andere Frauen zu leben.

27. Oktober 1974

Ich habe den Eindruck, daß meine deutschen Landsleute mich förmlich hassen. Ich bin nicht nur beschimpft, sondern bisweilen auch tätlich angegriffen worden. Momentan laufen drei meiner Filme in Deutschland, zu deren Verständnis habe ich einiges zu sagen.

30. Oktober 1974

Ich wehre mich gegen Indiskretion. Mein Privatleben möchte ich so weit wie möglich abschirmen. Über meine Arbeit gebe ich jederzeit Auskunft.

Die Rolle in *Le Train* ist die beste, die mir in den letzten Jahren angeboten wurde.

Ich bin ausgewandert, weil man mir außer Sissi nichts zu bieten hatte. Mir wird immer alles gleich als Landesverrat ausgelegt. Wäre ich damals nicht nach Frankreich gegangen, hätte ich diese Entwicklung nie durchmachen können. Wenn ich aus Deutschland einen Stoff angeboten bekomme – egal ob für den Film oder die Bühne –, und ich finde ihn interessant, werde ich ihn jederzeit annehmen.

3. November 1974

Wenn das Glück aufhört, kommt es auf das Können an.

Morgen kann es vorbei sein. Ein schlechter Film genügt, und alle guten Filme geraten in Vergessenheit. Man redet über den Flop. Das beängstigt mich natürlich, aber die Vorstellung, ich könnte beruflich wieder einmal ganz unten sein, erschreckt mich nicht. Auf einen möglichen Mißerfolg bin ich eigentlich schon lange gefaßt.

Ich kann mir nicht vorstellen, wieder in Deutschland zu leben, aber ich möchte dort einmal in meiner Muttersprache Theater spielen, weil ich das noch nie gemacht habe.

Die Rolle in *Trio Infernal* reizte mich, weil sie ironisch und sarkastisch war. Aber ich habe mit der von mir verkörperten Person nicht das geringste gemeinsam. Ich spiele nie mich selbst. Wer das anders sieht, sieht es falsch.

Die Rollenangebote beurteile ich nach dem Drehbuch, dann entscheidet der Name des Regisseurs, und an dritter Stelle steht der Filmpartner.

So oft habe ich mich nicht geirrt. Ich möchte verschiedene Rollen spielen, mein Bestes dazugeben und bin auch kritisch: Ich weiß, was schlecht, mittelmäßig und wirklich gut ist. Man kann mir nichts einreden.

Soll ich sagen, daß David mir sehr viel bedeutet? Das klingt pathetisch, aber anders wäre es für mich und meinen Sohn sehr traurig.

Nein, Sissi, das ist endgültig vorbei. Ich habe Sissi schon längst vergessen. Wenn sie noch in anderen Köpfen spukt, ist das deren Problem, nicht meines.

Am Montag beginnen die Dreharbeiten zu meinem neuen Film *Die Unschuldigen mit den schmutzigen Händen*. Zum erstenmal unter der Regie von Claude Chabrol. Im Moment hetze ich von einer Kostümprobe zur anderen, dazwischen Besprechungen, Fototermine und Interviews.

Für die Talk-Show unterbreche ich die Vorbereitungen. Ich kenne den Schönherr und weiß, daß dieser Auftritt für mich positiv sein wird.

Angst vor den Deutschen? Sagen wir, der Wunsch, in Deutschland Theater zu spielen, ist stärker als die Angst.

Viele werden sagen: Auch das noch, jetzt macht sie auch noch Anti-Deutsch-Stimmung. Aber ich hatte berufliche und private

Gründe, diese Rolle in *Le Train* zu spielen, das mag man mir in Deutschland übelnehmen oder nicht, ich stehe dazu. Ich stehe immer dahinter, wenn ich etwas mache, auch wenn ich mich geirrt habe. Ich habe Chancen gehabt, jetzt muß ich schauen, wie es weitergeht. Für mich gibt es keine Gipfel in der Karriere, ich möchte arbeiten und lernen. Immer weiter. Und dann irgendwann den richtigen Moment finden, um aufzuhören. Vielleicht habe ich bis dahin noch viel Zeit, aber ich gebe sie mir nicht. Dinge, die ich vorhabe, möchte ich bald machen.

21. November 1974

Ich liebe zwielichtige Frauenrollen – wie schon im *Trio Infernal* jetzt bei Chabrol in *Die Unschuldigen mit den schmutzigen Händen*.

24. November 1974

Hoffentlich bekommt das Publikum nicht genug von mir.

Dezember 1974

1974 war für mich als Künstlerin ein sehr gutes und als Privatperson ein sehr schlechtes Jahr. Hoffentlich wird es mir in den nächsten zwölf Monaten gelingen, meinem Leben eine endgültige Form zu geben.

Telegramm an ihre Mutter Magda Schneider
Dezember 1974

Meine Mama – mehr Erfolg kann man kaum haben was Beruf betrifft – mein Privatleben ist null – ruf dich morgen Sonntag an – wie immer deine Rosemarie etwas traurig etwas allein.

1975–1980

Ich kann nichts im Leben –
aber alles auf der Leinwand

Das alte Gewehr – Die Frau am Fenster – Mado – Gruppenbild mit
Dame – Eine einfache Geschichte – Blutspur – Die Liebe einer Frau –
Der gekaufte Tod – Die Bankiersfrau

*Im April 1975 beginnen die anstrengenden Dreharbeiten zu
dem Film* Das alte Gewehr *in Paris, im Quercy und in Biarritz.
Romy spielt die glückliche Clara, die gefoltert und grausam
durch deutsche Soldaten umgebracht wird. Die Dreharbeiten
gehen ihr furchtbar nahe. Sie will sich endlich einmal ausruhen. Zeit haben, um zu leben. Und vielleicht noch ein Kind
haben. Ihre Ehe mit Harry Meyen wird am 8. Juli 1975 geschieden. Romy weiß, was sie will: Mit den großen Regisseuren
dieser Erde immer wieder neue Filmabenteuer erleben, immer
bis an die Grenze des Machbaren gehen, kein Risiko scheuen.
Spontane Aktionen dieser Jahre, die ihren Ursprung in der
gescheiterten Ehe, in Alkoholexzessen und unkontrollierten
Gefühlsausbrüchen haben, sind das Gegenbild zu einer unheimlich hart und diszipliniert arbeitenden Filmschauspielerin, deren Leben in den Monaten der Arbeit reglementiert ist
bis auf die letzte Minute.*
Die Uraufführung des Films Das alte Gewehr *im August 1975
ist ein Triumph. Sie verlebt einen glücklichen Sommer mit
David und Daniel Biasini. Er ist neun Jahre jünger als sie und
seit 1974 ihr Privatsekretär. Ihre Arbeit, ihre Leidenschaften,
der Versuch, sich nicht unterkriegen zu lassen, sich eine*

293

Zuflucht, eine gewisse Beständigkeit im Leben zu schaffen, die Liebe zu ihrem Sohn sind ihr das Wichtigste. Sie schöpft ununterbrochen aus den Quellen ihrer Energie, ihrer Sensibilität, ihrer Phantasie; doch ihre gewonnene Freiheit macht sie auch übermütig und leichtsinnig. Nach den Dreharbeiten hat sie wie immer das Gefühl absoluter Verlorenheit in der Welt. Freundschaften, die sich aus der gemeinsamen Filmarbeit ergeben, sind nicht von Dauer. Sautet ist eine Ausnahme. Im September erkennt sie, daß sie ein Kind erwartet, und am 18. Dezember 1975 feiert Romy mit Daniel Biasini in Berlin ihre Hochzeit. Anfang 1976 führt ein Autounfall zu einer Fehlgeburt. Sie nimmt im April 1976 den César als beste Darstellerin für Nachtblende und Das alte Gewehr entgegen. Gleich danach spielt sie in Griechenland in dem Film Die Frau am Fenster. Mit Claude Sautet dreht sie in Mado.

Ihr Beruf gibt ihr Kraft, aber zermürbt sie zugleich seelisch. Die Bindung zu Biasini ist stark und leidenschaftlich. Im September 1976 beginnen die Dreharbeiten in Berlin zu Gruppenbild mit Dame nach dem Roman von Heinrich Böll, ihrem 50. Film. Sie fühlt sich wie eine Fremde. Bei den Filmarbeiten im Januar 1977 in Österreich merkt sie, daß sie wieder ein Kind erwartet. Am 21. Juli kommt ihre Tochter Sarah Magdalena mit einem Kaiserschnitt in Gassin zur Welt. Das Jahr verläuft in ungetrübter Harmonie. 1978 spielt sie die Hélène in Eine einfache Geschichte unter Claude Sautet, dem ihr ganzes Vertrauen gehört. Romy ist auf dem Höhepunkt ihrer Karriere. 1978 wird sie 40 Jahre alt. Am Ende des Jahres dreht sie in Sardinien und München Blutspur und anschließend 1979 Die Liebe einer Frau und Der gekaufte Tod in Glasgow. Zum zweiten Mal erhält sie am 3. Februar 1979 den César: für Eine einfache Geschichte. Am 15. April, über Ostern, begeht Harry Meyen in der Hamburger Wohnung Selbstmord. Im Februar 1980 spielt sie in der Bankiersfrau, schon im August 1980 wird der Film mit großem Erfolg aufgeführt. Im

Herbst 1980 dreht sie in Italien Die zwei Gesichter einer Frau, es kommt zu einer freundschaftlichen Beziehung zu dem Produktionsleiter Laurent Petin. Die Arbeit füllt sie ganz aus, macht aber ihr Leben chaotisch. Am 26. August stirbt ihre Großmutter Rosa Albach-Retty in Wien.

Trotz der Fülle der Filme läßt Romy nicht von ihrer Gewohnheit, in Mitteilungen an Regisseure über ihre Arbeit zu sprechen, sich Gedanken über ihre Rollen zu machen, in Briefen an Freunde ihre Gefühle mitzuteilen. Arbeitsnotizen, private Aufzeichnungen sind ihr wichtig. Ebenso wichtig sind aber Gespräche über ihre Ehe, die Geburt der Tochter und ihr Familienleben.

20. Februar 1975

Jetzt ist aber wirklich erst einmal Pause!
Ich glaube nicht, daß ich zuviel gemacht habe – den Leuten,
dem Publikum, zuviel zugemutet habe damit, daß ich zu oft im
Kino zu sehen bin. Eher habe ich mir selbst zuviel zugemutet.

24. April 1975

Ich habe meine Großmutter in Wien besucht. Sie hat mir
eingeschärft, daß sich Frauen von unserem Schlag nicht unterkriegen lassen. Wir sind stärker als die meisten Männer.

19. Mai 1975

Hauptsache ist jetzt Daniel Biasini. Er erinnert mich so sehr an
Alain Delon. Er hat denselben unabhängigen Charakter, den
gleichen Charme und Humor.

22. Mai 1975

Ich kann lieben und glücklich sein, ohne mich auf dem Papier
fest binden zu müssen. Vielleicht ist das die einzige Form, das
Glück einer Liebe zu bewahren ...
Ich wünsche mir ein zweites Kind. Ich bin bald 37 Jahre alt,

und es ist Zeit, David einen kleinen Bruder oder eine Schwester zu schenken. Ich will mir diesen Wunsch erst jetzt erfüllen, weil ich früher nicht verliebt und auch nicht glücklich war. Doch nun bin ich bereit.

7. Juni 1975

Ich bin ziemlich müde geworden, mich gegen die zahllosen Gerüchte und Verleumdungen zu wehren, die über mich tagtäglich verbreitet werden. Vor allem die jüngsten Artikel sind alle erfunden. Natürlich möchte ich sobald wie möglich ein zweites Kind. Ich werde demnächst 37, David ist acht – es wird Zeit. Aber meine Filmpläne – für Frühjahr und Herbst 1976 habe ich bereits Verträge unterschrieben, lassen mir kaum eine Möglichkeit. Trotzdem wäre eine erneute Mutterschaft für mich kein Grund, deshalb gleich zu heiraten. Zumal ich Daniel erst seit einem halben Jahr näher kenne. Es bleibt dabei: Meine Scheidung läuft. Ich vermute, daß sie in zwei Monaten endlich ausgesprochen wird. Das Ganze ist eine reine Formsache, die in Deutschland ohne meine Anwesenheit erledigt wird. Ich glaube, daß wir uns in beiderseitigem Einverständnis trennen, denn Harry kann unseren Sohn zu jeder Zeit in Paris oder Hamburg sehen.

Ich will Ihnen noch etwas verraten: Ich werde noch viel mehr Filme in Deutschland drehen – wenn mir die Drehbücher und die Regisseure zusagen.

Es war zu keiner Zeit wahr, daß ich mich vor den Deutschen gefürchtet habe.

24. Juni 1975

Es schlug bei uns nicht ein wie ein Blitz. Daniel ist schön, intelligent und charmant. Auch der Altersunterschied von neun Jahren stört mich nicht. Im Gegenteil – ich fühle mich durch ihn wieder jünger.

21. September 1975

Ich weiß jetzt, daß ich ein Baby erwarte – und ich werde in den nächsten Wochen den Vater des Kindes heiraten.

22. September 1975

Die Heirat wird bald sein. Es werden nur die Trauzeugen anwesend sein. Ich weiß nicht, ob wir so schnell geheiratet hätten, wenn ich nicht schwanger wäre, aber glücklich wären wir auch ohne Formalitäten geworden. Das ist Unsinn. Natürlich muß ich nicht! Aber ich will, daß das Kind den Namen seines Vaters bekommt. Für uneheliche Kinder gibt es so viele Schwierigkeiten nachher im Leben, daß ich es für unverantwortlich halte, das Baby mit dem Namen Schneider auf die Welt kommen zu lassen.

Daniel ist frei von Komplexen. Er war mein Privatsekretär und wird künftig mein Filmproduzent werden. Wir gründen eine Gesellschaft und werden unsere eigenen Stoffe drehen.

Wir verstehen uns wie alle anderen Liebenden. Ich bin sicher, daß ich nie jemanden mehr geliebt habe. Alain? Da war ich ein Backfisch, er mußte aus mir erst eine Frau machen, und dabei ist einiges kaputtgegangen.

Von der Nationalität her wird das Kind ein Franzose sein. Noch vor zwei Monaten haben wir uns einen Jungen gewünscht, inzwischen wäre uns jedoch ein Mädchen lieber. Meinem jetzt achtjährigen Sohn David wäre eine Schwester lieber! Außerdem hat es sich herausgestellt, daß es Frauen heutzutage leichter haben als die Männer ...

22. Oktober 1975

Seine Ruhe wirkt beschützend auf mich. Er ist so, wie sich eine schwangere Frau ihren Mann wünscht. Für alle Komplikationen hat er Verständnis. Und ich will alles tun, damit unser Kind gesund zur Welt kommt. In den Händen von Professor Watteville fühle ich mich ganz sicher. Hier werde ich auch mein

Baby im April zur Welt bringen. Man fühlt sich so unglaublich jung. Kinderkriegen ist trotz kleiner Schwierigkeiten etwas Wunderbares – für jede Frau.

Oktober 1975

Ich kann nicht allein leben, aber ich habe das Glück gehabt, einen Mann kennenzulernen, dem ich mich zutiefst verbunden fühle. Ich bin siebenunddreißig Jahre alt, er knapp achtundzwanzig. Doch der Altersunterschied schreckt mich nicht. Mit zunehmendem Alter habe ich gelernt, mich jeden Tag an meinem Glück zu freuen, die schönen Momente des Lebens zu genießen.

19. Dezember 1975

Ich habe Fieber, eine leichte Grippe und bin im fünften Monat schwanger.
Ich liebe die Stadt, in der vor neun Jahren mein Sohn David zur Welt kam.
Berlin ist die einzige Stadt in Deutschland, in der ich immer sehr gerne gelebt habe.

22. Dezember 1975

Es geht mir schlecht. Die Tage nach meiner Hochzeit hatte ich mir schöner vorgestellt.
Ich möchte mich vielmals bei allen Berlinern entschuldigen, die auf dem Standesamt Friedenau auf mich gewartet haben. Aber schon an meinem Hochzeitstag hatte ich Fieber. Da ich mich nicht auf dem Posten fühlte und in ärztlicher Behandlung war, wollte ich mein Hotel nicht verlassen und habe mich daher dort trauen lassen und nicht, wie geplant, auf dem Standesamt.
Im September 1976 drehe ich für zwölf Wochen einen Film in Berlin. Da werde ich alles wieder gutmachen.

10. Januar 1976

Früher wollte ich die Leute so sehen, wie ich sie mir wünschte. Ich stellte mich gern blind, um allein in meinen Illusionen zu leben. Diese Haltung hat es mir eingebracht, einige Schläge des Lebens hinzunehmen, mich oft enttäuscht und einsam zu finden. Ich war nicht immer bequem.

Einige Jahre lang – nachdem ich mich entschieden hatte, mich von meinem Mann zu trennen, meine Einsamkeit zu vergessen – arbeitete ich wie ein Tier. Ich habe sechs Filme gedreht, der letzte war *Das alte Gewehr*. Ich habe gelernt, mich selbst zu betrügen – habe übel gelebt.

Es gibt da etwas, was ich klarstellen möchte: Ich habe mit einem Mann gelebt, der mir harte Bedingungen für die Scheidung gestellt hat. Ich bin keine Frau, die Affären hat, und ich werde sie niemals sein.

Deswegen habe ich dieses Papier unterschrieben, bereit, die Hälfte meines Vermögens zu geben. Ich war von einer sträflichen Naivität befallen.

Ich wollte die Freiheit von meinem Mann, der mir, ungeachtet der im Sommer ausgesprochenen Scheidung, weiter die Schuld in die Schuhe schob. Ich wollte sie von ihm, nicht nur, weil ich verletzt war, sondern weil er unser Kind leiden ließ.

Im September drehe ich in Berlin *Gruppenbild mit Dame* – inspiriert von einem Roman Heinrich Bölls. Ich werde beim Film weitermachen, solange man mich brauchen wird. Aber da gibt es etwas, was ich mir vorgenommen habe künftig zu bewahren: ein ruhiges Familienleben.

Quiberon, 2. Februar 1976

Es ist sehr schwer und teilweise ziemlich deprimierend – diese Kur – all diese kg's zu bekämpfen – all my really big efforts – und, was das Gewicht betrifft, noch nicht das Resultat zu haben, das ich mir wünschte! Geht ganz schön an die Nerven.

Brief Romy Schneiders an ihre Mutter Magda Schneider

Mai 1976

Ich mache ein schönes kleines Fest für die Mama, wir machen 1. Donnerstag abend Essen in der L'Orangerie von Jean-Claude Brialy, 2. Freitag abend bei Maxim's, 3. Samstag abend versuche ich für die Oper oder was anderes. 4. Sonntag ausruhen... Wir gehen in die Show vom Lido. Da nehm' ich dann auch David mit, der will mit Oma nackte Weiber sehen (halbnackte! Ganz nur seine Mama!). Der schläft uns dann mitten in der Show ein und träumt von Busen und Popos.

30. Juni 1976

Gruppenbild mit Dame wird im Herbst in Berlin gedreht. Ich freu' mich riesig darauf! Denn ich wollte schon lange hier arbeiten, aber es gab nichts Rechtes. Auch die Arbeit mit Fassbinder hat sich zerschlagen. Es ging nicht um die Gage! Jetzt drehe ich in Paris, Italien und Griechenland einen Film, in dem ich wieder eine liebende Frau sein darf. *Die Frau am Fenster* heißt diese Liebesgeschichte vor einem politischen Hintergrund zwischen 1936 und 1972.

Anfang Juli 1976

Einen Satz, den ich als Margot in dem Film *Die Frau am Fenster* sage:

»Ich träume immer von einem Mann, der sich mehr und mehr entfernt. Ich bin immer acht Jahre alt und immer bei meiner Mutter in Wien. Meine Mutter sagt mir, daß mein Vater uns verließ, weil er andere Frauen liebte. Frauenzimmer. Und plötzlich kommst du, lächelst mich an, aber ich bin immer acht Jahre alt, und du bist 40...«

7. August 1976

Scheidung? Daß ich nicht lache. Die sogenannten Intimberichte nehme ich gelassen hin. Ich habe mich daran gewöhnt, seit meinem siebzehnten Lebensjahr wie eine Ware beliebig verpackt und verkauft zu werden. Man jubelt mich rauf und runter wie das Schicksal der Soraya. Ich glaube, das ist einfach der Preis einer Karriere, die mit 15 begonnen hat – in einem Alter, in dem man sich nicht zu wehren weiß und noch keine eigene Meinung hat. C'est la vie, so ist das Leben, was soll's, wen kümmert's. Schmarotzer wird es immer geben. Von Ehekrise keine Spur, wir sind glücklich.

Nach den Ferien werde ich *Die Frau am Fenster* in Rom zu Ende drehen. Danach spiele ich eine kleine Rolle bei meinem Freund, dem Regisseur Claude Sautet, in *Mado*.

Ab 1. September werde ich drei Monate lang in Berlin unter der Regie von Aleksandar Petrovic *Gruppenbild mit Dame* drehen. Eine Rolle, die mir nahegeht. Zudem spielt die Geschichte in einer Zeit, die die Generation meiner Mutter betrifft, eine Generation, deren Leben und Wirken mich immer wieder fasziniert und berührt. Bei der Besetzung des Films hat man gemerkt, was es für ein Reservoir an guten deutschen Theaterschauspielern gibt. In Frankreich wäre es weitaus schwieriger, einen Film so gut zu besetzen.

Es geht mir auch privat so gut, daß es mir fast gleichgültig ist, was so alles über uns geschrieben wurde. Unser Zusammenleben gibt mir Sicherheit.

Ich wünsche mir, trotz der Fehlgeburt im Januar, ein zweites Kind ...

Berlin, 30. September 1976

Ich habe einmal gedacht, daß mich das alles nicht verletzt, wenn da mein Mann wie ein Gigolo oder ich wie ein Trottel hingestellt werde. Es muß einmal deutlich gesagt werden, daß Daniel hart arbeitet in seinem eigenen Beruf. Er ist Fernsehreporter für politische Reportagen. Hat aus Belgien und Angola berichtet und dreht zur Zeit in Argentinien und Paraguay. Das französische, belgische und Schweizer Fernsehen haben seinen Film bereits gekauft.

Ich habe seit zehn Jahren nicht mehr in Deutschland gefilmt. Die Stoffe, die man mir in den letzten Jahren in Deutschland angeboten hat, waren unannehmbar, haben mir einfach nicht gefallen. Das hatte zu tun mit meinen alten deutschen Filmen und auch mit dem Jungen Deutschen Film. Ich bin für dieses Kino hier einfach nicht gemacht. Wenn man mir so etwas anbieten würde wie Wim Wenders' *Falsche Bewegung*, dann fände ich das einfach schlecht. *Gruppenbild mit Dame*, da hat mir das Buch gefallen, obwohl es für mich erst sehr schwierig war, den Roman zu lesen. Für mich funktioniert das so: erst der Stoff, dann der Regisseur, dann der Schauspieler. Bei Böll, da hat mir erst der Stoff gefallen. Dann habe ich gesehen, daß der Regisseur Aleksandar Petrovic die Gedanken, die Figuren, die Leni verstanden hat. Also habe ich unterschrieben. Ich wollte diese Leni spielen, diese Leni sein, so gut ich kann. Die Auswahl der Rollen ist auch für mich nicht mehr einfach, denn wir haben fast ein Männerkino. 70 Prozent aller guten Rollen werden für Männer geschrieben.

Diese Leni geht so wie sie lebt, wie sie fühlt, wie sie liebt jedes Risiko ein. Nur so konnte sie überleben. Was nun Romy Schneider betrifft, die hat auch überlebt trotz allem, was mit ihr gemacht wird seit 15 Jahren.

Ich lebe in Frankreich »normaler« als hier. Da werde ich anders gesehen und deshalb in Ruhe gelassen. In Frankreich rennt man mir nicht auf der Straße nach. Wenn's das einmal gab, war es sehr selten. Hier, das muß ich einmal sagen, ist seit meinem 15. Lebensjahr ein Image aufgebaut worden, das sich längst verselbständigt hat und an dem ich nicht mehr rütteln kann. Aber das hat gar nichts mehr mit mir, mit der Person Romy Schneider zu tun.

Einen Wunsch? Was die Karriere betrifft, ja. Ich bin eine ganz und gar europäische Schauspielerin. Aber ich würde einmal gern in einem guten amerikanischen Film mitspielen.

Die Nachkriegswelt der Leni, die kann ich gar nicht empfinden mit meinen 38 Jahren. Ich weiß einiges von meiner Mutter. Das berührt mich sehr. Sie kannte diese Zeit, und ich habe davon zu lernen.

Es hat keinen Sinn, daß David mich hier besucht, wo ich drei Monate lang täglich zwölf Stunden arbeiten muß.

Nach der Rolle der Leni mache ich erst einmal ein Jahr Pause. Danach sind vier Filme geplant. Die Geschichte einer krebs- kranken Frau, die von einem Mann mit einer eingebauten Kamera im Kopf verfolgt wird. Ein Zukunftsfilm.

Danach kommt ein Film mit Francis Girod, mit dem ich schon *Trio Infernal* gemacht habe, *Die Bankiersfrau*, und dann mit Claude Sautet *Eine einfache Geschichte*.

Ich hoffe in den drei Monaten in Berlin, daß ich mal Zeit habe, spazierenzugehen. Bisher habe ich es nicht einmal geschafft, über den Ku'damm zu bummeln.

Ich hoffe, daß die Berliner noch immer so sind, wie ich sie kenne. Das war immer ein Publikum, das besonders freund- lich zu mir war. In dieser Stadt habe ich über zwei Jahre gelebt.

Anfänge eines Briefes an Heinrich Böll vor dem Treffen am 6. Dezember 1976 in Köln

Sehr verehrter Herr Böll, ich wollte schon seit langer Zeit mich in einen Zug oder ein Flugzeug setzen und mutig zu Heinrich Böll fahren oder fliegen – ich habe es nicht getan – aus Feigheit und aus Angst, Sie zu belästigen, Sie zu stören ...

Sehr verehrter Herr Böll ... Ihnen schreiben, das fällt mir schon recht schwer – wenigstens bin ich dabei allein und hocke nicht klapprig nervös vor Heinrich Böll, der mich ...

ganz und gar ablehnte, als es um die Besetzung der Leni ging ... Wissen Sie, ich glaube, ich habe schon einiges gelernt und mach' ein paar Fortschritte und kämpfe um ein Privatleben ...

Sehr verehrter Herr Böll, jetzt fange ich wieder an und nach »sehr verehrter Herr Böll« weiß ich nicht recht weiter.

25. Oktober 1976

Ich habe mir in einer privaten Vorführung den Film *Schlacht um Berlin* angesehen. Für meinen Film *Gruppenbild mit Dame* ging es mir darum, Verhaltensweisen von Menschen in einem Bombenkrieg zu beobachten.

Dezember 1976

In drei Jahren habe ich zehn Filme gedreht. Ich wollte mich mit Arbeit betäuben. Aber seit einem Jahr habe ich wieder ein Privatleben. Ich möchte mindestens ein Jahr aussetzen. Ich telefoniere täglich mit David, wenn ich auswärts arbeite.

9. Dezember 1976

Im Vergleich zu den anderen Weltstädten ist Berlin eine spröde, beinahe trockene Stadt. Aber das stört mich nicht. Was da grau und trocken aussieht, das zieht mich an. Dadurch werde ich angeregt. Ich war sehr gerne hier.

30. Dezember 1976

Ich versuche, auch später weniger Filme zu drehen. Allein mein Berufsleben gab meiner Existenz noch einen Sinn. Seit einem Jahr habe ich wieder ein Privatleben.

Ende 1976

Claude, ich möchte, daß du eine Geschichte über Frauen schreibst, ich habe es nämlich satt, daß es immer Geschichten von Kerlen sind.

Ende 1976

Es ist mein Wunsch, vor der Kamera immer wieder ein anderer Mensch zu sein, die Probleme und Konflikte, Gefühle und Regungen fremder Frauen zu begreifen – mehr noch – zu durchleben. Das aber ist nur möglich, wenn man mit den einzelnen Charakteren auch die Milieus wechselt.
Allein das Bestreben, meine Sache gut zu machen, vor dem kritischen Auge des Zuschauers zu bestehen, beschäftigt mich.

6. Januar 1977

Der wichtigste Mann in meinem Leben war und ist Delon. Wenn ich ihn brauche, ist seine Hand immer für mich da. Auch heute noch ist Alain der einzige Mann, auf den ich rechnen kann. Er würde mir jederzeit helfen. Alain hat mich nie mir selbst überlassen, auch heute nicht.

17. Januar 1977

Alles in allem, nur unter anderen Umständen, war ich diese Fremde im eigenen Land. Paris war überrascht, mich in *Schade, daß sie eine Dirne ist* zu sehen, und Berlin nahm mir übel, daß ich nicht mehr die süße, sentimentale Sissi war.

20. Januar 1977

Wir drehen in Rosenau bei Zwettl in Niederösterreich. Ich raffe meine letzte Energie zusammen, verdammt noch mal. Ich versuche, mich nicht deformieren zu lassen.
Produktionsschlamassel. Stunden um Stunden habe ich dagestanden wie der deutsche Soldat, und dann kam zuletzt jemand, der sagte: »Nee, das wird jetzt gar nicht gedreht. Jetzt machen wir was anderes.«
Diese verdammte Scheiß-Presse, die mich kaputt macht.
Leni holt alles aus sich heraus. So eine unerschrockene Einzelkämpferin bin ich auch, zumindest was meine Arbeit angeht. Als ich zu Böll fuhr, war ich fürchterlich aufgeregt. Es waren

die besten vier Stunden meiner ganzen Deutschlandzeit. Aber ich bin überzeugt, daß ein guter Film herauskommt.

Es gibt echte und falsche Schauspieler. Ich selbst zähle mich zu den echten. Mit allen Fehlern, mit allen Qualitäten, mit aller Kraft und mit allem Ehrgeiz, mit allen Ängsten und mit allem Lampenfieber, das eh nie aufhört.

Meine größte Sorge: Plötzlich aufwachen und total leer sein – nichts mehr geben können, weil man schon alles gegeben hat.

Mein erster Schritt, eine echte Schauspielerin zu werden, war: Ich habe es abgelehnt, in einem vierten *Sissi*-Film aufzutreten, obwohl die mir angeboten hatten – eine Million Mark auf den Tisch. Da hat man über mich gesagt: »Die ist reif fürs Irrenhaus.«

Fassbinder wollte mich für *Immensee*, doch das behagte mir nicht. Ein melo-melo-melo-dramatisches Projekt, das Fassbinder danach anbot, kam auch nicht in Frage.

In Berlin wurde ich regelrecht belagert. Bitte schreiben Sie das so, wie ich's eben gesagt habe: Ich wünsche mir, daß sich außer dem Publikum überhaupt niemand mehr für mich interessiert. Ich wünschte mir, man würde gar nichts mehr fragen und mich gar nicht mehr anglotzen und mich gar nicht mehr fotografieren. Mein Leben gehört mir. Früher hab' ich durchaus Freude daran gehabt, die Prinzessin zu sein. Ich nehme meine Person viel weniger ernst, als man denkt. 1977 will ich keinen Film drehen. 1978, das Jahr, in dem ich vierzig werde, soll beruflich ganz was Neues bringen.

Ich würde Liv Ullmann und Regisseur Ingmar Bergman gern kennenlernen. Ich achte Liv Ullmann als eine der besten Schauspielerinnen überhaupt.

Ich bin wohl recht unlebbar für mich selbst – und schon gar für andere.

Der Schriftsteller Heinar Kipphardt sagt: »Das Lieben hat zwei Personen. Das ist beim Lieben der Kummer. Auch die Gedanken sind nicht frei. Manchmal ist Ich sehr schwer.«

Am Ende meines neuen Films bin ich eine Frau von 65 Jahren. Ich möchte gern so aussehen, wenn ich je 65 Jahre werden sollte. Aber das geht nicht, denn unter der Maske ist ein Gesicht von 38 Jahren. So ist das alles nur ein Spiel – aber eins, das mich aufregt.

Ich stehe zu meinen 38 Jahren – und aus.

19. Februar 1977

Vor allem aber faszinierte es mich, wie feinfühlig Frauen mit dem Medium Film umgehen können. Für mich war es neu, mit einer Regisseurin und Autorin zusammenzuarbeiten. Allein aus diesen Gründen habe ich die Mini-Rolle von einer Minute mit Eva Mattes in Claudia Holldacks Film *Tausend Lieder ohne Ton* angenommen.

25. Mai 1977

Leni ist eine merkwürdige, sehr deutsche Person. Ich konnte hier die Seiten meines Wesens einsetzen, die deutsch geblieben sind.

Meine Arbeit ist nicht ausschließlich professionell. Ich habe in Leni vieles von mir selbst eingebracht. Aus meiner Kindheit, von persönlichen Eindrücken. Gewiß, ich war gegen Ende des Krieges erst sechs oder sieben Jahre alt. Aber durch meine Mutter, meine Familie, bin ich sehr sensibel für diese Epoche. Leni ist eine fremde, sehr deutsche Persönlichkeit. Ich konnte ihr von mir Züge verleihen, die sehr deutsch geblieben sind. Das Interesse an diesem Film besteht vor allem darin, daß die Tragödie von 1939 bis 1945 hier aus der Sicht der Besiegten gesehen wird, während sie bisher nur von seiten der Sieger gezeigt wurde.

Ramatuelle, 30. Juni 1977

Ich möchte in Germany (wenn überhaupt) einfach gleich die U. M. oder eine Reventlow (etc.), eben dieses Kaliber, spielen und nichts »dazwischen«, weil ich mich nicht mehr testen muß, ich bin da sicher! (Mit wirkl. Regie!) Von der (ohne meine Schuld, wie Du am besten weißt) mißlungenen (mehr oder weniger) Leni, müssen wir nicht mehr reden. Ich habe dieses alles längst weggeschoben.

21. Juli 1977

Ich habe ein Mädchen bekommen. Ich bin so glücklich! Mir ist Wurscht, ob es ein Junge oder Mädchen ist – Hauptsache, es ist gesund. Es wird Sarah Magdalena heißen!

15. August 1977

Ich bin froh, daß das Kind gesund zur Welt gekommen ist. Aber ich bin auch sicher, daß es mein letztes sein wird.

21. Dezember 1977

Ich bekomme in meiner Muttersprache keine Rolle angeboten, die mich wirklich interessiert.

6. April 1978

Ich habe die Hauptrolle Lulu nach Frank Wedekinds gleichnamigem Drama bei der italienischen Regisseurin Liliana Cavani abgelehnt.

Es ist irrsinnig, mich auf so jung zu trimmen, daß ich meine eigene Tochter sein könnte.

Juni 1978

Ich weiß, warum ich nach Frankreich zurückgekommen bin, hier fühle ich mich wohl, hier bin ich zu Hause.

Wenn ich fünfzig bin und Claude Sautet will mich, verlebt, wie ich dann bin, werde ich zu ihm gehen. Das ist eine Liebeserklärung.

31. August 1978

Eine einfache Geschichte

Ich mußte diesen Film spielen, der irgendwo auch ein Film über mich ist.

Wir haben uns vollkommen hingegeben, was durchaus nicht neu ist, aber diesmal fast ohne Worte zu benutzen. Es bedurfte nur eines Blickes, damit die von dem einen aufgeworfene Frage durch den anderen ihre Beantwortung fand.

Herbst 1978

Man kann das Glück nicht erzwingen. Man greift nach ihm, dann hält man es fest durch viel Arbeit und Aktivität... Talent ist eine Frage der Liebe.

Februar 1979

Alle Schatten sind verschwunden. Die Schatten der Männer, die mir gesagt haben, daß sie mich lieben, und die mir in Wirklichkeit nichts gegeben haben. Die Schatten der Neurosen, die mich gezwungen haben, Pillen zu schlucken, um sie zu überwinden und um den Kopf für die Arbeit frei zu haben. Ich bin nie so glücklich gewesen wie jetzt. Ich habe unter der Zwangsvorstellung gelebt, verraten zu werden, im Stich gelassen zu werden. Mein Glück war aus furchtbar vielen Gründen bedroht. Offenbar konnte mich niemand so lieben wie Daniel.

3. Februar 1979

Der César. Das kann nicht wahr sein... diese Ehre mir, die ich das gar nicht verdiene... es gäbe so viele andere... Danke. Danke.

15. April 1979

Tod von Harry. Ich hätte mich mehr um ihn kümmern müssen.

Ende April 1979

Ich bin 40 Jahre alt. Wenn ich eine Siebzehnjährige spielen soll wie in *Lulu*, wirke ich lächerlich. Ich gab das Drehbuch zurück.

In *Eine einfache Geschichte*, diese Frau verstehe ich, weil sie viel von meinen eigenen Gefühlen in sich trägt.

Heute ist es so, als ob ich Sissi eins ausgewischt hätte. Ich sah so aus, als dächten die Leute, daß ich meine Krone in der Tasche bei mir tragen würde.

Mißverständnisse sind nie auszuschließen. Selbst in der besten Rolle. Man sieht sich anders, als man von Regisseuren gesehen wird, und anders, als einen das Publikum sieht.

Warum kann ich nicht zu einem Schriftsteller wie Driest in aller Öffentlichkeit sagen, daß ich ihn mag! Ich meine den Künstler, den Schreiber. Gleich heißt es, ich hätte ihm eine Liebeserklärung gemacht, ein unsittliches Angebot.

Warum läßt man mich nicht in Ruhe? Ich kann nicht reden, wie man es von mir erwartet. Es heißt, daß ich einen schlechten Charakter habe, weil ich keine Frau bin, die immer nur ja sagt. Wenn ich die Brauen hochziehe, sehe ich bestimmt böse aus. Ich frage mich nur, was die anderen mit meiner Freiheit anfangen können? Sie gehört doch mir.

Eine Schauspielerin sollte nur nach ihren Rollen beurteilt werden. Über meine private Hausschwelle lasse ich keinen Fotografen mehr.

Herbst 1979

Die Liebe einer Frau

Montand und ich, wir beide sind Perfektionisten. Unsere beiden Ängste addieren sich. Wir haben hart gearbeitet.

25. Februar 1980

Auf die Rolle der Katherin Mortenhoe in *Der gekaufte Tod* kann ich nicht ohne Betroffenheit eingehen. Sie wissen, wie

hoch ein Privatfoto von mir, zum Beispiel nach einer Fehlgeburt, in der Presse gehandelt wird. Ganz egal wo.

26. Februar 1980

Natürlich habe ich diese Rolle in *Der gekaufte Tod* nicht ohne
eigene Betroffenheit gespielt. Drei Viertel dieser Filmfigur
haben mit mir zu tun.

Dieser Film ist für mich mehr als nur irgendein weiterer Film,
ganz bestimmt.

Es gibt wenig Möglichkeiten, sich vor Zudringlichkeiten zu
schützen, wenn man ein Star ist. Ich mag das Wort Star nicht,
ich will nur gut arbeiten können.

Es gibt Eingriffe, gegen die ich mich kaum zu schützen weiß.
Ich weiß, daß es Höchstpreise für Fotos gibt, die zu meiner
Privatsphäre gehören. Ich finde das geschmacklos. Ich weiß
nicht, wie andere sich dagegen wehren. Vielleicht sind Kolle-
gen von mir da geschickter. Oder verlogener. Aber auch diese
Frau in diesem Film, die sich plötzlich im Interesse der
Öffentlichkeit sieht, ist schutzlos. Und genau an diesem Punkt
treffe ich mich mit dieser Person.

Das Projekt mit Fassbinder *Die Ehe der Maria Braun* kam nicht
zustande. Mir gefiel die erste Drehbuchfassung nicht. Dann
verloren wir uns aus den Augen.

Auf die Bühne zurückkehren? Ich würde es gern noch einmal
tun, und zwar in Paris und in Berlin. Ich weiß nicht, weshalb
hier. Man spricht immer so von der Berliner Luft. Aber ich
habe Angst davor. Ich muß den Mut und die Zeit dazu finden.
Ich habe ein Angebot von Boy Gobert für eine Theaterarbeit.
Aber ich kann mich dazu nicht äußern. Wenn ich es tue, müßte
es ein Stück und eine Rolle sein, wo man mich nicht verglei-
chen kann. Ein modernes, neues Stück. Das würde ich gern
machen. Aber ich muß dafür Vertrauen haben.

10. April 1980

Ich will lernen, mich entwickeln, erfahren, was in mir ist. Ich will mich nicht ärgern. Ich will die Unverfrorenheit der deutschen Presse nicht mehr ertragen. Ich stelle mich jeder Frage nach meinem Metier, nach meiner Arbeit, aber nur über mein Metier. Mein Sohn David kann lesen und verschlingt alles, was über mich geschrieben wird. Warum soll ich ihn traumatisieren? Was zwischen mir und meinem Mann ist, geht niemanden etwas an. Es ist meine Pflicht, meine Kinder zu schützen.

April 1980

Dreharbeiten *Bankiersfrau*

Gewiß, du wachst morgens auf und sagst dir: Heute wirst du nicht nervös sein, wirst du keinem auf den Wecker fallen. Und du kommst fest entschlossen ins Studio. Umsonst! Du zitterst vor Angst. Das ist unerträglich für dich selbst und für die anderen.

22. Mai 1980

Die Bankiersfrau

Ich bin zwar ein Superprofi, aber zugleich immer noch ein Kind. Ich sehe so viele Erwachsene, die sich in ihrer Haut nicht wohlfühlen, daß ich lieber Kind bleibe. So wie die Hanau hätte ich nie leben können.

Schönau, Sommer 1980

Mein Mammerle – all meine Liebe, all meine Gedanken! Hier auf Deinem Bett schreib' ich , hier in Deinem Bett wirst Du bald wieder glücklich schlafen und in Deinem schönen Zu-hause sein. Das wünsche ich Dir und uns allen, die Dich liebhaben, von Herzen. God bless – Deine Romy-Rosemarie.

30. August 1980

Am 26. August starb meine Großmutter, sie wird am 3. September beerdigt. Ich will nicht im Mittelpunkt dieser Trauerfeier stehen, die durch mein Erscheinen ihre eigentliche Bedeutung verlieren würde. Das hätte Großmama nun wirklich nicht verdient. Ich komme ein paar Tage später und werde Omis Grab alleine besuchen.

Mai 1980

Die Bankiersfrau

Ich habe mich gründlich informiert und viel über Marthe Hanau gelesen, ich habe auch mit Leuten gesprochen, die sie gekannt haben. Aber schließlich liegt die Entscheidung ganz bei einem allein, wenn man vor der Kamera steht, und man darf nicht auf alles hören, was die Leute reden, darf nicht alles glauben. Sie können sich nicht vorstellen, was für haarsträubende Dinge über Marthe Hanau geschrieben worden sind. Ihre Menschlichkeit hat mich besonders fasziniert. Oder sagen wir besser, daß sie so menschlich war, diese kleine Frau, die nach oben, die es schaffen wollte... unter allen Umständen zwar, aber nicht um jeden Preis.

Marthe Hanau – Emma Eckhert setzt auf ihre Willenskraft, ihre Dynamik, ihre Verführungskunst, um ihre Ziele zu erreichen. Sie vereint das alles in sich, und ich hoffe, daß es mir gelungen ist, das auch wiederzugeben. Das ist nicht einfach, wenn man allein ist... Kein Regisseur kann sich vorstellen, wie verlassen ich mich vor der Kamera fühle. Ich weiß nicht, wie es meinen Kollegen ergeht, aber bei mir jedenfalls ist es so. Ich bin auf meinen Regisseur angewiesen und arbeite daher immer sehr eng mit ihm zusammen, aber es gibt Augenblicke, da ist man völlig auf sich selbst gestellt. Und wenn dabei aus Emma Eckhert und Marthe Hanau eine sympathische Figur geworden ist – ein etwas nichtssagender Ausdruck –, dann kann ich nur sagen, um so besser, weil ich genau das erreichen wollte.

Man kann Emma Eckhert als verkommenes Miststück – verzeihen Sie den Ausdruck – darstellen oder aber nach kurzem Nachdenken den menschlichen Aspekt mit einbringen.

1981

Im Moment bin ich zu kaputt

Das Verhör – Die zwei Gesichter einer Frau

Romy wird scharfblickender und härter im Umgang mit sich, befangen in dem Bestreben nach Perfektion und Kompromißlosigkeit. Den Journalisten gegenüber immer abwehrend, verachtet sie die Presse und wird doch von ihr gelähmt und beherrscht. Daniel entfernt sich von ihr, und sie entfernt sich von ihm. Von der leidenschaftlichen Liebe bleiben nicht enden wollende Diskussionen. David hat Angst, er will Daniel behalten. Der Streitigkeiten müde, verläßt Biasini Anfang des Jahres 1981 die gemeinsame Wohnung; Romy will die Scheidung, die im Mai ausgesprochen wird. In Paris beginnen die Dreharbeiten für den Film Das Verhör. *David und Sarah wohnen in Saint-Germain-en-Laye bei den Großeltern Biasini. Deprimiert und schwer angeschlagen versucht Romy im April im Kurhotel in Quiberon Ruhe zu finden, sie braucht den Abstand und das Alleinsein; bricht sich aber bei Fotoaufnahmen den Knöchel. Nach plötzlich auftretenden heftigen körperlichen Schmerzen wird sie nach Neuilly in das American Hospital gebracht, und am 23. Mai muß wegen eines Tumors ihre rechte Niere entfernt werden. Sobald sie wieder aufstehen kann, synchronisiert sie unter starken Schmerz- und Aufputschmitteln am 24. Juni den Film* Das Verhör. *David hilft ihr im*

*Studio bei der Aussprache, korrigiert ihren deutschen Akzent,
sie schmieden Pläne für die Ferien nach ihrer Genesung. Es ist
ihr letztes Zusammensein. Am 5. Juli verunglückt David beim
Überklettern eines eisernen Gittertores zur Wohnung der
Großeltern tödlich. David ist 14 Jahre alt, und Romy wird
seinen Tod nur 10 Monate überleben.*

In einem Gespräch im April 1981 spricht Romy verzweifelt
über ihre seelische Situation, fühlt sich kaputt, ausgelaugt,
überanstrengt, überfordert – doch steht ihr der härteste Schick-
salsschlag noch bevor.*

---

*STERN-Interview, 23. April 1981. Originalfassung siehe Seite 348 ff.

Telefongespräche mit ihrer Mutter Magda Schneider

26. Januar 1981

Der Daniel ist weg. Er hat mich verlassen! Er ist nach Amerika. Aber ich denke gar nicht daran, den David nach Amerika zu schicken!

Januar 1981

David ist schon weg. Er sitzt schon im Flugzeug nach New York. Er fliegt zu Daniel.

Februar 1981

Ach Mammi, ich glaube, wir haben einen großen Fehler gemacht. Wir hätten David nie rüberlassen dürfen. Der Junge wirkte nach seiner Rückkehr zu merkwürdig ...

Februar 1981

Es ist genug, das ist die Scheidung. Das ist keine Ehe mehr.

Februar 1981

Wer weiß wie lange das Glück noch dauert, ich lebe nur für

den Augenblick. Es könnten doch furchtbare Dinge geschehen. Man könnte krank werden oder sterben.

23. April 1981

Im Moment bin ich zu kaputt...

Ich hasse dieses Sissi-Image. Was gebe ich den Menschen
schon außer immer wieder Sissi. Sissi? Ich bin doch längst
nicht mehr Sissi, ich war das auch nie.

Ich bin eine unglückliche Frau von 42 Jahren und heiße Romy
Schneider.

Alle drei *Sissi*-Filme liefen hier in Frankreich dreimal im
Fernsehen. Mein Sohn David hat gesagt, Mama, sei mir nicht
böse, aber ich möchte lieber im anderen Programm den
Western sehen. Nur meine kleine Tochter hat sich alles angeschaut.

Die Filme wurden damals gedreht in einer Zeit, in die sie
paßten, und den Leuten hat's gefallen. Aber ich kann darüber
nicht reden wie über irgendeinen meiner vielen anderen
Filme, ich kann nicht normal reagieren und sagen, nein, ich
bin nicht Sissi, ich bin längst Romy Schneider, ich habe nur die
Sissi gespielt vor langer Zeit.

Ich will meine Ruhe haben. Ich hasse Rummel und Publicity,
dieses ganze Showbusiness. Und ich bin nicht deren Sissi, an
der sie sich reiben können. Ich hatte mal froh und zufrieden
zu sein, daß ich diese Rolle spielen durfte. So etwas galt damals
als Glück.

Ich will niemandem weh tun, ich habe meiner Mutter zu
danken und keinen Vorwurf zu machen.

Vielleicht kann ich gar nicht anders, vielleicht ist das ja meine
Mentalität.

Ich wollte ja auch meinen Namen ändern, damals in Paris, in
Rosa Albach. Aber ich habe mich nie getraut, um meine Mutter
nicht zu verletzen. Andererseits habe ich mich damals als
Tochter und Filmstar auch sehr wohl gefühlt, weil es mir ja

80 »Das Verhör«, 1981

81 Bei der Pariser Veranstaltung »Les Rendezvous du Dimanche«, September 1980

82 Romy mit ihrer Tochter Sarah, April 1981

83 Am 31. Januar 1981 wird ihr im Palais de Congrès in Paris der César verliehen. Neben Romy ihr Sohn David. Er verunglückt mit vierzehn Jahren am 5. Juli 1981 tödlich.

84 »Die Spaziergängerin von Sans-Souci«, 1981, mit Michel Piccoli. Es ist ihr 58. und letzter Film. Romy in der Doppelrolle der Lina Baumstein und der Elsa Wiener. Nach den Schicksalsschlägen dieses Jahres, der Scheidung von Daniel Biasini im April, der Nierenoperation im Mai, dem Tod ihres Sohnes im Juli 1981, beginnt sie am 12. Oktober mit den Dreharbeiten in Berlin ...

85 ... Romy spielt mit dem zwölfjährigen Jungen Wendelin Werner, der sie immer wieder an David erinnert. Am 14. April wird der Film in Paris aufgeführt, sechs Wochen vor ihrem Tod (unten).

Nächste Seite oben
86 Romy Schneider mit Laurent Petin, ihrem letzten Lebensgefährten

Nächste Seite unten
87 Die Grabplatte von Romy und David in Boissy-Sans-Avoir

gutging. Es war eine Welt von Krinolinen, Walzern, Flirts, immer in Dekorationen von Marischka.

Heute erkenne ich es, ja, aber das muß man erst begreifen lernen. Alles, was ich gelernt habe, habe ich durch den Film gelernt, mal mehr, mal weniger. Als ich 14 war, habe ich die Schule verlassen und *Wenn der weiße Flieder wieder blüht* gedreht.

Das ist ja heute mein Problem, drum geht es mir schlecht. Ich habe auch viel zu viele Filme gemacht. Aber ich habe ja meine beiden Kinder, die ich liebe und die mich brauchen.

Ich konnte nie mit Geld umgehen, ich weiß nur, daß in der Hauptsache die anderen daran verdient haben, aber das Geld ist alles weg. Und ich habe es nicht allein ausgegeben.

Das Geld ist weg, basta. Ich glaube, das letzte Restaurant, in das Blatzheim mein Geld gesteckt hat, hat irgendwann pleite gemacht. Er hat sich immer um alles gekümmert. Für einen vierten *Sissi*-Film haben sie mir eine Million Mark bar auf den Tisch geboten, aber da habe ich dann endlich zum ersten Male nein gesagt. Ich hatte die Schnauze voll. Das war in Berchtesgaden. Nach dem Krach ging ich in mein Kinderzimmer und habe mich eingeschlossen. Es ist alles so lange her. Mir fehlen die Bilder für diese Erinnerungen. Es interessiert mich nicht mehr, und doch betrifft es mich immer noch. Dieser Rummel, der ja ganz schön sein kann, den ich aber immer haßte. Einmal in Madrid haben Tausende auf dem Flughafen Fähnchen geschwenkt, sie haben mich fast zerdrückt. Meine Mutter stand hinter mir und sagte: »Lächle doch...«

Ja, in Paris, da ging es richtig los. Ich war verliebt und in Paris und endlich ohne Aufsicht – aber: Was für ein Leben, was für ein Leben ist daraus geworden...

Die Welt wird ganz bestimmt nicht zusammenbrechen. Und was ist meine Welt?

Man hat mir gesagt, du hast diese Rente von 3000 Mark in

Paris, und es wäre besser, damit auszukommen. Immer, wenn ich mein Konto überzogen hatte, bin ich in Ungnade gefallen. Der Alain hat dem Blatzheim mal gesagt, daß er ihn für ein gewaltiges Arschloch hält. Das war in Lugano. Ich hatte es vorher auch gesagt, nur nicht so hart. Ich war ja so gut erzogen und dachte an die Mutter. Aber das hilft jetzt auch nicht weiter, das Geld ist weg. Alain ist weg. Blatzheim ist tot. Die Mama wird jetzt sagen: War denn alles wirklich so schlecht, Kind? Und ich könnte ihre Frage verstehen. Ich achte meine Mutter, meinen Bruder, meine Kinder, und damit hat es sich.

... nichts mit Vater. Sagen wir: mit dem zweiten Mann meiner Mutter ... das war eine Spießerwelt, da mußte ich raus.

Ich versuche es.

Nein, die Zeiten sind vorbei, ich zahle keinen mehr aus, außerdem ist meine jetzige Ehe, mit Daniel Biasini, in Frankreich durch einen Formfehler nicht rechtsgültig. Wir hatten bei der Hochzeit auch Gütertrennung beschlossen. Mehr will ich dazu nicht sagen, weil die Scheidung noch läuft.

Es war nicht Sissi-Land, es war eine Sissi-World, und die war immer, wo ich mich aufhielt. Ich war eine in Watte gepackte junge Dame, die höflich zu sein hatte. War ich aber nicht immer. Ich war ein junges Mädel ...

Verzeihen Sie, wenn ich das so simpel sage, aber das hätte alles sehr viel besser laufen können mit meinem Leben ... Wenn ich heute junge Frauen kennenlerne, wie die Eva Mattes ... Die ist sehr jung, hat viel Talent, ist aber längst nicht so fotogen, wie ich es war. Ich denke, so hättest du ja auch sein können. Du hättest ja die Chance haben können, so anzufangen; mit einem richtigen Alltag. Ein bißchen Film und später Theater. Diese jungen Schauspielerinnen heute sind sehr viel sicherer, als ich es damals war oder heute bin.

Ich wollte leben, mit Alain leben. Das hätte auch in einem Hinterhof geschehen können. Egal in welchem Kaff, ich wollte leben. Aber gleichzeitig wollte ich Filme drehen, denn ich liebte meinen Beruf. Aus diesem inneren Widerspruch habe ich nie herausfinden können.

An Harmonie habe ich geglaubt, ja. Am glücklichsten war ich immer, wenn ich allein war. Klingt das jetzt schizophren? Vielleicht kann ich es erklären. Als junges Mädchen saß ich am liebsten im Zimmer von meinem Vater, der ja nicht mehr im Haus war, der meine Mutter verlassen hatte, da war ich ganz allein. Ich habe so etwas wohl immer gesucht und suche es noch.

Ich hatte es sogar ein paar Jahre lang mal gefunden. Das war bei Visconti. Er war eine Kraft für mich. Ich war verliebt in ihn, aber ich habe damals nicht begriffen, daß er auch in mich verliebt war, auf seine Art. Jeder wußte, er ist homosexuell, und ich hielt mich dran und hätte nie gewagt, ihm zu sagen, daß ich ihn liebe. Jetzt ist es zu spät.

Ich suchte jemand, mit dem ich mich einschließen und leben konnte. Mit jemandem leben und weniger arbeiten, nicht soviel filmen – aber ich hab's nie geschafft. Deshalb geht es mir manchmal eben beschissen.

Ich entscheide doch über mich, ich hätte doch sagen können: Schluß aus, keinen Film mehr, keinen *Sissi*-Film mehr. Zurück in normale Alltage, zurück ins Internat.

Delon, der schrieb nur Zettel. Sein »größter« war der, als er mich verlassen hatte. Er hat mich unentwegt betrogen. Ich war zu Dreharbeiten in Amerika. Ich kam zurück, die Wohnung in Paris war leer, niemand mehr da. Da stand ein Rosenstrauß, daneben lag ein Zettel, da stand drauf: »Ich bin mit Nathalie nach Mexiko, alles Gute, Alain.«

Er war feige, aber es war sehr schön. Er war ein Macho-Spießer. Er war nur ehrgeizig, wollte Karriere machen und eines Tages die Wohnung voller Renoirs haben.

Fünf Jahre ständige Angst oder »Nicht-Zusammenleben« mit Delon langen auch. Das war schmerzhaft. Das tat weh. Ich könnte ihn anrufen, wenn er allein wäre.

Aber wir hassen uns nicht. Wir können und mögen uns erinnern. Es ist alles schon so lange her, und es ist ganz und gar nicht unangenehm, ihn wiederzusehen.

Meine Mutter rufe ich an und ein paar Freunde. Man muß mit irgend jemand reden, wenn man down ist, das ist ganz egoistisch. Man versucht, nicht zusammenzuklappen. In den letzten Wochen und Monaten habe ich zum ersten Male gespürt, wer meine wirklichen Freunde sind, ganz egal wo, in Deutschland oder in Frankreich.

Alle die Leute, die mal sagten, ruf mich an, wenn es dir schlecht geht, Tag und Nacht, die kannst du vergessen. Macht man es nämlich, dann sind sie grad nicht da oder lassen sich verleugnen.

Es sind alles nur Freunde, weil ich ja die Romy Schneider bin. Noch bin...

Ich versuche, mich zu wehren, ich muß das lernen. Aber zu meinem Mann sage ich nichts. Ich werde mein Kind behalten, und ich lasse mir nicht mehr weh tun. Das hängt damit zusammen, daß ich mein Leben nun endlich leben will, falls das noch geht. ... Es gab immer nur Momente, und da mein Leben fast zu achtzig Prozent von meinem Beruf bestimmt war, konnte es auch immer nur Momente geben. Mit Alain bin ich lange Zeit zu seinen Dreharbeiten gefahren und habe mir gesagt, verdammt noch mal, warum kann ich nicht mit René Clement arbeiten?

Was sollte ich denn machen, ich habe ja nichts anderes gelernt. Ich mag mich nicht mehr sehen. Was gebe ich den Menschen schon außer Sissi, immer wieder Sissi...

Die Leni in *Gruppenbild mit Dame* war eine sehr wichtige Rolle für mich. Auch, weil diese Leni so deutsch war, so deutsch ist. Aber vor allem, weil ich Böll kennengelernt habe. Da fühlte ich mich wohl. Der hat ein Zuhause ganz ohne Dekoration, da stimmt alles. Als ich zu ihm kam, stand da ein Adventskranz. Er saß da ganz ruhig am Tisch, und ich mochte ihn sofort und diese ganze Umgebung. Er war so einfach zu mir. Er sagte, da ist das Klo, Romy, da rechts. Ich glaube, er mochte mich auch. Überhaupt mochte ich alle Rollen, die ganz scheußlich waren. *Trio Infernal* zum Beispiel, das war gut, weil ich nichts mit diesen Rollen zu tun habe, weil ich es nicht bin, weil ich nicht lieb sein mußte. Dann war wichtig der Film *Prozeß* mit Orson Welles ... Aber ich muß Filme machen. Ich brauche das Geld.

Nein, dieses Jahr muß ich noch drehen, dann könnte ich mal Pause machen. Ich muß sogar Pause machen, ich muß endlich zu mir selbst finden.

Ein richtiges Zuhause, ganz normal?

Das hätte ich schon gern gehabt. Aber das hat nie einer gesagt. Im Moment bin ich zu kaputt, um mich richtig zu wehren ...

Das sind Dinge, die könnt Ihr nicht verstehen, weil das nicht Euer Beruf ist. Hinzu kommt, daß ich mich im Moment wirklich schwer sehen kann.

Vielleicht sollte ich wirklich mal Pause machen, und dann ein paar Jahre Theater spielen in einer Stadt, in der ich zu Hause wäre. Das muß nicht unbedingt Paris sein, das kann auch Berlin oder Hamburg sein.

Zu Hause? Erstens gibt es keins, zweitens ist es nur ein Platz im feinsten Viertel von Paris, das nach Dekorateur stinkt, ein Zuhause, das ich nicht mag, und drittens ist es halt da, weil sich noch nichts anderes findet. Ich suche eine Wohnung für mich und meine Kinder.

Weil es halt nicht so einfach ist, davonzurennen, weil ich es bislang nie geschafft habe.

Das wäre gut, ich glaub' schon, aber ich schaffe es noch nicht. Ich kann mich auf so wenig besinnen aus meiner Kindheit, weil die hauptsächlich aus Filmen bestand.

Da heißt es, einfach weiterleben – oder weiter durchdrehen.

Ich werde weiterleben – und richtig gut!

Mai 1981

Der Daniel hat mich in einem Chaos zurückgelassen. Ich leite die Scheidung ein.

Brief an die Mutter von Daniel Biasini, Ende Mai 1981
Bis zum heutigen Tage habe ich nicht das Bild zerstören wollen, das David von Daniel hat. Im Moment könnt Ihr den guten Part spielen, aber es wäre mir ein leichtes, das zu ändern ... ich tue es nicht wegen David. Und wenn Ihr dieses Kind wirklich lieben würdet, erspart es ihm, Dinge zu erfahren, die ihn zutiefst unglücklich machen würden.

3. Juli 1981

Mein vierzehnjähriger Sohn David und ich haben ein sehr liebevolles und enges Verhältnis zueinander. Er ist mir ein wunderbarer Gefährte. Er begeistert sich für meinen Beruf und scheut sich nicht, mir Ratschläge zu geben oder meine Aussprache zu verbessern, wenn ich im Eifer des Gefechts über einen Vokal stolpere. Ich halte es für möglich, daß auch er Schauspieler oder Regisseur werden möchte.
Im August werde ich mit Michel Piccoli den schon lange geplanten Film *Die Spaziergängerin von Sans-Souci* drehen. Ich glaube, ich habe alle Schwierigkeiten überwunden und bin völlig wiederhergestellt. Ich bin überhaupt nicht müde.

5. Juli 1981

Mammi, mein Kind ... mein Kind ist tot ...

1981–1982

Woher kommt die Kraft,
die mir hilft weiterzuleben?

Die Spaziergängerin von Sans-Souci

Der Kampf in diesen Monaten ist hart, und es gibt keine
Verletzung, die Romy erspart bleibt. Sie irrt rastlos umher,
wechselt ihre Wohnungen, versteckt sich vor Reportern und
Fotografen. Der Gedanke, den Film zu drehen, der seit ihrer
Operation und Davids Tod verschoben wird, hält sie aufrecht.
Es ist Die Spaziergängerin von Sans-Souci, *ein Projekt, das sie*
selbst vorgeschlagen hat. Am 12. Oktober beginnen mit dem
Regisseur Jacques Rouffio und ihrem Partner Michel Piccoli in
Berlin die Dreharbeiten. Sie gibt der Doppelrolle der Elsa und
Lina ergreifende Gestalt. Mit der letzten ihr verbliebenen
unzerstörbaren Kraft dreht sie diesen Film mit einem zwölf-
jährigen jüdischen Jungen. Allein lebt sie in einem Berliner
Hotel; nimmt Schlaf- und Aufputschmittel im Wechsel. Anfang
des Jahres 1982 fährt sie mit Sarah und ihrem neuen Lebensge-
fährten Laurent Petin auf die Seychellen. Sie kauft ein Haus in
Boissy, 70 Kilometer von Paris entfernt. Sie will aufs Land,
vergessen, arbeiten, Ruhe und Frieden finden. Am
14. April 1982 findet die Premiere der Spaziergängerin von
Sans-Souci *statt. In ausführlichen Gesprächen mit zwei füh-*
renden Pariser Journalisten erzählt sie über ihre Arbeit an
diesem Film, von der Idee, dem Entstehen, der Kraft, die sie

brauchte, um die Dreharbeiten durchzuhalten. Am 29. Mai 1982 morgens stirbt Romy Schneider an Herzversagen. Sie wird am 2. Juni in Boissy-Sans-Avoir beerdigt, später erhält sie mit ihrem Sohn ein gemeinsames Grab. Auf der Grabplatte steht: Rosemarie Albach, ihr Geburtsname – von David nur der Name und das Geburtsdatum.

Seychellen, 5. Februar 1982

Meine liebe Mama und Horst – ich könnte hier sechs Monate pro Jahr sein – da braucht mich keiner zu zwingen. Andere sechs Monate reisen, wenig arbeiten. Ein Paradies!!!!!
Hier unser kleiner Bungalow, jeder hat denselben – ein gutes Restaurant, das herrlichste Meer, Palmen und Kokosnüsse, die man morgens und abends auf dem Wege mit einsammelt.
Am Strand nackt, sonst barfuß in Jellabahs und Muschelcolliers – that's life! Auf bald – Bussi, Bussi! Eure Romy, Sarah, Laurent...

Telefongespräch mit ihrer Mutter Magda Schneider

18. Februar 1982

Du hast es gut. Du sitzt gemütlich am Kamin. Du hast noch Deinen Sohn. Aber ich? Ich bin eine kaputte Frau. Und das mit 43 Jahren.

9. März 1982

An den Vater von Sarah – Daniel Biasini.
Gestern abend hat mir meine Tochter gesagt: Spuck nicht auf die Leute, die Dich lieben. Das ist ein Satz, der nicht von ihr

stammen kann... Dieser Satz kommt von Dir... Ich habe niemals vor meiner Tochter schlecht über Dich geredet, niemals. Ich bitte Dich für Sarah... mein armer Liebling, ebenso ausgenutzt wie mein David...

April 1982

Das ist schon sehr lange her, daß ich auf den Stoff der *Spaziergängerin* gestoßen bin. Ich erinnere mich schon gar nicht mehr an den Zeitpunkt. Ich hatte das Buch gelesen und wußte, daß ich »Elsa« sein wollte. Die Jahre vergingen, aber Elsa hatte mich niemals ganz verlassen. Bei der Arbeit zu *Eine einfache Geschichte* 1978 ist die *Spaziergängerin* zurückgekehrt. Wir drehten in der Ausstattung zu der Szene mit Maries Mutter – gespielt von Madeleine Robinson, die ich schätze und bewundere. Sie sprach mit mir über diesen Stoff und meinte: »Lies mal ›Die Spaziergängerin von Sans-Souci‹«, was ich aber schon getan hatte. Ich habe dann die ganze Zeit weiter gearbeitet, viel, vielleicht zuviel.

Eines Abends schließlich, in der »Closerie des Lilas«, besprach ich mit meinem Agenten Jean-Louis Livi mein »Programm«. Ich erwähnte »Die Spaziergängerin von Sans-Souci«. »Mit wem könntest du den Film machen?« – »Nur mit einer Person in Frankreich, mit Jacques Rouffio«, antwortete ich sofort. Nach *L'horizon*, 1967, *Quartett bestial*, 1975, *Le sucre*, 1979, war das für mich klar. Ich hoffte sehr, daß er annehmen würde. Er hat dann auch angenommen. Und ich war wirklich stolz: Dies war das erste Mal in meiner Karriere, daß ich ein Projekt initiierte.

Jacques Rouffio begann also mit Jacques Kirsner das Drehbuch zu schreiben. Der Roman von Joseph Kessel stammt von 1937. Ja, die beiden haben es verstanden, die Geschichte zu erweitern, sie dabei aber noch emotionaler zu gestalten. Das Wiedererwecken der Vergangenheit zieht eine Tragödie von heute mit sich. Elsa wurde ermordet. Von dem Irrsinn der

Nazis. Und Lina wird ebenfalls sterben. Opfer eines anderen Irrsinns. Rouffio und Kirsner verstanden es aber begreiflich zu machen, daß nichts wirklich zu Ende ist ...

Ich spielte 1981 eine Doppelrolle in dem Film *Die zwei Gesichter einer Frau* unter Dino Risi. Dies hier war erneut eine doppelte Herausforderung.

Davor hatte ich keine Angst, wohl aber Rouffio und Kirsner. Sie zweifelten, ob ich die Doppelrolle und die zeitgenössische Erweiterung mögen würde. Ich konnte es zuerst auch nicht glauben und dachte, daß es einer ihrer Späße wäre. Aber Jacques Rouffio schrieb mir schöne Briefe, in denen er mir seine Beunruhigung eingestand. Es bedrückt mich, daran zu denken, daß ich jemand einschüchtern könnte. Es war immer dasselbe, bis man mir sagte: »Legst du dir Rechenschaft ab über das, was du in deinem Beruf repräsentierst?« Das interessierte mich nicht. Ich habe meine Schnauze oft genug gesehen; in meiner Handtasche trage ich immer einen Spiegel mit mir. Ich kenne mich. Mein Image ist mir dabei gleichgültig. Was kann man mir von mir sagen, das ich nicht schon selbst wüßte? Wissen Sie, die Leute, die man trifft, wenn man die Nacht nicht geschlafen hat, diese Leute sagen einem: »Ah, wie gut Sie aussehen! Wirklich hübsch heute abend« ... Da kann ich nur lachen.

Haben Sie große »romanesque« Rolle gesagt? Sehen Sie, ich habe auch Humor, was auch immer man sonst sagt. Ja, ich habe Elsa und Lina geschaffen. Jacques Rouffio hat mir dabei sehr geholfen, indem er mich instinktiv spielen ließ, niemals Einstellungen wiederholte, in dem Wissen, daß ich das Maximum sofort leiste. Aber man soll sich nicht so sehr auf den Instinkt verlassen. Wenn man ihm zu sehr vertraut, wird man eines Tages im Stich gelassen. Außerdem arbeite ich ganz allein. Ich schreibe auf kleine Papierschnitzel Wörter, Notizen und Bemerkungen zum Film, zu den Personen: »Lina macht dies, Elsa macht jenes«. Ich pflege diese Eigenart seit langem.

Jacques Rouffio hat mit mir gearbeitet, indem er mir bestimmte Hinweise gab, das ist alles. Zum Beispiel in der Szene im Kabarett Rajah in Berlin, wo Elsa sich betrinkt, sich zerstört, hat er mir einfach gesagt: »Deutschland ruiniert sich, und Elsa ruiniert sich . . .« Das ist toll, nicht wahr?

Eine wirkliche Entdeckung ist Gérard Klein. O ja! Er spielt meinen Freund Maurice Bouillard. Und er ist tatsächlich bemerkenswert. Am Anfang starb er fast vor Angst. Ich wollte ihm vom ganzen Herzen helfen, wie ich auch, so scheint mir, Jacques Dutronc erfolgreich in *Nachtblende* von Zulawski habe helfen können.

Wie sich die Unterstützung von Anfängern äußert? Ich bin einfach nur da. Ich verlange, daß man mich ruft, wenn man eine Stichwortgeberin benötigt. Ohne falsche Bescheidenheit versichere ich Sie, daß ich dabei mehr Lampenfieber habe, als wenn ich selbst die Szene spielen würde.

Ich spiele wieder neben meinem bevorzugten Partner Michel Piccoli. Ja, Jacques Rouffio hat zu uns gesagt: »Mit euch sind keine Proben nötig, das müßte auch so funktionieren. Die Tests haben bereits stattgefunden.«

Man fängt immer damit an, Blumen auszutauschen: »Du bist der Beste.« – »Aber nein, du bist die Beste.« Und in den dramatischen Szenen oder Halbtönen kann er »mich haben«, oder besser, ich ihn. Zum Ausgleich ist er in den lockeren Passagen, in denen man lachen muß, der Boß. Ich selbst neige dazu, eher in die Enge getrieben, zu lachen, mit eingekniffenen Wangen. Wenn allerdings ein Funken in seinem Auge zündet, kann ich ihm nicht länger widerstehen. Wollen Sie wissen, was er über mich in seinem Buch »Dialogues ègoistes« geschrieben hat? Zuerst, daß ich eine Schauspielerin bin, die ihre Rollen selbst kreiert, was mir natürlich gefallen hat. Und dann dieses: »Wir erleben einen wesentlichen Augenblick, wenn wir uns wiederfinden, um drei Monate zu drehen. Wo viele Menschen nur über offen gezeigte Zuneigung existieren, haben Romy und ich das Glück, uns schweigend zu verstehen. Die Intimitäten der Arbeit erfordern sehr viel. Mit Romy ist es weder eine Laune noch eine Liebschaft. Es ist eine GmuV – eine Gesellschaft mit unbegrenztem Vertrauen.«

Elsa singt ein großartiges Lied. Es ist ein Gedicht von Heinrich Heine, aus dem »Buch der Lieder«. Es ist ein außergewöhnliches Gedicht von 1822.

> Du bliebest mir treu am längsten,
> Und hast dich für mich verwendet,
> Und hast mir Trost gespendet
> In meinen Nöten und Ängsten.
>
> Du gabest mir Trank und Speise,
> Und hast mir Geld geborget,
> Und hast mich mit Wäsche versorget,
> Und mit dem Paß für die Reise.
>
> Mein Liebchen, daß Gott dich behüte
> Noch lange vor Hitz' und vor Kälte,
> Und daß er dir nimmer vergelte
> Die mir erwiesene Güte!

Und es sagt genau das, was auch Elsa sagen könnte – zu denen, die ihr besonders bei Charlotte helfen – aber ich habe es nicht selbst gesungen.

Das Playback ist perfekt. Ich habe auch sehr hart daran gearbeitet. Habe viel mit Anne-Laure Nagorsen geübt, mehr als tausendmal die Kassette gehört. Der Toningenieur William Sievel war mit der Synchronisation sehr zufrieden. Und was habe ich ihm dabei für Mühe bereitet. Ich mache den Fehler, meine Worte nur schwer verständlich zu artikulieren, weil ich sehr leise spreche. Bei einem Dialog mit Charlotte unterbrach er uns, die Kopfhörer über den Ohren: »Bitte lauter, ich höre nichts.« Wir fingen wieder an zu flüstern. Und Sie viel verzweifelt: »Meine Damen, Sie denken zwar, aber Sie reden nicht!« Das ist schön, nicht wahr?

Es war eine Atmosphäre der Freundschaft. Nur einmal bekam ich einen schweren Wutanfall. Eines Tages, kurz bevor wir den Drehort betraten, wollte Rouffio meinen Text ändern, was ich sehr hasse. Ich habe so lange Zeit gebraucht, meinen Text zu lernen, ihn mir anzueignen, ihn zu »besitzen« ... Ich habe mich auf eine große Tür gestürzt und gerufen: »Nein und nochmals nein, ich habe so geschuftet. Alles war darin. Nun ist es zu spät.« Mich traf ein sehr betrübter Blick von Jacques ... und alles war wieder in Ordnung.

Es geschah in Berlin, im Studio. Ich habe dort schon einmal gedreht. Das stimmt. Aber nicht mehr seit *Mädchen in Uniform* 1958 und erst viel später wieder bei *Gruppenbild mit Dame* 1976. Nichts hatte sich geändert. Das war ein wenig unheimlich. Meine Beziehung zu Deutschland, zum deutschen Film ist nicht besonders gut. Ich glaube, daß sie mir noch nicht verziehen haben, daß sie niemals verzeihen werden.

Berlin hat eine besondere Bedeutung. Mein Sohn wurde dort geboren. Und ich habe dort die drei schönsten, glücklichsten Jahre meines Lebens verbracht.

Auf dem ersten Titel von *Die Spaziergängerin von Sans-Souci* steht eine Widmung. Ich wollte sie haben. Ich habe meine Arbeit »David und seinem Vater« gewidmet. Jacques Rouffio war sich diesbezüglich nicht sicher. Aus Scham, glaube ich. Er sagte zu mir: »Ich glaube, daß dies etwas Persönliches ist.« Ich habe ihm geantwortet: »Was ist heute noch persönlich?« Man scheint doch jedem zu gehören. Also, wenn ich schon allen gehöre, sollen auch alle wissen, was mir gehörte und was ich verloren habe ... Jacques Rouffio hat mich verstanden.

Die Widmung auf der Leinwand. Genau, es ist ein Geschäft mit mir selbst. Niemand hat ja auch eine Antwort auf eine so einfache Frage, warum alles so teuer ist. Für alles muß man so viel bezahlen.

1977 habe ich erklärt: »Ich bin 50 Filme«, so wie man sagt: »Ich bin 50 Jahre.« Ob es mein Höhepunkt ist? Darauf kann ich nicht antworten. Für mich ist *Die Spaziergängerin von Sans-Souci* mehr als nur ein Film. Sehr viel mehr!

April 1982

Ich möchte sagen »Life must go on«. Sicherlich gibt es Augenblicke, wo man Lust hat, den Vorhang fallen zu lassen und nichts mehr mit dem Beruf zu tun haben will. Aber ich habe Verantwortungen. Ich bin nicht allein. Daher muß das Leben weitergehen. Ich werde meine Arbeit so gut wie möglich fortsetzen. Es muß weitergehen, man kann nicht stehenbleiben. Man kann einen Augenblick lang nachdenken, aber dann muß man weitermachen. Stehenbleiben ist für mich nicht möglich.

Die Empörung richtet sich gegen das Unglück, und sie wird ein Leben lang bleiben. Wenn das Publikum sich voller Mitleid interessiert, mildert das nicht den Schmerz.

Der Drehbeginn der *Spaziergängerin von Sans-Souci* war verschoben worden, weil ich operiert worden bin. Aber ich war bereit, sofort nach der Genehmigung des Arztes mit der Arbeit zu beginnen. Vielleicht war ich auch müde, aber die Arbeit gibt mir physische und moralische Kraft. Was nun die für mich schmerzvollen Szenen mit dem kleinen Max betrifft, so hat mir Jacques Rouffio da großartig geholfen.

Ich wollte immer diese *Spaziergängerin* spielen. Bei einer Schauspielerin gibt es die Arbeit und das Leben. Man vermengt nichts. Bei mir ist das eine Kraft – ich weiß nicht, woher sie kommt – aber sie ist nun einmal da. Ich wußte, daß es schmerzhafte Momente geben würde, nicht nur wegen einiger Sequenzen, sondern weil mein Beruf sehr hart ist. Meine wirklichen Freunde, zu denen ich Vertrauen haben kann, haben zu mir gesagt: »Das Beste für dich ist, daß du arbeiten kannst.« Sogar Simone Signoret hat mir telefonisch diesen Rat gegeben. Nicht etwa, daß ich so arbeiten will wie früher, als ich jährlich drei Filme auf Kosten meines Privatlebens drehte. Das will ich nicht mehr. Aber ich brauche diese Angst, die mich im Atelier erfaßt. Sie ist stimulierend. Man stürzt sich in die Arbeit, weil man es tun muß, und es hilft auch ein wenig zu vergessen. Deutsche Eifersucht, ich meine ja. Aber ich gehöre ihnen nicht, weil ich drei *Sissi* interpretiert habe. Ich habe ein Land gewählt, das mich vor langer Zeit mit offenen Armen aufgenommen hat und in dem ich viel Glück erfahren habe.

Meine Mutter hat in über sechzig Filmen mitgewirkt, bevor sie sich zurückzog. Meine Großmutter väterlicherseits hat noch mit 80 Theater gespielt. Ich möchte nicht so wie sie arbeiten und auch nicht 105 Jahre alt werden.

Wie so viele andere war der Vater meines Sohnes im Alter von 19 Jahren deportiert worden. Das sind Tatsachen, die man nicht vergißt.

Ich habe sehr wenige Erinnerungen an diese Zeit. Ich war ein Kind. Meine Eltern trennten sich, als wir noch klein waren. Wir waren nicht direkt betroffen. Ich erinnere mich noch, daß Mama am Weihnachtsabend geweint hat, weil sie mit uns allein war. Aber der Film bezieht sich gleichermaßen auf die heutige Zeit, wenn man an die Erde denkt, die sich eher zum Schlechten dreht.

Das ganze Team empfand für diesen Film eine unbändige Leidenschaft. Das gegenseitige Verständnis während der Dreharbeiten war einfach phantastisch. Das ist nicht immer der Fall.

Ich war noch nicht erwachsen, ich hatte nicht genug darüber nachgedacht, ich hatte es nicht verstanden. Aber seitdem hat es Ereignisse gegeben, die mich sehr berührt haben und die mir zeigten, daß sich in Wahrheit nichts geändert hat.

David hatte das Drehbuch gelesen. Er sagte mir, daß es ihm

gefallen habe. Aber er konnte nicht alles verstehen, obwohl er für sein Alter sehr reif war. Er wollte einfach, daß ich diesen Film drehe.

Ich wollte unter Jacques Rouffio spielen, weil ich alle seine Filme bewundert habe. Was er sagte und die Art und Weise, wie er sprach, überzeugten mich vollkommen. Das ist ziemlich selten. Ich wollte seit langem mit ihm arbeiten. Später sind wir, er, seine Familie und ich, Freunde geworden. Ich konnte sie anrufen, besuchen, mit ihnen über alles sprechen.

Er hat auf wundervolle Weise Verständnis gezeigt. Er erriet, wenn es für mich zu schmerzhaft war. Er verstand es, mir die richtigen Worte zu sagen. Das ist ein Mensch, der Achtung vor Akteuren hat. Er ist der einzige, der zu mir gesagt hat: »Es muß gar nicht lustig sein, alle Tage den Beruf des Schauspielers auszuüben.« Das hat mich beeindruckt. Noch niemals hatte ein Regisseur so etwas zu mir gesagt.

Daß ich jemanden brauche, das stimmt zum Teil. Bei mir ist es so gewesen. Aber heute ist das nicht mehr der Fall. Ich bin reifer geworden und habe begriffen, wie mühsam es für diese immer im Schatten stehenden Menschen sein mußte, uns Sicherheit zu geben und dabei unseren unterschiedlichen Stimmungen ausgesetzt zu sein. Man hat nicht das Recht, von diesen uns ganz nahestehenden Personen zu verlangen, daß sie uns helfen, unsere Last zu tragen. Ich bin mir bewußt, daß ich eine leicht reizbare, unleidliche Person bin. Jetzt lehne ich es ab, daß jemand da ist, mir Sicherheit zu geben, mir in meinen Augenblicken der Angst, des Lampenfiebers und der Hysterie beizustehen. Jetzt respektiere ich mehr die anderen.

David kam mit ins Atelier, ja, oft. Seit dem Drama bleibt mir Sarah, die jetzt 4½ Jahre alt ist. Sie ist noch zu klein, um mit ins Atelier zu kommen.

Ich wohne zur Zeit im Hotel, weil ich nicht mehr in einer Umgebung leben kann, wo mich so viel an meinen Sohn und an die glücklichen gemeinsamen Stunden erinnert. Ich bin auf der Suche nach einem neuen Haus, um mein Leben neu zu beginnen und meinen Kummer zu überwinden.

Es ist ein Kummer, den ich niemals vergessen werde.

Ich habe keine Angst vor dem Altwerden. Nein. Aber das ist kein spezielles Frauenproblem. Wissen Sie, was meine Reaktion auf diesen berühmten Frauentag war: Ich habe mich gefragt, ob ich nicht den Männertag organisieren sollte. Denn was denken all diese Frauen? Daß die Männer vielleicht keine Probleme und Ängste haben? Meinen sie, daß sie nicht verwundbar sind? Es gibt Dinge, die mich empört haben und die ich fast lächerlich finde. Aber ich liebe die Männer, ich kann ohne sie nicht leben.

Ich akzeptiere ältere Frauenrollen. Ja. Für mich zählt vor allem die Rolle. Selbst die einer alten Frau.

Wenn der Erfolg einmal aufhört, werde ich eine unermeßliche Einsamkeit kennenlernen.

Telefongespräch mit ihrem Bruder Wolfdieter Albach, Mai 1982

Ich schaffe es nicht, ich schaffe es nicht...

Rollenverzeichnis für Film, Fernsehen und Theater

Die Jahreszahlen bezeichnen das jeweilige Entstehungsjahr.
Erklärung der Abkürzungen: RS = Romy Schneider (der in Klammern genannte Name ist die Rollenbezeichnung); D = Deutschland, E = Spanien, F = Frankreich, GB = England, I = Italien, ISR = Israel, Ö = Österreich, USA = Amerika.
Alternativ- und ausländische (Original-)Titel sind in Klammern gesetzt.

1953
Wenn der weiße Flieder wieder blüht (D)
Regie: Hans Deppe
RS (Evchen Forster), Magda Schneider, Willy Fritsch, Paul Klinger, Albert Florath, Nina von Porembsky, Götz George

1954
Feuerwerk (D)
Regie: Kurt Hoffmann
RS (Anna Oberholzer), Lilli Palmer, Karl Schönböck, Claus Biederstaedt, Werner Hinz, Käthe Haack, Rudolf Vogel, Lina Carstens, Liesl Karlstadt, Ernst Waldow

Mädchenjahre einer Königin (Ö)
Regie: Ernst Marischka
RS (Victoria), Adrian Hoven, Magda Schneider, Karl-Ludwig Diehl, Paul Hörbiger

1955

Die Deutschmeister (Ö)
Regie: Ernst Marischka
RS (Constanze Hübner), Magda Schneider, Siegfried Breuer jr., Hans Moser, Paul Hörbiger, Gretl Schörg, Wolfgang Lukschy, Adrienne Gessner, Susi Nicoletti, Josef Meinrad

Der letzte Mann (D)
Regie: Harald Braun
RS (Niddy Hövelmann), Hans Albers, Joachim Fuchsberger, Rudolf Forster, Michael Heltau, Camilla Spira

Sissi (Ö)
Regie: Ernst Marischka
RS (Prinzessin Elisabeth von Bayern, genannt Sissi), Karlheinz Böhm, Magda Schneider, Gustav Knuth, Uta Franz, Vilma Degischer, Josef Meinrad

1956
Sissi, die junge Kaiserin (Ö)
Regie: Ernst Marischka
RS (Sissi, Kaiserin Elisabeth), Karlheinz Böhm, Gustav Knuth, Magda Schneider, Josef Meinrad, Senta Wengraf, Vilma Degischer, Walther Reyer

Kitty und die große Welt (D)
Regie: Alfred Weidenmann
RS (Kitty Dupont), Karlheinz Böhm, O. E. Hasse, Peer Schmidt, Charles Regnier

Robinson soll nicht sterben (D)
Regie: Josef von Baky
RS (Maud Cantley), Horst Buchholz, Erich Ponto, Magda Schneider, Mathias Wieman, Gustav Knuth, Gert Fröbe

1957
Monpti (D)
Regie: Helmut Käutner
RS (Anne-Claire), Horst Buchholz, Boy Gobert, Bum Krüger

Scampolo (D)
Regie: Alfred Weidenmann
RS (Scampolo), Paul Hubschmid, Victor de Kowa, Elisabeth Flicken-
schildt, Georg Thomalla, Walter Rilla, Eva Maria Meineke, Peter Carsten,
Willy Millowitsch, Wolfgang Wahl

Schicksalsjahre einer Kaiserin (Ö)
Regie: Ernst Marischka
RS (Kaiserin Elisabeth), Karlheinz Böhm, Magda Schneider, Gustav Knuth,
Josef Meinrad, Vilma Degischer, Walther Reyer, Uta Franz, Senta Wengraf

1958
Mädchen in Uniform (D/F)
Regie: Geza Radvanyi
RS (Manuela von Meinhardis), Lilli Palmer, Therese Giehse, Sabine
Sinjen, Christine Kaufmann, Blandine Ebinger

Christine (F/I)
Regie: Pierre Gaspard-Huit
RS (Christine Weiring), Alain Delon, Jean-Claude Brialy, Sophie Gri-
maldi, Micheline Presle, Fernand Ledoux

Die Halbzarte (Ö)
Regie: Rolf Thiele
RS (Nicole Dassau und Eva), Carlos Thompson, Magda Schneider,
Rudolf Forster, Josef Meinrad, Gertraud Jesserer

1959
Ein Engel auf Erden (Mademoiselle Ange) (D/F)
Regie: Geza Radvanyi
RS (Engel und Stewardeß), Henri Vidal, Jean-Paul Belmondo, Michele
Mercier, Ernst Waldow

Die schöne Lügnerin (La Belle et L'Empereur) (D/F)
Regie: Axel von Ambesser
RS (Fanny Emmetsrieder), Jean-Claude Pascal, Helmut Lohner, Charles
Regnier, Hans Moser, Josef Meinrad, Marcel Marceau, Helmut Qualtinger

Katja (Katja – die ungekrönte Kaiserin) (F)
Regie: Robert Siodmak
RS (Katja Dolgoruki), Curd Jürgens, Pierre Blanchard, Antoine Belpetre,
Monique Melinand, Margo Lion

1960
Die Sendung der Lysistrata (D Fernsehen/NDR)
Regie: Fritz Kortner
RS (Myrrhine/Uschi Hellwig), Barbara Rütting, Karin Kernke, Ruth-Maria Kubitschek, Peter Arens, Wolfgang Kieling, Karl Lieffen

1961
Schade, daß sie eine Dirne ist (Dommage qu'elle soit une putain) (F, Théâtre de Paris)
Schauspiel in 2 Akten von John Ford
Inszenierung: Luchino Visconti
RS (Annabella), Alain Delon, Valentine Tessier, Pierre Asso, Daniel Sorano, Silvia Montfort
120 Aufführungen

Boccaccio '70 (I/F)
Regie: Luchino Visconti
RS (Pupé), Tomas Milian, Paolo Stoppa, Romolo Valli

Der Kampf auf der Insel (Le combat dans l'île) (F)
Regie: Alain Cavalier
RS (Anne), Jean-Louis Trintignant, Henri Serre, Pierre Asso, Diana Leporier

1962
Die Möwe
Schauspiel in 4 Akten von Anton Tschechow
Inszenierung: Sacha Pitoëff
RS (Nina), Sacha Pitoëff, Pierre Palau, Lucienne Lemarchand

Der Prozeß (Le procès) (F/D/I)
Regie: Orson Welles
RS (Leni), Anthony Perkins, Jeanne Moreau, Elsa Martinelli, Madeleine Robinson, Orson Welles, Akim Tamiroff, Fernand Ledoux

Die Sieger (The Victors) (USA)
Regie: Carl Foreman
RS (Regine), George Hamilton, George Peppard, James Mitchum, Peter Fonda, Eli Wallach, Rosanna Schiaffino, Melina Mercouri, Jeanne Moreau, Elke Sommer, Michael Callan, Albert Finney, Senta Berger

1963
Der Kardinal (The Cardinal) (USA)
Regie: Otto Preminger
R (Anne-Marie Lebedur), Tom Tryon, Raf Vallone, John Huston, Burgess
Meredith, Josef Meinrad, Carol Lynley, John Saxon, Peter Weck

1963/1964
Leih mir deinen Mann (Good Neighbour Sam) (USA)
Regie: David Swift
RS (Janet Lagerlof), Jack Lemmon, Michael Connors, Eward G. Robinson,
Dorothy Province

1964
L'enfer (Die Hölle) (F, unvollendet)
Regie: Henri-George Clouzot
RS (Odette Prieur), Dany Carrel, Serge Reggiani, Jean-Claude Bercq

Was gibt's Neues, Pussy? (What's New Pussycat?) (GB/F)
Regie: Clive Donner
RS (Carole Werner), Peter Sellers, Peter O'Toole, Capucine, Paula
Prentiss, Woody Allen, Ursula Andress, Howard Vernon

1965
Halb elf in einer Sommernacht (10:30 P. M. Summer) (USA/E)
Regie: Jules Dassin
RS (Claire), Melina Mercouri, Peter Finch, Julian Mateos, Isabel Maria
Perez

1966
Schornstein Nr. 4 (La voleuse) (F/D)
Regie: Jean Chapot
RS (Julia Kreuz), Michel Piccoli, Hans-Christian Blech, Sonia Schwarz

Spion zwischen zwei Fronten (Triple Cross) (GB/F/D)
Regie: Terence Young
RS (Die Gräfin), Christopher Plummer, Gert Fröbe, Trevor Howard,
Harry Meyen, Yul Brynner

1968
Otley (GB)
Regie: Dick Clement
RS (Imogen), Tom Courtenay, Alan Badel, James Villiers

Der Swimmingpool (La piscine) (F/I)
Regie: Jacques Deray
RS (Marianne), Alain Delon, Maurice Ronet, Jane Birkin

1969
Inzest (My Lover, My Son) (GB)
Regie: John Newland
RS (Francesca Anderson), Donald Houston, Dennis Waterman, Patricia Brake

Die Dinge des Lebens (Les choses de la vie) (F/I)
Regie: Claude Sautet
RS (Hélène), Michel Piccoli, Lea Massari, Gerard Latigau

1970
Die Geliebte des anderen (Qui?) (F/I)
Regie: Leonard Keigel
RS (Marina), Maurice Ronet, Gabriele Tinti, Simone Bach

Bloomfield (GB/ISR)
Regie: Richard Harris
RS (Nira), Richard Harris, Kim Burfield, Maurice Kaufman

La Califfa (I/F)
Regie: Alberto Bevilacqua
RS (La Califfa), Ugo Tognazzi, Bisacco, Marina Berti

Das Mädchen und der Kommissar (Max et les ferrailleurs) (F/I)
Regie: Claude Sautet
RS (Lily), Michel Piccoli, Bernard Fresson, Georges Wilson, François Perier

1971
Das Mädchen und der Mörder (Die Ermordung Trotzkis) (F/I/GB)
Regie: Joseph Losey
RS (Gita Samuels), Alain Delon, Valentina Cortese, Richard Burton

1972
Ludwig II. (I/F/D)
Regie: Luchino Visconti
RS (Elisabeth von Österreich), Helmut Berger, Trevor Howard, Silvana Mangano, Gert Fröbe, Helmut Griem, Folker Bohnet, John Moulder-Brown

Cesar und Rosalie (F/I/D)
Regie: Claude Sautet
RS (Rosalie), Yves Montand, Sami Frey, Umberto Orsini, Isabelle Huppert, Eva Maria Meineke

1973
Le Train – Nur ein Hauch von Glück (F/I)
Regie: Pierre Granier-Deferre
RS (Anna Kupfer), Jean-Louis Trintignant, Nike Arighi, Franco Mazzieri

Sommerliebelei (Un amour de plui) (F/D/I)
Regie: Jean-Claude Brialy
RS (Elisabeth), Nino Castelnuovo, Suzanne Flon, Mehdi El, Jean-Claude Brialy

Das wilde Schaf (Le mouton enragé) (F/I)
Regie: Michel Deville
RS (Roberte Groult), Jean-Louis Trintignant, Jane Birkin, Jean-Pierre Cassel, Florinda Bolkan

1973/1974
Trio Infernal (F/I/D)
Regie: Francis Girod
RS (Philomena Schmidt), Michel Piccoli, Mascha Gonska, Monica Fiorentini, Andrea Ferreol

1974
Nachtblende (L'important c'est d'aimer) (F/D/I)
Regie: Andrzej Zulawski
RS (Nadine Chevalier), Fabio Testi, Jacque Dutronc, Klaus Kinski

Die Unschuldigen mit den schmutzigen Händen (Les innocents aux mains sales) (F/I/D)
Regie: Claude Chabrol
RS (Julie Wormser), Rod Steiger, Paolo Giusti, Jean Rochefort

1975
Das alte Gewehr (Le vieux fusil) (F/D)
Regie: Robert Enrico
RS (Clara), Philippe Noiret, Caroline Bonhomme, Catherine Delaporte, Jean Bouise, Madeleine Ozeray

1976
Die Frau am Fenster (Une femme à sa fenêtre) (F/I/D)
Regie: Pierre Granier-Deferre
RS (Margot Santorini), Philippe Noiret, Victor Lanoux, Umberto Orsini,
Delia Boccardo

Mado (F/I/D)
Regie: Claude Sautet
RS (Hélène), Michel Piccoli, Ottavia Piccolo, Jacques Dutronc, Bernard
Fresson, Charles Denner

1976/1977
Gruppenbild mit Dame (Portrait de groupe avec dame) (D/F)
Regie: Aleksandar Petrovic
RS (Leni Gruýten), Brad Dourif, Michel Galabru, Vadim Glowna, Richard
Münch, Vitus Zeplichal, Fritz Lichtenhahn, Rüdiger Vogler

1978
Eine einfache Geschichte (Une histoire simple) (D/F)
Regie: Claude Sautet
RS (Marie), Bruno Cremer, Claude Brasseur, Francine Berge, Vera
Schroder, Peter Semler

1979
Blutspur (Bloodline) (USA/D)
Regie: Terence Young
RS (Helene Martin), Audrey Hepburn, Ben Gazzara, James Mason,
Maurice Ronet, Omar Sharif, Gert Fröbe, Claudia Mori, Irene Papas

Die Liebe einer Frau (Clair de femme) (F/I/D)
Regie: Constantin Costa-Gavras
RS (Lydia), Yves Montand, Romolo Valli, Lila Kedrova, Heinz Bennent

Der gekaufte Tod (La mort en direct) (F/D)
Regie: Bertrand Tavernier
RS (Katherine Mortenhoe), Harvey Keitel, Harry Dean Stanton, Thérèse
Liotard, Max von Sydow

1980
Die Bankiersfrau (La Banquière) (F)
Regie: Francis Girod
RS (Emma Eckhert), Jean-Louis Trintignant, Jean-Claude Brialy, Claude Brasseur

1981
Das Verhör (Garde à vue) (F)
Regie: Claude Müller
RS (Chantal Martinaud), Lino Ventura, Michel Serrault, Guy Marchand

Die zwei Gesichter einer Frau (Fantasma d'amore) (I)
Regie: Dino Risi
RS (Anna), Marcello Mastroianni, Eva Maria Meineke, Wolfgang Preiß

1982
Die Spaziergängerin von Sans-Souci (La Passante du Sans-Souci) (F/D)
Regie: Jacques Rouffio, Jacques Kirsner
RS (Elsa Wiener/Lina Baumstein), Michel Piccoli, Wendelin Werner, Helmut Griem, Dominique Labourier, Maria Schell, Gérard Klein, Mathieu Carrière

»*Im Moment bin ich ganz kaputt...*«

Interview mit Romy Schneider, erschienen im STERN am 23. 4. 1981

(ST = STERN; RS = Romy Schneider)

ST: Warum erschrecken Sie eigentlich so, wenn ein Mann auf Sie zukommt und ganz begeistert fragt, ob Sie »Sissi« sind?
RS: Weil ich dieses Image so hasse. Was gebe ich den Menschen schon, außer immer wieder Sissi. Sissi? Ich bin doch längst nicht mehr Sissi, ich war das auch nie. Ich bin eine unglückliche Frau von 42 Jahren und heiße Romy Schneider.
ST: Woher kennen die Franzosen überhaupt Sissi?
RS: Alle drei Sissi-Filme liefen hier dreimal im Fernsehen. Mein Sohn David hat gesagt, Mama, sei mir nicht böse, aber ich möchte lieber im anderen Programm den Western sehen. Nur meine kleine Tochter hat sich alles angeschaut.
ST: Warum aber ist Sissi denn nach 20 Jahren noch ein Problem für Sie?
RS: Die Filme wurden damals gedreht in einer Zeit, in die sie paßten, und den Leuten hat's gefallen. Aber ich kann darüber nicht reden wie über irgendeinen meiner vielen anderen Filme, ich kann nicht normal reagieren und sagen, nein, ich bin nicht Sissi, ich bin längst Romy Schneider, ich habe nur einmal die Sissi gespielt vor langer Zeit.
ST: Andererseits sind Sie eine Erregung öffentlichen Ärgernisses, denn bei jedem Ereignis in Ihrem Leben, egal ob Fehl-

geburt, Hochzeit, Scheidung, Film, heult die Sissi-Generation auf und schreit nach ihrer reinen Kaiserin. Für die einen sind Sie dann eine Hure und für die anderen immer noch eine Madonna, der die Welt übel mitspielt.

RS: Ich will meine Ruhe haben. Ich hasse Rummel und Publicity, dieses ganze Showbusiness. Und ich bin nicht deren Sissi, an der sie sich reiben können. Ich hatte mal froh und zufrieden zu sein, daß ich diese Rolle spielen durfte. So etwas galt damals als Glück.

ST: Seltsames Glück. Auf gut deutsch: Ihr Stiefvater Blatzheim, den Sie Daddy nannten, und Ihre Mutter Magda Schneider haben dem Glück nachgeholfen.

RS: Ich will niemandem weh tun, ich habe meiner Mutter zu danken und keinen Vorwurf zu machen.

ST: Ist das vielleicht Ihr Sissi-Problem? Niemandem weh tun zu wollen?

RS: Stimmt schon, stimmt schon, aber vielleicht kann ich gar nicht anders, vielleicht ist das ja meine Mentalität. Ich wollte ja auch meinen Namen ändern, damals in Paris, in Rosa Albach. Aber ich habe mich nie getraut, um meine Mutter nicht zu verletzen. Andererseits habe ich mich damals als Tochter und Filmstar auch sehr wohl gefühlt, weil es mir ja gutging. Es war eine Welt von Krinolinen, Walzern, Flirts, immer in Dekorationen von Marischka.

ST: Jedes junge Mädchen hätte reagiert wie Sie. Aber erkennen Sie denn heute, daß diese Sissi-Welt mit Kindheit und Jugend und Leben nichts zu tun hatte?

RS: Heute ja, aber das muß man erst begreifen lernen. Alles, was ich gelernt habe, habe ich durch den Film gelernt, mal mehr, mal weniger. Als ich 14 war, habe ich die Schule verlassen und »Wenn der weiße Flieder wieder blüht« gedreht.

ST: Also hat für Sie das Leben eigentlich nur als Kino oder im Kino stattgefunden ...

RS: ... eben. Das ist ja heute mein Problem, drum geht es mir schlecht. Ich habe auch viel zu viele Filme gemacht. Aber ich habe ja meine beiden Kinder, die ich liebe und die mich brauchen.

ST: Wieviel Geld haben Sie eigentlich mit den Sissi-Filmen verdient?

RS: Das weiß ich wirklich nicht mehr. Ich konnte nie mit Geld umgehen, ich weiß nur, daß in der Hauptsache die anderen daran verdient haben, aber das Geld ist alles weg. Und ich habe es nicht allein ausgegeben.

ST: Dann hat also Ihr Stiefvater Blatzheim das Geld verjubelt?

RS: Das Geld ist weg, basta. Ich glaube, das letzte Restaurant, in das er mein Geld gesteckt hat, hat irgendwann pleite gemacht. Er hat sich immer um alles gekümmert. Für einen vierten Sissi-Film haben sie mir eine Million Mark bar auf den Tisch geboten, aber da habe ich dann endlich zum ersten Male nein gesagt. Ich hatte die Schnauze voll. Das war in Berchtesgaden. Nach dem Krach ging ich in mein Kinderzimmer und habe mich eingeschlossen. Es ist alles so lange her. Mir fehlen die Bilder für diese Erinnerungen. Es interessiert mich nicht mehr, und doch betrifft es mich immer noch. Dieser Rummel, der ja ganz schön sein kann, den ich aber immer haßte. Einmal in Madrid haben Tausende auf dem Flughafen Fähnchen geschwenkt, sie haben mich fast zerdrückt. Meine Mutter stand hinter mir und sagte: Lächle doch ...

ST: Sie sind dann, als Sie 20 waren, zu Alain Delon nach Paris ausgerückt, wollten nicht mehr Sissi sein. Ging da Ihr Leben richtig los?

RS: Ja, da ging es richtig los. Ich war verliebt und in Paris und endlich ohne Aufsicht – aber: Was für ein Leben, was für ein Leben ist daraus geworden ...

ST: Das sagen Sie jetzt, weil es Ihnen schlechtgeht, weil Sie das Gefühl haben, den Boden nicht mehr unter den Füßen zu spüren. Aber das ist ganz normal, nach so vielen Filmen und wenn man in Scheidung lebt. Die Welt wird trotzdem nicht zusammenbrechen.

RS: Die ganze Welt bestimmt nicht.

ST: Auch Ihre Welt nicht.

RS: Und was ist meine Welt?

ST: Eben das versuchen wir ja herauszufinden. Sie waren also 20, hatten Millionen verdient, die bei denen lagen, die sich so gütig und uneigennützig um Sie gekümmert hatten, und bekamen von Blatzheim nach Paris einen monatlichen Scheck von 3000 Mark überwiesen.

RS: Man hat mir gesagt, du hast diese Rente, und es wäre besser, damit auszukommen. Immer, wenn ich mein Konto überzogen hatte, bin ich in Ungnade gefallen.

ST: Warum haben Sie sich das gefallen lassen?

RS: Der Alain hat dem Blatzheim einmal gesagt, daß er ihn für ein gewaltiges Arschloch hält. Das war in Lugano. Ich hatte es vorher auch gesagt, nur nicht so hart. Ich war ja so gut erzogen und dachte an die Mutter. Aber das hilft jetzt auch nicht weiter, das Geld ist weg. Alain ist weg. Blatzheim ist tot. Die Mama wird jetzt sagen: War denn alles wirklich so schlecht, Kind? Und ich könnte ihre Frage verstehen. Ich achte meine Mutter, meinen Bruder, meine Kinder, und damit hat es sich.

ST: Sie waren also mit einem wirtschaftswunderbaren Daddy geschlagen, mit einem Stiefvater ...

RS: ... nichts mit Vater. Sagen wir: mit dem zweiten Mann meiner Mutter ...

ST: ... der gern mit seinem Reichtum protzte, mit Ihnen, mit seinen goldenen Wasserhähnen ...

RS: ... das war eine Spießerwelt, da mußte ich raus.

ST: Ihr richtiger Vater war Wolf Albach-Retty. Was hat der für Sie getan?

RS: Mein wirklicher Vater war wirklich kein Vater. Leider. Heute meine ich aber, er ist zu früh gestorben. Vielleicht wäre er später mehr ein Vater für mich gewesen, als ich ihn brauchte, als immer dieser andere um mich herum war. Mein Vater sagte zu mir damals: Ist doch egal, reg di nit auf, ich finde den auch widerlich, den anderen, reg di nit auf.

ST: Haben Sie denn inzwischen gelernt, mit solchen Daddys umzugehen, egal wie sie aussehen?

RS: Ich versuche es.

ST: Würden Sie beispielsweise heute auch noch sagen, wie bei der Scheidung von Harry Meyen: Hier hast du die Hälfte meines Geldes, aber laß mich fortan in Ruhe? Zahlen Sie Ihren jetzigen Ehemann auch aus?

RS: Nein, die Zeiten sind vorbei, außerdem ist meine jetzige Ehe in Frankreich durch einen Formfehler nicht rechtsgültig. Wir hatten bei der Hochzeit auch Gütertrennung beschlossen. Mehr will ich dazu nicht sagen, weil die Scheidung noch läuft.

ST: Zurück nach Paris. Sie lebten also mit Alain Delon und waren endlich aus dem Sissi-Land raus.

RS: Es war nicht Sissi-Land, es war eine Sissi-World, und die war, wo immer ich mich aufhielt. Ich war eine in Watte gepackte, in Komplimente gepackte junge Dame, die höflich zu sein hatte. War ich aber nicht immer. Ich war ein junges Mädchen (bricht ab).

ST: Woran denken Sie jetzt?

RS: Verzeihen Sie, wenn ich das so simpel sage, aber das hätte alles sehr viel besser laufen können mit meinem Leben... Wenn ich heute junge Frauen kennenlerne, wie die Eva Mattes...

ST: ... die Theater-Schauspielerin...

RS: ... ja. Die ist sehr jung, hat viel Talent, ist aber längst nicht so fotogen, wie ich es war. Ich denke, so hättest du ja auch sein können. Du hättest ja die Chance haben können, so anzufangen, mit einem richtigen Alltag. Ein bißchen Film und später Theater. Diese jungen Schauspielerinnen heute sind sehr viel sicherer, als ich es damals war oder heute bin.

ST: Warum hängen Sie sich so tief? Sie sind damals ausgebrochen nach Paris, das war doch eine ganz mutige, private Entscheidung.

RS: Ich wollte leben, mit Alain leben. Das hätte auch in einem Hinterhof geschehen können. Egal in welchem Kaff, ich wollte leben. Aber gleichzeitig wollte ich Filme drehen, denn ich liebte meinen Beruf. Aus diesem inneren Widerspruch habe ich nie herausfinden können.

ST: Aber trotzdem haben Sie immer wieder an Glück geglaubt?

RS: An Harmonie ja. Am glücklichsten aber war ich immer, wenn ich allein war. Klingt das jetzt schizophren?

ST: Ja.

RS: Vielleicht kann ich es erklären. Als junges Mädchen saß ich am liebsten im Zimmer von meinem Vater, der ja nicht mehr im Haus war, der meine Mutter verlassen hatte. Da war ich ganz allein. Ich wußte, ich saß im Zimmer von jemand, der mich sehr liebte. Der wohl kein wirklicher Vater war, der schon nach dem Kauf von zwei paar Schuhen für mich und meinen Bruder total fertig war und sagte, i kann nit mehr. Aber in diesem Raum fühlte ich mich trotzdem nie allein.

ST: Haben Sie einen solchen Raum später mal wieder gesucht, als Sie eine erwachsene Frau waren?

RS: Ich habe so etwas wohl immer gesucht und suche es noch. Ich hatte es sogar ein paar Jahre lang mal gefunden. Das war bei Visconti. Er war eine Kraft für mich. Ich war verliebt in ihn, aber ich habe damals nicht begriffen, daß er auch in mich verliebt war, auf seine Art. Jeder wußte, er ist homosexuell, und ich hielt mich dran und hätte nie gewagt, ihm zu sagen, daß ich ihn liebe. Jetzt ist es zu spät.

ST: Das war ja dann wohl eine höchst seltsame Konstellation, als Sie und Delon unter der Regie von Luchino Visconti in Paris das Theaterstück »Schade, daß sie eine Dirne ist« probten. Eigentlich war jeder in den anderen verliebt, nur keiner traute sich ...

353

RS: ... eine Szene wie im Kino, ja (lacht).

ST: Visconti wäre ein Mann für Sie gewesen, der sogar Ihren Vater übertroffen hätte?

RS: Was für eine Frage. Ich suchte jemand, mit dem ich mich einschließen und leben konnte. Mit jemandem leben und weniger arbeiten, nicht soviel filmen – aber ich hab's nie geschafft. Deshalb geht es mir manchmal eben beschissen.

ST: Jetzt geben Sie den Filmen die Schuld, als ob die Sie weltfremd gemacht hätten.

RS: Nein. Ich entscheide doch über mich, ich hätte doch sagen können: Schluß, aus, keinen Film mehr, keinen Sissi-Film mehr. Zurück in normale Alltage, zurück ins Internat.

ST: Hat Ihr Vater Sie da mal besucht?

RS: Nein, nie. Er schickte mir für den Fasching ein Teufelsko-stüm, als ich bei den Klosterschülern war. Ich fand mich unglaublich schön und sehr sexy. Die waren alle schockiert vom Kostüm. Den Brief, den er dazu geschrieben hat, ach was, es war kein Brief, es war ein Zettel, den habe ich immer noch. Auch die Briefe meines Vaters habe ich alle noch, auch die meiner Mutter.

ST: Haben Sie Briefe von Alain Delon?

RS: Nee, der schrieb nur Zettel. Sein »größter« war der, als er mich verlassen hatte. Er hat mich unentwegt betrogen. Ich war zu Dreharbeiten in Amerika. Ich kam zurück, die Wohnung in Paris war leer, niemand mehr da. Da stand ein Rosenstrauß, daneben lag ein Zettel, da stand drauf: »Ich bin mit Natalie nach Mexico, alles Gute, Alain.«

ST: Da blieb von der großen Liebe ein Typ übrig, der einen Rosenstrauß schickte und einen Zettel ...

RS: Er war feige, aber es war sehr schön. Er war ein Macho-Spießer (lacht). Er war nur ehrgeizig, wollte Karriere machen und eines Tages die Wohnung voller Renoirs haben.

ST: War er ein Typ wie Ihr Vater?

RS: Nein, der Vater war sehr leger, der wollte zwar auch nie

Kinder, der wollte immer nur Frauen. Aber er war ganz anders als Alain. Acht Jahre hat meine Mutter auf ihn gewartet und seine Ufa-Kostüme in den Schränken auf dem Dachboden gepflegt. Sie hat sich die Augen aus dem Kopf geheult. Als Kind habe ich sie gefragt, warum sie denn weine. Sie hat nichts gesagt. Ich habe halt festgestellt, sie war allein, es war niemand da.

ST: Die Mutter wartete auf diesen verschwundenen Traummann, und die Tochter wartete auch, denn als Vater war er ja auch verschwunden ...

RS: ... ich habe ihn erst wieder richtig erlebt, als wir zusammen in dem Preminger-Film »Kardinal« spielten. Er hat es vor allem für mich gemacht, denn die Gage war nicht sehr hoch. Wir haben ein einziges Mal zusammen gespielt, und es war ein superber Kontakt. Ich war 25 oder 26. Er spielte wie üblich den Baron mit Smoking, und er war sehr schön. Ich glaube, daß meine Mutter nie einen Mann so geliebt hat. Sie hat umsonst gewartet mit den Koffern auf dem Boden, er kam halt nicht zurück. Er ist an zwei Herzinfarkten gestorben, weil er aus meiner Sicht an diesem merkwürdigen, krankhaften, unentwegten Lampenfieber ein Leben lang gelitten hat. Das habe ich von ihm geerbt. Er hatte seinen ersten Infarkt während einer Aufführung im Wiener Akademie-Theater, und ich saß mit meinem Bruder Wolfi in der ersten Reihe. Aber er hat weitergespielt und ist erst nach der Vorstellung ins Krankenhaus gefahren, der liebe Depperte. Später hat er als erstes mit seinem Hund am Telefon gesprochen. Das letzte Mal habe ich ihn in einem Wiener Krankenhaus gesehen. Ich mußte draußen warten, ich durfte das Zimmer nicht betreten, bis er sich gekämmt hatte. Dann unternahm er eine Riesenanstrengung, mich sitzend zu empfangen.

ST: Hätten Sie für einen solchen Mann geschwärmt, wenn es nicht Ihr Vater gewesen wäre?

RS: Ich habe mit meinem Vater nicht geschlafen (lacht).

ST: Wenn das keine Schlagzeile für »Bild« ist... Haben Sie auch einmal so lange auf einen Mann gewartet wie Ihre Mutter auf Ihren Vater?

RS: Nein, aber fünf Jahre ständige Angst oder »Nicht-Zusammenleben« mit Delon langen auch. Das war schmerzhaft. Das tat weh.

ST: In einer Situation wie jetzt, wo es Ihnen schlechtgeht, könnten Sie da Alain anrufen, würde er für Sie da sein?

RS: Vielleicht. Ich könnte ihn anrufen, wenn er allein wäre.

ST: Er muß halt auch seine Rücksichten nehmen.

RS: Sie etwa nicht?

ST: Könnte da heute wieder etwas funken zwischen Ihnen und ihm, wenn Sie, wie für den Herbst geplant, einen Film drehen?

RS: Nein, ganz bestimmt nicht. Aber wir hassen uns nicht. Wir können und mögen uns erinnern. Es ist alles schon so lange her, und es ist ganz und gar nicht unangenehm, ihn wiederzusehen.

ST: Wen rufen Sie denn an, wenn es Ihnen schlechtgeht? Ihre Mutter?

RS: Ja, und ein paar Freunde. Man muß mit irgend jemand reden, wenn man down ist, das ist ganz egoistisch. Man versucht, nicht zusammenzuklappen. In den letzten Wochen und Monaten habe ich zum ersten Male gespürt, wer meine wirklichen Freunde sind, ganz egal wo, in Deutschland oder in Frankreich.

ST: Gehört denn jener Will Tremper, der Ihnen in der »Bunten« einen offenen Brief schrieb (»Wir lieben Dich, Du dumme Liese«), auch zu Ihren Freunden?

RS: Der Tremper nun bestimmt nicht, das ist ein journalistisches Fossil aus der Sissi-Zeit. Über den lohnt sich nicht zu reden. Alle die Leute, die mal sagten, ruf mich an, wenn es dir schlechtgeht, Tag und Nacht, die kannst du vergessen. Macht man es nämlich, dann sind sie grad nicht da oder lassen sich verleugnen.

ST: Merken Sie sich die wenigstens für später, wenn Sie aus Ihrem Tief raus sind?

RS: O ja, das halt ich ganz frisch. Das sind alles nur Freunde, weil ich ja die Romy Schneider bin. Noch bin ...

ST: Und die will nicht mehr lieb sein und endlich mal zurückschlagen? Die will nicht mehr auf solche Manns-Bilder wie ihren jetzigen Mann hereinfallen?

RS: Ich versuche, mich zu wehren, ich muß das lernen. Aber zu meinem Mann sage ich nichts. Das haben Sie gesagt. Ich werde mein Kind behalten, und ich lasse mir nicht mehr weh tun. Das hängt damit zusammen, daß ich mein Leben nun endlich leben will, falls das noch geht.

ST: Haben Sie nicht immer so gelebt, wie Sie es wollten?

RS: Das fragen Sie mich jetzt noch ... Es gab immer nur Momente, und da mein Leben fast zu achtzig Prozent von meinem Beruf bestimmt war, konnte es auch immer nur Momente geben. Mit Alain bin ich lange Zeit zu seinen Dreharbeiten gefahren und habe mir gesagt, verdammt noch mal, warum kann ich nicht mit René Clément arbeiten? Harry sagte immer: Ich komme nicht, wenn du drehst, das langweilt mich zu Tode, ich kann da nicht sitzen und meine Frau anschauen, wenn sie Filme dreht – was ich verstand. Aber er kam dann doch einmal, als ich mit Alain »Swimmingpool« drehte. Ich beklagte mich einerseits, daß er zu wenig da war; und andererseits kann ich es überhaupt nicht ertragen, wenn dauernd einer herumsitzt und glotzt und auf jede Flirterei aufpaßt. Die Lust zum Flirten ist ungebrochen. Das hab' ich vom Vater (lacht). Mit Harry gab es zwei lange Jahre, wo ich gar nichts gearbeitet habe und in einer Vier-Zimmer-Wohnung in Berlin lebte.

ST: Und warum gingen Sie immer wieder zurück in Ihren Beruf?

RS: Was sollte ich denn machen, ich habe ja nichts anderes gelernt.

ST: Was heißt, nichts anderes gelernt. Sie sind doch eine gute Schauspielerin und haben gute Filme gemacht?

RS: Ich mag mich nicht mehr sehen. Was gebe ich den Menschen schon außer Sissi, immer wieder Sissi...

ST: Es gibt Filme von Ihnen, die viel wichtiger sind als Sissi. Welche würden Sie denn als Ihre besten bezeichnen?

RS: Die Leni in »Gruppenbild mit Dame« war eine sehr wichtige Rolle für mich. Auch, weil diese Leni so deutsch war, so deutsch ist. Aber vor allem, weil ich Böll kennengelernt habe. Da fühlte ich mich wohl. Der hat ein Zuhause ganz ohne Dekoration, da stimmt alles. Als ich zu ihm kam, stand da ein Adventskranz. Er saß da ganz ruhig am Tisch, und ich mochte ihn sofort und diese ganze Umgebung. Er war so einfach zu mir. Er sagte, da ist das Klo, Romy, da rechts. Ich glaube, er mochte mich auch. Überhaupt mochte ich alle Rollen, die ganz scheußlich waren. »Trio infernal« zum Beispiel, das war gut, weil ich nichts mit diesen Rollen zu tun habe, weil ich es nicht bin, weil ich nicht lieb sein mußte. Dann war wichtig der Film »Prozeß« mit Orson Welles... Was macht der eigentlich, der Orson Welles?

ST: Der macht Werbung. Er sitzt dick und rund an einem Tisch und hebt sein Weinglas. Filmen mag er nicht mehr. Er sagt: Das, was ich will, darf ich eh' nicht spielen, das, was ich soll, will ich nicht spielen.

RS: Recht hat er.

ST: Machen Sie es doch genauso. Wenn Sie sich nicht mehr sehen können, machen Sie weniger Filme.

RS: Aber ich muß Filme machen. Ich brauche das Geld.

ST: Sagen Sie bloß, Sie können nicht von dem leben, was Sie bisher verdient haben.

RS: Nein, dieses Jahr muß ich noch drehen, dann könnte ich mal Pause machen. Ich muß sogar Pause machen, ich muß endlich zu mir selbst finden.

ST: Hätte nicht mal einer dieser Männer, mit denen Sie gelebt haben, sagen können, hör auf mit Filmen, wir suchen uns ein Zuhause, ein richtiges Zuhause ohne Renoirs, ganz normal?

RS: Das hätte ich schon gern gehabt. Aber das hat nie einer gesagt. Im Moment bin ich zu kaputt, um mich richtig zu wehren…

ST: Machen Sie halt selbst kaputt, was Sie kaputt macht.

RS: Das sind Dinge, die könnt ihr nicht verstehen, weil das nicht euer Beruf ist. Hinzu kommt, daß ich mich im Moment wirklich schwer sehen kann.

ST: Das ist der Midlife-Blues, das ist was ganz Normales. Das geht jedem so.

RS: O Gott, sind diese Männer tough…

ST: Aber Sie müssen doch merken, daß Sie bei Menschen etwas Positives auslösen, wie bei diesem Fischer gestern, der ganz begeistert Sissi suchte und Romy Schneider fand.

RS: Ja, meinen Sie? Vielleicht sollte ich wirklich mal Pause machen, und dann ein paar Jahre Theater spielen in einer Stadt, in der ich zu Hause wäre. Das muß nicht unbedingt Paris sein, das kann auch Berlin oder Hamburg sein.

ST: Was ist denn heute zu Hause für Sie?

RS: Erstens gibt es keins, zweitens ist es nur ein Platz im feinsten Viertel von Paris, das nach Dekorateur stinkt, ein Zuhause, das ich nicht mag, und drittens ist es halt da, weil sich noch nichts anderes findet. Ich suche eine Wohnung für mich und meine Kinder.

ST: Sie tragen immer einen Zettel bei sich von Max Reinhardt mit einem Zitat aus seiner Rede an die Schauspieler: »Steck deine Kindheit in die Tasche und renne davon, denn das ist alles, was du hast.« Hinter dieses Zitat haben Sie drei Fragezeichen gemacht. Warum?

RS: Weil es halt nicht so einfach ist, davonzurennen, weil ich es bislang nie geschafft habe.

ST: Und wenn Sie Ihre Kindheit nicht in die Tasche stecken, sondern annehmen und nicht davonlaufen?

RS: Das wäre gut, ich glaub' schon, aber ich schaffe es noch nicht. Ich kann mich auf so wenig besinnen aus meiner Kindheit, weil die hauptsächlich aus Filmen bestand.

ST: Sie sind entweder sehr scheu, sehr nach innen gewandt, oder Sie zeigen sich am liebsten gleich der ganzen Welt. Wie läßt sich in diesen Extremen leben?

RS: Schlecht. Da heißt es, einfach weiterleben – oder weiter durchdrehen.

Bildnachweis

Archiv der Herausgeberin: 63; Deutsches Institut für Filmkunde, Frankfurt a. M.: 14; Henschelverlag, Berlin (Ost): 1, 4–12, 16, 24, 30, 31, 33, 35, 36, 37, 47, 48, 56, 58, 66, 71, 76; Hipp-Foto, Berlin: 80, 85; Christiane Höllger, Berlin: 52; Keystone, Paris: 54, 55, 73; Sven Simon, Bonn: 50; Sipa-Press, Paris: 32, 79, 87; Staatliches Filmarchiv der DDR, Berlin: 44, 61, 62, 65, 70, 77, 78, 84; Stern/Robert Lebeck: 75, 82, 86; Stiftung Deutsche Kinemathek, Berlin: 13, 20, 21, 25, 28, 29, 40, 57; Studio X Gamma, Paris: 43, 45, 46, 49, 74, 83; Süddeutscher Verlag, Bilderdienst, München: 41, 42; Sygma, Paris: 53, 59, 69, 81; Ullstein Bilderdienst, Berlin: 2, 3, 15, 17, 18, 19, 22, 23, 26, 27, 34, 38, 39, 51, 60, 67, 68, 72; Unifrance Film, München: 64